Locke e o
direito natural

O livro é a porta que se abre para a realização do homem.

Jair Lot Vieira

Norberto Bobbio

Locke e o direito natural

Introdução de Gaetano Pecora

Tradução
Luiz Sérgio Henriques
Tradutor e um dos organizadores
das *Obras* de Antonio Gramsci.

© Copyright 2017 – G. GIAPPICHELLI EDITORE – TORINO

Copyright da tradução e desta edição © 2024 by Edipro Edições Profissionais Ltda.

Todos os direitos reservados. Nenhuma parte deste livro poderá ser reproduzida ou transmitida de qualquer forma ou por quaisquer meios, eletrônicos ou mecânicos, incluindo fotocópia, gravação ou qualquer sistema de armazenamento e recuperação de informações, sem permissão por escrito do editor.

Grafia conforme o novo Acordo Ortográfico da Língua Portuguesa.

1ª edição, 2024.

Editores: Jair Lot Vieira e Maíra Lot Vieira Micales
Coordenação editorial: Karine Moreto de Almeida
Tradução: Luiz Sérgio Henriques
Tradução das citações em latim: Daniel Moreira Miranda
Preparação: Thiago de Christo
Revisão: Brendha Rodrigues Barreto
Diagramação: Karina Tenório
Capa: Ana Luísa Regis Segala

Dados Internacionais de Catalogação na Publicação (CIP)
(Câmara Brasileira do Livro, SP, Brasil)

Bobbio, Norberto, 1909-2004

    Locke e o direito natural / Norberto Bobbio ; tradução Luiz Sérgio Henriques. – 1. ed. – São Paulo : Edipro, 2024. – (Coleção bobbiana)

    Título original: Locke e il diritto naturale

    ISBN 978-65-5660-027-7 (impresso)
    ISBN 978-65-5660-028-4 (e-pub)

1. Direito natural I. Título. II. Série.

23-176855   CDU-340.12

Índice para catálogo sistemático:
1. Direito natural : 340.12

Cibele Maria Dias – Bibliotecária – CRB-8/9427

EDITORA AFILIADA

São Paulo: (11) 3107-7050 • Bauru: (14) 3234-4121
www.edipro.com.br • edipro@edipro.com.br
@editoraedipro   @editoraedipro

Sumário

Introdução | 7

Premissa | 29

Parte I
O direito natural e seu significado histórico | 33

1. Três livros para ler | 35
2. O renascimento do direito natural | 40
3. Algumas observações sobre o conceito de natureza | 47
4. O direito natural segundo Aristóteles | 53
5. O direito natural segundo São Tomás | 56
6. O direito natural segundo Hobbes | 60
7. Um ou dois jusnaturalismos? | 64
8. Em uma só teoria da moral, muitos conteúdos diversos | 68
9. O jusnaturalismo não é uma moral | 74
10. O jusnaturalismo é uma teoria da moral | 78
11. A função histórica do jusnaturalismo | 82

Parte II
Locke e o direito natural | 87
12. Um pouco de bibliografia | 89
13. Notas sobre a vida | 94
14. O primeiro tratado sobre o magistrado civil | 105
15. O segundo tratado sobre o magistrado civil | 111
16. Existe a lei natural? | 119
17. É cognoscível a lei natural? | 124
   I. *Inscriptio* | 125
   II. *Traditio* | 126
   III. *Consensus* | 128
18. A lei natural é obrigatória? | 133
19. Ideias para uma ética demonstrativa | 139
20. A moral no *Ensaio sobre o entendimento humano* | 145
21. O jusnaturalismo dos *Dois tratados* | 150

Parte III
O direito natural e o governo civil | 157
22. Natureza dos *Dois tratados* | 159
23. Quando foram escritos os *Dois tratados* | 164
24. Sobre a noção de estado de natureza | 171
25. O estado de natureza em Locke | 179
26. O fundamento da propriedade | 188
27. Os limites da propriedade | 197
28. O poder paterno | 206
29. O poder despótico | 212
30. A formação do poder civil | 216
31. A organização do poder civil | 224
32. O direito de resistência | 231

Nota conclusiva | 239

Introdução

1. Quando chegou ao último período da sua vida, Norberto Bobbio virou-se para trás. E foi então que, no enlace do olhar retrospectivo, sucedeu-lhe dividir seu próprio percurso intelectual em duas partes separadas, nitidamente distintas, que se davam as costas quase sem se reconhecerem uma à outra: "Nos vinte meses entre setembro de 1943 e abril de 1945" – escreveu – "nasci para uma nova existência, completamente diferente da anterior";[1] uma existência, a anterior, cujos contornos ele deixava esmaecer na distância de obscura pré-história (e, de fato, precisamente assim – "Pré-história" – se intitula o primeiro capítulo da *Autobiografia*). Ora, em um recanto da "pré-história" de Bobbio, o direito natural havia assegurado espaço próprio; discreto, mas firme; recôndito, mas seguro;[2] tão seguro que parecia fadado a desafiar o choque do tempo e as incógnitas das revisões. E, no entanto... No entanto, quando o horizonte de Bobbio se abriu em céu diverso, os andaimes daquela construção, precisamente,

---

1. N. Bobbio. *Autobiografia*. A. Papuzzi (org.). Roma-Bari: Laterza, 1997, p. 3.
2. O jusnaturalismo de Bobbio, que deixa marca decisiva em *La consuetudine come fatto normativo* (1942), já tinha feito sua aparição desde (pelo menos) *Lezioni di filosofia del diritto*, em que, em certo ponto, escrevia assim: "O direito tem íntima racionalidade própria, uma vez que não procede do fato, mas de uma ideia racionalmente válida, que é a ideia de justiça". N. Bobbio. *Lezioni di filosofia del diritto*. Bolonha: Casa editrice La Grafolito, 1941, p. 234.

mostraram-se frágeis, as conexões cederam e, sob o fulgor da frase refinada e de boa sonoridade, exatamente aí Bobbio denunciou o vazio de uma posição sem solidez. A partir desse momento, com a ideia jusnaturalista desgastada internamente e enredada no laço de um raciocínio que se fez cada vez mais claro com a passagem dos anos, Bobbio separou-se bruscamente de si mesmo (o "pré-histórico" Bobbio) e finalmente passou a viver a aventura da sua história, que, no entanto, não seria tal sem aquele algo de incerteza móvel que faz estremecer até as posições mais claras e rigorosas (e diremos mais adiante qual estremecimento insidiava a firmeza do antijusnaturalismo bobbiano).

Seja como for, ondulada e não completamente retilínea, mais recortada por ressaltos e reentrâncias do que cimentada em bloco único, certo é que, dizíamos, a segunda metade de Bobbio, a que inaugura a maturidade da sua história, nasce precisamente assim, sob a constelação da polêmica com o direito natural. Nesse sentido, o livro que o leitor agora tem em mãos (e que foi objeto do curso universitário dado no ano acadêmico 1963-1964) insere-se incisivamente na segunda posição de Bobbio, e é precisamente entre tais páginas que Bobbio pretende ser procurado hoje, quando – com admiração – se quer celebrá-lo.

Que alegria segui-lo na sua argumentação! Penetrar no sistema de um autor (Locke, no caso específico) era coisa talhada para ele. Não temos nunca a sensação de que lhe foge a presa, de resto ainda mais segura por causa da posse plena da língua; não nos dá nada nunca por demonstrado e, ao contrário, como é próprio do homem elegante que foi, diz tudo com o máximo respeito, mas também com toda a franqueza; diz tudo, o bem e o mal, a virtude e o vício, tudo o que há para dizer, e o diz como se deveria sempre dizer: vivo, claro, honesto, de sorte que cada palavra carrega em si uma lâmina cortante. Cortante justamente no sentido de que, onde outros fundem e confundem, aí mesmo ela corta e separa, consciente do antigo ensinamento pelo qual a distinção nada mais é do que a arte de purificar o pensamento. De fato: assistido pela boa musa da decomposição, jamais houve um Bobbio tão minuciosamente Bobbio quanto este. Assim, se daí partirmos, isto é, de quando, com Locke, ele encontra o mais feliz emprego para aqueles pendores de sutil dissecador, então também deveremos estar atentos para apreender as diferenças e impedir qualquer mistura promíscua.

Faz sentido, então, inserir este livro nas vicissitudes da sua polêmica antijusnaturalista; desde que, no entanto, logo depois reponte a pergunta que chamaremos de salvaguarda (pergunta tipicamente bobbiana, aquela que, de modo absoluto, traz a marca do seu temperamento): "qual jusnaturalismo?". Ou seja: em qual aspecto do direito natural a crítica de Bobbio deixa sinal indelével? E quais outros, ao contrário, acolhe com o maior favor? Quando se trata de Bobbio, a força analítica da divisão procede com ritmo ternário, ou seja, como de acordo com as faces daquele número – o três, exatamente –, e assim ele lançava suas perguntas (para dizer: liberdade, sim, mas em que sentido? Liberal, democrático ou socialista? Ou então: juspositivismo, muito bem. Mas como entendê-lo? Como método de estudo, ideologia ou teoria do direito? Estamos lembrados?* São só algumas interrogações que disseminava nas suas páginas depois de tê-las destacado, todas, do florido cesto das próprias tricotomias). Como – dizíamos – verdadeiramente para ele o três era o número filosófico por excelência, eis que também agora, a acompanhá-lo, encadeiam-se três diferentes questões que requerem ser tratadas em separado, cada uma por conta própria, sem saltos de uma para outra, como se de cada vez, e por três vezes consecutivas, Bobbio falasse em uma chave diversa que não se harmonizava com as outras duas, e, por isso, impedia-o ontem (e nos proíbe hoje) de concluir com um juízo unitário sobre Locke e o magistério jusnaturalista. Juízo, sim, mas fracionado, decomposto, jamais plano e homogêneo, porque assim o exigia a natureza do problema que Bobbio desarticulava nas três perguntas seguintes: a) qual foi a função prática do jusnaturalismo lockiano?; b) a qual necessidade interior respondia ontem?; c) quais capacidades cognoscitivas conserva hoje?

---

*. Cf. N. Bobbio. *O positivismo jurídico*. São Paulo: Edipro, 2022, especialmente a "Conclusão geral", p. 273. (N.T.)

Uma coisa, portanto, é reconstruir a função histórica do direito natural; outra coisa é averiguar sua exigência ideológica; e outra coisa, ainda, é interrogar-se sobre sua validade teórica. Bobbio, que tinha o gosto e quase a volúpia das distinções, precisamente Bobbio, que nascera com o gênio da análise, poderia – ele, Bobbio – entregar-se às abreviações drásticas e forçar todas as três perguntas no círculo fechado de uma única, rapidíssima, solução? Não, não podia. Ei-lo, por isso, lentamente, pacientemente, a separar o que estava unido, a desatar o que estava enodado; e assim, separando e desatando, comunicar-nos aquele prazer das nuances que é, afinal, o autêntico ornamento do verdadeiro.

2. Costumeiramente, estes preparados tradicionais, em que o domínio do tema coincide com o ritmo medido da exposição, quando chegam às sensibilidades certas, dissuadem qualquer pressa e freiam a impaciência que pretende chegar como um raio às conclusões. Desse modo, sincronizados com a cadência de Bobbio, também nós resistiremos ao desejo de imprimir velocidade à pena; e também nós seguiremos seu fluir sereno, serenamente discursivo, em que se sente precisamente o ritmo regular do pensamento que se desenvolve a si mesmo sem saltar nenhum dos elos necessários à cadeia de uma argumentação lógica. Por isso, enleados no movimento dessa cadeia, começaremos exatamente como começou Bobbio, o qual, quando se interrogou sobre a função histórica do jusnaturalismo lockiano, primeiramente se deteve em cinzelar-lhe as características e depois as transmitiu até nós, refletidas no espelho de algumas fundamentalíssimas vicissitudes humanas. Não é preciso dizer que, quanto à exposição, só indiretamente nós nos referiremos a Locke, sem retratá-lo frontalmente e repropor (mal) o que Bobbio disse tão bem; tão bem que toda e qualquer ulterior explicação, depois da sua, assumirá ares de arenga enfadonha e será um pouco como quem se atrapalha ao destilar de novo a aguardente.

Portanto, mais do que entrar no sistema lockiano, dele só nos aproximaremos, e, como sempre acontece quando nos projetamos para ter uma visão a partir de cima, a atenção logo é capturada pelo ponto de maior luminosidade, aquele que quase se acende para dizer: detenham-se e pensem! Tanto mais que, quando Bobbio teve de fazer a síntese e ir ao essencial, foi justamente lá que também fixou o olhar, lá onde estava escrito (onde Locke escrevera) que "as obrigações da lei de natureza não cessam na sociedade, mas em muitos casos tornam-se mais coativas".[3] Esta – advertia Bobbio – é "uma das passagens decisivas";[4] ou antes, como afinal dirá, sem dúvida é "o núcleo do pensamento político de Locke".[5] Por quê? Como é que as obrigações naturais se tornam mais prementes na sociedade política? E antes ainda: o que são as leis naturais?

As leis naturais são as regras que vigoram naquela condição primigênia ou pré-estatal que todos, precisamente todos os jusnaturalistas, designam como estado de natureza. Só que dizer "estado de natureza" é ainda dizer pouco, porque por trás dele há uma paleta de cores tão diferentes, entrecruzam-se em redemoinho interpretações tão variadas, que nesta peregrinação inconstante entre uma e outra concepção a mente terminaria por vagar irresoluta se não se dirigisse diretamente para um autor em vez de outro. Portanto, está correto discorrer sobre o estado de natureza, com a condição de logo em seguida nos perguntarmos: mas estado de natureza de quem?

A nós, obviamente, interessa a natureza de Locke (e mais precisamente as reverberações que essa natureza desencadeia na sensibilidade de Bobbio). Pois bem, os homens naturais de Locke não se enfrentam armados uns contra os outros, em guerra de extermínio destituída de todo sentimento de piedade, nem vagam pelos campos à guisa de animais solitários, voltados sobre si mesmos e segregados do resto do mundo. Condição pré-estatal, certamente, a de Locke, mas não à maneira de Hobbes nem de Rousseau; não uma guerra entre maus e muito menos isolamento de selvagens mais ou menos bons. Não, a situação originária da humanidade é imaginada por Locke como estado pacífico, benigno, em que os homens – no início, pelo menos – mantêm relações de

---

3. N. Bobbio. *Locke e il diritto naturale*. Turim: Giappichelli, 1963, p. 191 [cf., infra, p. 220. (N.T.)].
4. N. Bobbio. "Studi lockiani". *In*: N. Bobbio. *Da Hobbes a Marx*. Nápoles: Morano, 1965, p. 127.
5. N. Bobbio. *Locke e il diritto naturale. Op. cit.*, p. 125 [cf., infra, p. 155. (N.T.)].

operosa colaboração recíproca e no qual, sobretudo, praticam o jogo da catalapse (recorde-se que catalapse vem do grego *katallassein* e significa não só "trocar", mas também "tornarem-se amigos os inimigos").

O estado de natureza, pois, como lugar das relações econômicas e, por isso mesmo, teatro da sociabilidade humana (têm valor imenso as páginas de Bobbio sobre as leis naturais do mercado tal como celebradas no liberal-liberismo de Locke). Uma pena, porém, que essa harmonia dos espíritos e a complementaridade dos interesses caminhem em terreno difícil, escorregadio, em que todo dia há o risco de cair na violência e na destruição recíproca. Digamos assim: o estado pré-político de Locke só provisoriamente é um estado pacífico. Mas peremptoriamente, definitivamente, não, não o é. Efetivamente os homens não investem uns contra os outros, mas potencialmente, sim, poderiam sempre fazê-lo. Não hoje, talvez nem mesmo amanhã, mas depois de amanhã, quem sabe...

3. O fato é que, para Locke, a natureza não só deu ao homem o direito à vida, à liberdade e à propriedade, mas se comprouve em lhe conceder também uma ulterior quarta faculdade (*timeo Danaos* [eu temo os gregos...]), que é a de fazer justiça por si. Pois bem, exatamente essa última prerrogativa projeta sombra ameaçadora sobre o estado de natureza – a dançar tão perigosamente à beira da destruição que basta um nada, algo insignificante, para atirá-lo na voragem da guerra intestina. É suficiente um litígio mínimo, o menor dos conflitos, para que tudo salte pelos ares e a vida – até a vida – se reduza a uma trágica aventura cotidiana, quase, diríamos, a um ajuntamento de poeira animada que o pânico e a ferocidade podem a qualquer momento varrer. E, de fato, onde falta o magistrado independente e cada qual deve administrar pessoalmente a justiça, onde vigora, em resumo, o princípio da autotutela, as coisas vão bem enquanto... enquanto estrelas e destinos propícios permitem a elas irem bem.

Mas, no momento em que irrompe uma controvérsia, e cada qual tem o direito de fazer justiça por si, eis que todo litigante se verá juiz *in re sua* [em causa própria]. Vendo-se como juiz em causa própria, não terá a frieza ou mesmo só a serena equanimidade, e só ela pode fazê-lo reconhecer que, com efeito, está errado e a contraparte tem razão. Exatamente porque está diretamente envolvido na disputa que deve julgar, inclinar-se-á pela solução que mais lhe convier, de sorte que o adversário estará sempre errado. E, de modo inverso, o adversário estimará que tenha em seu favor a razão exclusiva. Como em um jogo de contrastes, portanto, o que, para o primeiro, é a desrazão, para o segundo é a razão; aquilo que lá é o direito, aqui é o avesso; a sanção de um é exatamente o ilícito do outro. E vice-versa. Assim, a centelha da primeira altercação deflagra um mecanismo de retaliações em cadeia que não acaba mais e, não tendo mais fim, alimenta a chama devoradora do que de bom era dado obter no estado de natureza (a vida, a liberdade e a propriedade, exatamente).

Eis por que, para Locke, "não é coisa razoável que os homens julguem a própria causa; [...] o amor de si os tornaria parciais em relação a si mesmos e aos próprios amigos, enquanto a maldade natural, a paixão e o espírito vingativo os levariam a exagerar no ato de punir os outros". E enfim, com uma frase resumidora bastante feliz: "De fato, é fácil supor que quem tiver sido tão iníquo a ponto de prejudicar o irmão não será por certo tão equânime a ponto de se condenar por isso".[6]

Não só. Ainda que porventura, em um assomo de honestidade, alguém reconhecesse por si mesmo as próprias culpas, restaria sempre em aberto a questão de quem deve puni-lo. A vítima? Certamente; em um sistema de autotutela, é ela, de fato, que deverá prover a punição. De acordo, mas como fazer se a natureza esmerou-se precisamente em querer fraca e estropiada essa vítima? Quando se lhe depara um brutamontes de esfuziante vitalidade, o delito – ainda que seja dado ao direito reconhecê-lo – não permanecerá necessariamente sem punição? Quem dará ao agredido a força para golpear o agressor?

Quem? Só há um remédio para tanto, que é afinal aquele preparado por Locke quando, na passagem do estado de natureza para o estado político, primeiro priva os homens do direito de administrar a justiça,

---

6. J. Locke. *Il secondo trattato sul governo*. Roma: Riuniti, 1974, p. 59.

em seguida o transfere a uma autoridade única e dota essa autoridade da força necessária para obter o respeito pelas suas sentenças. Tais sentenças, sustentadas por irresistível aparelho coercitivo, daí por diante se imporão a todos e a cada um, não importando que a natureza o tenha feito grande ou pequeno, forte ou fraco. Tudo isso para assegurar o triunfo da justiça, ou seja, exatamente daqueles três outros direitos – vida, liberdade e propriedade – que também estão embutidos na natureza humana; que também fulguram como verdades evidentes (tão evidentes quanto os raciocínios da matemática); que também... que também... e que, no entanto, a despeito de toda matematização da natureza, a partir do momento em que não têm a assistência do poder público, vivem uma vida dura e atribulada. Nesse sentido, para Locke, o magistrado é o órgão da lei natural; uma espécie de megafone que amplifica sua sonoridade e, com "atos notórios" (como Locke batiza as leis positivas), propaga-a em círculos a fim de que todos façam o que devem fazer. Todos. Inclusive os poderosos de turno, que, ao se fazerem de desentendidos, ou seja, ao arruinarem os direitos naturais com a carga de uma disposição contrária, perdem todo título de legitimidade e, portanto, acendem nos submetidos a centelha da rebelião e o direito de lhes dizer não (magnífica, simplesmente magnífica, a seção conclusiva deste livro, em que Bobbio estende-se com vagar sobre o direito de rebelião tal como articulado nas páginas de Locke). E por isso tem razão Bobbio quando, com uma daquelas suas fórmulas diretas e fulgurantes que nos colocam em comunhão imediata com o conceito, conclui que o cidadão de Locke não é o homem transformado e redimido de Rousseau; e muito menos a fera domesticada de Hobbes. Não, o cidadão de Locke não é nada mais (mas também nada menos) do que "o homem natural protegido".[7] Protegido exatamente – e ainda que como Última Thule – pelo direito de desobedecer ao capricho do tirano ou ao arbítrio do usurpador.

---

7. N. Bobbio. "Il modello giusnaturalistico". *In*: N. Bobbio e M. Bovero. *Società e Stato nella filosofia politica moderna*. Milão: Il Saggiatore, 1979, p. 68.

4. Detivemo-nos no jusnaturalismo de Locke. Mas com que proveito? Com que proveito ir atrás das suas "quimeras" (assim Bentham fulminava as proposições do direito natural)? Se tudo se reduz a "mentira", como com soberba condescendência queria Croce, por que esse exame do direito natural? De fato: por quê?

Tentemos muito rapidamente, em marcha batida, recapitular as etapas que assinalaram nossa investigação e veremos que a resposta virá ao nosso encontro por si só, como que a sorrir. Sabemos que para Locke os direitos individuais se originam de princípios elaborados à guisa de verdades matemáticas; sabemos também que tais direitos obrigam os governantes a protegê-los; e sabemos ainda que, só se se tornarem garantes escrupulosos desses direitos, eles – os governantes – conquistarão o consentimento dos governados. Pois bem, para nos restringirmos só a dois exemplos, quando a Declaração de Independência Americana começa assim: "Consideramos estas verdades como evidentes por si mesmas", não percebemos o eco da "matematização" lockiana? E quando a Carta francesa de 1789 proclama tais liberdades e, proclamando-as, estabelece que os indivíduos são titulares de "direitos naturais e imprescritíveis", como "a liberdade, a propriedade, a segurança e a resistência à opressão" (art. 2º); quando os constituintes franceses organizavam assim as coisas, não bastaria dizer Locke para sentir no ar as mesmas vibrações de liberdade que percorriam aquele monumento da sabedoria jurídica deles? Logo, não nos enganávamos a propósito do jusnaturalismo lockiano; e não é verdade que, se seguirmos seus passos, perseguiremos fugidias quimeras. Não é verdade, porque suas conquistas se enlaçam em uma trama que, de fato, inspirou o projeto das primeiras sociedades liberais (outro discurso, efetivamente diferente, deverá ser feito para a Inglaterra). Bem se compreende, por isso, o colorido espírito festivo e as notas vibrantes, como que para o anúncio de uma vitória, com que Bobbio se aproxima do teorema lockiano e o saúda como "uma virada",[8] "o modelo mais ilustre" e "a obra mais completa e afortunada do constitucionalismo

---

8. N. Bobbio. *Locke e il diritto naturale. Op. cit.*, p. 123 [cf., infra, p. 153. (N.T.)].

moderno".[9] Pronunciados por Bobbio, autor costumeiramente contido e cauteloso, esses juízos requerem verdadeiramente ser concluídos com três pontos de exclamação. E depois então, em termos de avaliação histórica, talvez se pudesse dizer mais. Mas duvidamos que se possa dizer melhor. E em todo caso nós não diremos mais nada.

Enquanto o juízo histórico corre em linha reta, geométrica, que avança com a tranquila insistência de uma força elementar, a avaliação ideológica do jusnaturalismo passa por pensamentos agitados, ondejantes, em que sucede a Bobbio mover-se sobre o que cedo ou (um pouco mais) tarde afundaria no próprio cavado da onda. E se essa imagem deixa escapar mais do que pretendia – porque, com efeito, Bobbio não se dava bem com vagas e espirais, trabalhando muito melhor com régua e compasso –, então, para explicar melhor o pensamento, diremos assim: quanto à exigência ideal, o jusnaturalismo é disposto por Bobbio em dois planos sobrepostos, ambos sem asperezas, uniformes, sobre os quais seu raciocínio caminha feliz, sem distrações e desvios; só que cada um deles é animado por luz própria, não tão poderosa a ponto de também abarcar no seu giro a segunda superfície, de modo que, passando de um plano a outro, é como se Bobbio se confessasse diverso, com humor contrastado e um pouco dividido em si mesmo.

5. Abramos, por exemplo, as primeiras páginas deste livro, e, no começo, como para dar-nos as boas-vindas, encontraremos um juízo muito livre em que o estudioso fala ao leitor de coração aberto, a este se confia e, confiando-se, reconhece também a "eterna exigência da ideia de justiça, que transcende continuamente o direito positivo e nos induz a tomar posição diante dele para modificá-lo, aperfeiçoá-lo, adaptá-lo a novas necessidades e a novos valores".[10]

Ora, quando se escreve assim, quando um autor expressa sobre a lei um juízo de justiça (ou de injustiça), e pretende que esse juízo seja dedu-

---

9. *Ibid.*, p. 141 [cf., infra, p. 171. (N.T.)].
10. *Ibid.*, p. 16 [cf., infra, p. 45. (N.T.)].

zido das normas de um direito superior (ainda que um direito diverso do positivo), quando ocorre tudo isso, então podemos estar certos: da tinta desse autor escorrem, cálidos, todos os humores do jusnaturalismo. Não do jusnaturalismo como teoria – entendamo-nos –, que, aliás, quando Bobbio não lhe passava ao lado com um sorriso castigado, fustigava com golpes que ainda sibilam no ar (e nós também anotaremos daqui a pouco o mais contundente deles); mas do jusnaturalismo como ideologia que, precisamente como ideologia, quer influir e não conhecer, modificar e não representar a realidade do direito.

Ideologicamente, por isso, consideramos jusnaturalista quem não se satisfaz com as leis positivas, mas que, observando-as através do retículo das "superleis" naturais, proclama sua justiça ou sua injustiça e, por isso, entrega-as à aprovação ou à desaprovação da consciência individual. Nesse sentido, quando no início do livro o homem e o estudioso se abrem conjuntamente e a uma só voz falam abertamente sobre a "tomada de posição diante do direito existente",[11] uma tomada de posição – logo se precisa – que pressupõe a lei natural como critério de avaliação, então Bobbio verdadeiramente confere coerência a quem, com o espírito costumeiro, mas talvez em momento mais inquieto do que o normal, escrevera no ano anterior: "Diante do choque entre as ideologias, em que não é possível nenhuma tergiversação, então sou jusnaturalista".[12]

Palavras refinadas, como era de esperar, cujo brilho encontrava diretamente o caminho do coração de todos aqueles -- inimigos declarados do positivismo – que não esperavam outra coisa para alistá-lo sob a própria bandeira. No entanto, apesar do brilho (ou talvez precisamente por isso), os leitores mais atentos de Bobbio permanecem presos à dúvida e mantêm em suspeição aquelas frases à guisa de palavras irregulares; irregulares no sentido, diríamos, "técnico", de que desbordam, ultrapassam, forçam a regra bobbiana, a qual, com maior continuidade de pensamento e mais esforço de raciocínio, sustentara verdade diver-

---

11. *Ibid.*, p. 2 [cf., infra, p. 30. (N.T.)].
12. N. Bobbio. "Giusnaturalismo e positivismo giuridico". *In*: N. Bobbio. *Giusnaturalismo e positivismo giuridico*. Milão: Edizioni di Comunità, 1972, p. 146.

sa; precisamente outra verdade, elegantemente temperada ou polemicamente contraditada por essa transcrita há pouco. Por isso, pode até comprazer a autorrepresentação de Bobbio; mas, no contexto geral do seu magistério, trata-se de broto estéril que não floresce. E, se floresce, dá uma flor sem aroma, como se fosse algo (pelo menos para ele) não completamente natural.

Basta tão só tomá-lo na sua inteireza e virá-lo pelo avesso para perceber como seu pensamento assume outras vibrações, outro tom que não fornece eco àquilo que o ouvimos dizer sobre a ideologia jusnaturalista. Quando de fato, com ágil transição, Bobbio vai ao campo oposto, ou seja, ao terreno do positivismo ético (que é o momento ideológico do juspositivismo), então, precisamente como ideologia oposta, esperaríamos que daí ele restituísse, invertidas, as verdades que reluzem entre os jusnaturalistas de estrita observância. Isso porque, se para uns – para os jusnaturalistas – a lei não retira de si mesma a medida da própria justiça, e portanto não necessariamente é justa só porque é lei, sucede que para os outros – para os juspositivistas éticos –, virando de ponta-cabeça as proposições jusnaturalistas, lei e justiça se identificam, desenvolvem-se gêmeas, e a lei, assim que pronunciada, torna-se a própria boca da justiça. É o que esperaríamos se os inimigos de velhos rancores, espumando, verdadeiramente se chocassem (e Bobbio tomasse o lado do primeiro contendor, em vez de apoiar o segundo). E, no entanto, ninguém como ele se postou com tanta boa vontade em torno da ideologia juspositivista, percorreu-a em extensão e em profundidade, por cima e por baixo, com tão boa disposição que, no final, percebemos suas ênfases mais verdadeiras, as mais apropriadas para resumi-lo, não onde ele indicara que estivessem, mas precisamente na parte oposta, aquela que retém Bobbio e em muitos casos o cinge a si.

6. Assim é, por exemplo, quando entra cuidadosamente nos territórios do positivismo e nos adverte que, dentro daquele perímetro, ninguém jamais celebrou a fórmula que incomoda a sensibilidade jusnaturalista; que, ao contrário, precisamente tal fórmula – "a Lei é a Lei" (o

que equivale a dizer que a lei resolve em si os atributos da Justiça) – é um expediente polêmico afiado com a lâmina da indignação; e que, como sempre acontece quando surgem arroubos de indignação, deve-se tomar cuidado para não ver confusamente e atribuir aos outros pensamentos que, afinal, são só o reflexo do próprio espírito em tumulto. Que a lei deva ser obedecida sempre porque é intrinsecamente justa, essa é uma tese – adverte Bobbio – que não encontra guarida entre os partidários do positivismo e, ao contrário, corre de boca em boca justamente entre seus inflamados adversários; em outros termos – palavras textuais de Bobbio –, "ela é sobretudo um cômodo alvo, um 'bode expiatório' que os antipositivistas criaram para poder levar adiante mais facilmente sua polêmica".[13]

Mas, para dizer como estão precisamente as coisas, algo bem diferente sustentam os ideólogos do positivismo: a lei – afirmam – pode ser injusta, mas, salvo casos excepcionais, a injustiça não dispensa ninguém do dever da obediência. Em suma, a lei deve ser obedecida mesmo quando é injusta. E por quê? Porque no horizonte deles a lei resta inferior, está sempre a serviço de outra coisa, e essa outra coisa a que a lei deve servir é o bem – ele, sim, verdadeiramente último e supremo – da paz e da ordem que, sem dúvida, só o respeito à lei pode assegurar. Portanto – enquanto na versão radicalizada pelos jusnaturalistas, aquela com a qual terçam armas os fantasmas do seu ressentimento, a lei vale por si mesma e incondicionalmente, daí ser o valor final do direito –, na geografia real do espírito positivista o direito tem valor instrumental, isto é, só vale como instrumento necessário para a busca da ordem.

E observemos bem: não se trata de uma ordem qualquer, mas, precisamente, da ordem promovida pela lei; por uma norma que é (ou deveria ser) geral e abstrata; que, como norma geral, dirige-se a uma classe de sujeitos nivelados em medida única, sem ressaltos nem reentrâncias, sem privilégios nem discriminações (com o que se salvaguarda o valor da igualdade formal); e que, como norma abstrata, comanda comportamentos descritos nas suas características típicas, os quais, por serem

---

13. N. Bobbio. *Il positivismo giuridico*. Turim: Giappichelli, 1979, p. 274 [Ed. bras., p. 269. (N.T.)].

assim "tipificados", oferecem a cada qual a possibilidade de conhecer antecipadamente as consequências da ação que pretende realizar; ser--lhe-á suficiente individualizar o "tipo" de esquema a que tal ação se refere e saberá instantaneamente quais os efeitos jurídicos conexos (com o que se garante a todos a certeza do direito).

Estando assim as coisas, não basta dizer que a ideologia positivista é entusiasmada pela ordem, porque afinal – pensando bem – uma ordem de tal espécie, etérea, lânguida, flutuante no nada, uma ordem assim não existe em parte alguma. Ao contrário, existe e cativa os acometidos de positivismo aquele particular tipo de ordem que, por meio da lei, promove a igualdade e a segurança do direito, ou seja, os pressupostos – não diríamos suficientes, mas certamente necessários e propícios à liberdade individual. Parece-lhes pouco? A nós, não. Não nos parece, mas o que mais importa é que muito menos parecia a Bobbio, que, antes, nisso se baseava para repelir a acusação – acusação insulsa, deve-se dizer – que há muito os ideólogos do jusnaturalismo lançam contra a principal figura do positivismo, de que, com seu "fetichismo da lei" (assim o batizaram, para dar mais eco às palavras), com seu reverente, quase supersticioso respeito à lei, teria precipitado os regimes livres em um abismo de falência desesperada e aberto as vias do totalitarismo. Pelo menos, é o que dizem os jusnaturalistas.

Mas dizem mal. Malíssimo. Como se efetivamente nos sistemas autoritários a autoridade, resignada à rendição, tivesse oferecido os pulsos aos vínculos da lei e, ao contrário, com esta não tivesse se divertido como com um viscoso e elástico brinquedo que uma turva grandiosidade fraseológica fazia saltitar aqui e ali, sacrificando-a ora ao "sadio sentimento do povo alemão", ora à inaferrável e escorregadia "consciência proletária". Adiante: livremo-nos dessas desabridas fantasias e voltemos a Bobbio, que, por isso, tinha cem, mil razões da sua parte para advertir que "considerar a ordem, a igualdade formal e a certeza como os valores próprios do direito representa apoio ideológico ao Estado liberal".[14]

---

14. *Ibid.*, p. 283 [Ed. bras., p. 277. (N.T.)].

Cem, mil razões tinha Bobbio para dizer isso e também recolher-se sob as vibrações do positivismo ideológico: certamente, com as pontas arredondadas; certamente, mitigado nas extremidades (ainda que, como ele mesmo ensinava, um positivismo extremo jamais se deu historicamente); certamente, um positivismo polido nas quinas, mas sempre positivismo. E tal permaneceu quando Bobbio, em rápido momento, abriu uma fresta na câmara escura da própria sensibilidade e revelou para onde mirava e qual íntima mola a movia: "quanto à ideologia, embora seja contrário à versão forte do positivismo ético, sou favorável, em tempos normais, à versão fraca ou positivismo moderado".[15] É o que diz na conclusão do curso sobre *O positivismo jurídico* (ano acadêmico de 1960-1961) e é o que diz ainda, talvez até com mais destaque, na "Premissa" de 1979, quando, unindo-se estreitamente com seu eu precedente, acentua que, "apesar de toda a água que passou sob a ponte do positivismo jurídico, os pilares centrais resistiram".[16]

É só uma curta frase; no entanto, sente-se a contida satisfação de quem não trabalhou em vão e sabe que sua construção prevalece sobre as correntes adversárias, porque erguida sobre pilares que não cedem. Também entre estes, resistentes entre os resistentes, os fundamentos do positivismo ideológico. Que, por isso, antes e depois da "concessão" jusnaturalista de Bobbio, antes e depois daquele ponto fraco e pouco resistente, como que suportam paredes mais altas, fachadas mais elevadas que precisamente naquele ponto barram toda e qualquer luminosidade viva. Um ponto, um ponto só (de resto, espremido na estreiteza de um espaço reduzidíssimo): basta efetivamente tão pouco para deslocar Bobbio do saber juspositivista?

7. E não é tudo. Porque, se até agora averiguamos, digamos assim, "de fora", o jusnaturalismo de Bobbio (*recte* [correção]: o *suposto* jusnaturalismo de Bobbio), fazendo-o saltar para páginas posteriores e ante-

---

15. *Ibid.*, p. 285 [Ed. bras., p. 279. (N.T.)].
16. *Ibid.*, p. 2 [Ed. bras., p. 16-17. (N.T.)].

riores que não lhe fazem eco e até restam desprezadas e o refutam; se, portanto, não possui ressonâncias externas, nem de dentro – auscultado em si e por si, sem nenhum cotejo com seus argumentos precedentes ou sucessivos – o pensamento de Bobbio estremece com vibrações jusnaturalistas. Tomemos este livro sobre Locke, por exemplo, e vamos diretamente à página em que discorre sobre a ideologia jusnaturalista (precisamente aquela ideologia que alguns incautos pretenderiam atribuir-lhe). O que está escrito? Que "o mito [*atenção para o termo!*] de um direito de natureza, isto é, de um direito que nasce de uma natureza benévola, porque assim desejada por Deus ou porque ela mesma é intrinsecamente divina, está exaurido e só renasce para morrer rapidamente".[17]

Bem rapidamente é preciso reter aquela palavrinha: "mito". Porque, vejamos: se verdadeiramente se percebe o sinal do mito, se verdadeiramente na orientação moderna dos espíritos a concepção de uma natureza materna, favorável, generosa – benévola, sem dúvida – já murchou como fruto fora de época – quase apodrecido e esquivo ao gosto, como só os frutos secos sabem ser –, se, em suma, mais ninguém (ou quase ninguém) crê no retorno à natureza como à infância da vida, em que não há inteligência, mas instintos, não vontade, mas apetites, não moralidade, mas inclinações, então – se assim for – algumas almas cândidas poderão muito bem se rasgar de amores pela ideologia jusnaturalista – mas precisamente como ideologia de apelo a uma natureza nua, despida de todas as complicações da civilização e da técnica, isto é, precisamente como conjunto de argumentos que deveriam induzir também os outros a fazer a mesma escolha que fizemos; ela ressoa no vácuo e não suscita nenhuma ressonância na cultura dos nossos dias. Experimentemos dizer a um camponês que: não com fertilizantes, debulhadoras, motocultivadoras, mas unicamente com a força dos braços e molhando a terra com o suor da própria fronte, só assim, em contato direto e imediato com a "benévola" terra, ele deverá enriquecer o valor da sua propriedade; experimentemos dizer a um doente de câncer que não é com fármacos de última geração e operações a laser, mas com as infusões da avó e as

---

17. N. Bobbio. *Locke e il diritto naturale. Op. cit.*, p. 55 [cf., infra, p. 86. (N.T.)].

ervas dos conventos, que deverá curar seu mal; aí então saberemos o que pensar de quem fala de natureza inflando a expressão.

O fato é que, para desgraça daqueles que têm os olhos voltados para trás (para um fantástico início) e desviam o olhar do mundo em que vivem, para sua desventura, dizíamos, "nosso sistema de valores se deslocou da valorização da espontaneidade, como adequação à natureza, para a valorização da construção social, como luta contra a natureza". Assim escreve Bobbio, que, em seguida, para evitar qualquer brecha no próprio raciocínio, refina-o e acrescenta: "por meio do desenvolvimento da técnica, o mundo em que nos movemos se tornou, gostemos ou não, cada vez mais artificial e construído. E ninguém pensa em destruí-lo; pretende-se, se for o caso, torná-lo mais racional, aperfeiçoar a construção em vez de demoli-la". Depois disso, um pouco (mas só um pouco) arrebatado pelos volteios sonoros do seu discurso, Bobbio, ao concluir, deixa irromper esta pergunta decisiva para o destino da ideologia jusnaturalista: "qual força persuasiva pode ainda ter a doutrina do direito natural em um mundo em que os principais modelos de vida são deduzidos não da natureza, mas da luta contra a natureza?".[18]

8. Vejamos a crispação de raciocínios e a rápida mudança de horizontes nos territórios do jusnaturalismo: se o considerarmos pelo lado da história, então, com Bobbio, deveremos reconhecer que mil sóis fulguram nos seus céus, porque todos nós, querendo ou não, somos os distantes descendentes de eventos (a Revolução Americana e a Revolução Francesa) que foram aquecidos pelos raios do direito natural. Se, no entanto, sempre com Bobbio, passarmos a examinar as exigências ideais, então aqueles mesmos céus escurecem, as nuvens adensam e o dia jusnaturalista, que antes parecia tão pleno, desfaz-se em um rosário de horas opacas que deslizam vazias entre nossos pensamentos. Portanto, enquanto a função histórica transporta até o alto o direito natural, até os cimos de um balanço abundantemente positivo, sua ideologia – com

---

18. N. Bobbio. "Argomenti contro il diritto naturale". *In*: N. Bobbio. *Giusnaturalismo e positivismo giuridico. Op. cit.*, p. 176-177.

aquele bendito expediente da natureza "benévola" – o retém embaixo, entre as agonias de uma conta negativa.

Não só. Se, por fim, com um terceiro movimento sucessivo, ampliarmos ulteriormente o campo da nossa objetiva e, como com uma espécie de grande angular, também focalizarmos o aspecto teórico (além do histórico e do ideológico) do jusnaturalismo, então... nada de passivos, contas negativas ou agonias! Perceberemos logo que exatamente a natureza "benévola" abate os jusnaturalistas, arruinando-os com a bancarrota de uma empresa falimentar. Logo perceberemos isso, por menos que estejamos entrosados com o pensamento de Bobbio, que, tendo uma espécie de faro vivo para essas vicissitudes, adverte – e imediatamente também nos adverte – sobre o que há de temerário e arriscado na atividade em que se meteram os jusnaturalistas. Estes, à parte suas diferenciações internas – uns de direita, outros de esquerda; uns reacionários, outros revolucionários –, respiram, todos, aquela aérea, impalpável, atmosférica e, no entanto, reconhecibilíssima coisa que se chama "ar de família"; todos, mas todos mesmo, reúnem-se em torno da seguinte convicção (que é, afinal, como a cifra que resume seu pensamento): a natureza está constelada de princípios autoevidentes, que ela, porém, guarda no fundo, mas verdadeiramente no fundo, justamente no íntimo de si mesma, razão pela qual, equipados como escafandristas, só se os homens escarafuncharem os desvãos da natureza e se aprofundarem sob a superfície dos fatos, com esse trabalho de mergulhadores, eles poderão trazer à luz as regras do seu comportamento e saber finalmente o que é justo e o que é injusto, o que devem e o que não devem fazer.

O dever-ser (a norma da ação), portanto, arrancado das profundezas do ser (a natureza) com o cabrestante de uma inteligência escrutadora: no fim das contas – se bem pensarmos –, o jusnaturalismo está todo aqui, na ideia de que o fundamento da conduta humana deve ser buscado não na mutável, imprevisível e subjetiva vontade do legislador, mas nos constantes, sempiternos e objetivos decretos da natureza. Esse, e não outro, é o magnífico lance de dados. E exatamente por sê-lo cai vítima do disparo traidor dos fatos, os quais dizem outra verdade, ou melhor, gritam verdade oposta, que se choca com o jusnaturalismo – com todo o jusnaturalismo, inclusive o de Locke – e o afunda na voragem do fracasso teórico (e será nesse ponto que Bobbio dirá assim: "em torno da lei natural só se reúnem os doutos nas academias e nos congressos, como anatomistas em torno de um cadáver").[19]

Ora, a verdade que devasta o direito natural e arruína seu valor cognoscitivo é que nunca, mesmo, pode-se derivar o conhecimento do justo a partir da análise da realidade natural. À realidade não é imanente nenhum valor; ela, por mais que a sondemos em profundidade, não encerra coisa alguma, nenhum tipo de justiça. Mundo da realidade e mundo dos valores são universos distintos e não comunicantes, de sorte que não é lícito inferir um valor de um fato, não se pode derivar um dever-ser do ser. E a causa desse *no-bridge*, o motivo pelo qual jamais se fez e jamais se fará o arco de uma ponte que reúna as duas margens dos fatos e dos valores, Bobbio explicou-o em uma página deste livro que não podemos e não devemos deixar lá, porque é tão refinada a clareza do argumento, tão fulminante a rapidez do golpe, que restamos admirados e queremos logo fazer participar o leitor. "Do fato de que o homem tenha estas ou aquelas inclinações naturais" – escreve Bobbio – "pode-se extrair no máximo a afirmação de que o homem é feito por natureza antes desse modo do que de outro. Mas" – continua – "se afinal, feito desse modo, está feito bem ou mal, é outro discurso. Do primeiro não se pode passar ao segundo a não ser pressupondo uma avaliação qualquer, *que se dissimula no conceito de natureza sem que se perceba a substituição*". Detenhamo-nos! Eis aqui o erro – este, sim, verdadeiramente sempiterno – do jusnaturalismo: tratar a natureza com o respeito devido aos fatos objetivos, quando, ao contrário, ela é só a projeção de um valor subjetivo. "Decerto" – prossegue Bobbio –, "se digo que a natureza é criada por Deus (como dirá Locke nos seus tratados juvenis), e Deus só pode fazer o bem, não me será muito difícil deduzir que a natureza é boa e boas são as inclinações naturais. Mas essa dedução foi possível pelo fato de que eu, sem me dar conta, atribuí valor positivo à natureza

---

19. *Ibid.*, p. 177.

e, assim, deduzi uma avaliação positiva das inclinações naturais não da constatação de que são naturais, mas da avaliação positiva dada sobre a natureza considerada como obra divina".[20] Depois disso, implacavelmente, irrompe a pergunta: a natureza criada por Deus. E se não acredito em Deus? Como é que fazemos?

Nesse caso não necessariamente me sentirei empenhado em honrar a natureza, que, para mim, pode ser atroz, ferozmente injusta, exatamente porque não creio que haja alguém que presida sua bondade. E, portanto, admitindo-se *sem conceder* que exista um critério unívoco para distinguir o que é natural daquilo que não é – a propriedade privada, para dar um exemplo, é natural ou não? Locke responde que sim, Rousseau diz que não. A escravidão é natural ou não? Para Aristóteles é natural, para Kant é inatural. O sufrágio universal é um direito natural ou não? Para os niveladores é, para Constant, não. E poderíamos seguir adiante por um bom tempo a documentar esse desacordo entre os intérpretes da "natureza" que Bobbio, não sabemos se mais divertido ou mais espantado, descreveu como "o fascinante tema de um novo elogio da loucura"[21] – e, portanto, dizíamos, mesmo que porventura todos, em todos os momentos da história, estivessem de acordo em estabelecer o que é natural, nem por isso daí derivaria a obrigação moral de segui-lo. Só em um caso o que é natural se imporia como justo e, portanto, reivindicaria para si a obrigação da obediência. Só se todos concordassem que a natureza é boa. O que, habitualmente, ocorre quando se postula a existência de um Deus criador cuja vontade é infalivelmente voltada para o bem. Por esse motivo, não necessariamente o critério natural coincide com o do justo. Ou, mais precisamente: o natural só será justo para os crentes; é só *relativamente* a eles que as leis naturais valerão também como preceitos éticos. "Relativamente a eles", bem entendido? Por conseguinte, aquele relativismo – que parecia fadado a sair pela porta dos valores encontrados, achados, descobertos na natureza, na

---

20. N. Bobbio. *Locke e il diritto naturale. Op. cit.*, p. 50 [cf., infra, p. 80-81. (N.T.)].
21. N. Bobbio. "Argomenti contro il diritto naturale". *In*: *Giusnaturalismo e positivismo giuridico. Op. cit.*, p. 169.

objetividade da natureza – retorna em seguida pela janela da natureza pensada como entidade benévola.

9. E assim, vira e mexe, voltamos a gravitar na órbita do relativismo. Como no fundo era natural acontecer com um autor como Bobbio, que, como outros, denunciou a base precária em que se assentava o objetivismo naturalista, mas que, mais do que os outros e em todo caso melhor do que os outros, teve a clara consciência de que, "quando queremos designar o sistema ético oposto ao jusnaturalista, referimo-nos ao relativismo ético".[22] Dessa forma, tendo ele recusado o primeiro sistema, era forçoso que acolhesse o segundo. Mas "ser forçoso" não significa ajoelhar-se, uma espécie de sonolenta capitulação a uma fatal e infausta necessidade que desce do alto. Não, não há nada de infausto no relativismo de Bobbio – "não se deve ter medo do relativismo"[23], ele advertia. Desde logo porque: conclamando o homem a decidir por si sobre o bem e o mal, o justo e o injusto; libertando-o de valores que pensa-se já estarem pré-constituídos e que, no máximo, só devem ser adaptados aos tempos, desancorando-o de um porto único e obrigatório e aprontando-o para todas as partidas, o relativismo habitua tal homem ao exercício da escolha e educa-o para o esmerado gosto da autonomia (o que não são precisamente coisas sem importância e, de todo modo, todas elas são incompatíveis com os mecanismos da ditadura). E, afinal, há pouca razão para sumir em lágrimas por causa da pulverização dos valores objetivos, quase como se sua derrocada devesse deflagrar sabe-se lá que mal desconhecido e quem sabe qual inédita catástrofe devesse se abater sobre a humanidade que não mais gira presa ao cilindro da mola jusnaturalista. "Os homens" – observava Bobbio com crispação só um pouco mais áspera (mas como punge!) – "não esperaram a crise do direito natural para se despedaçarem. Os homens se enfrentaram e se mataram também nos

---

22. N. Bobbio. "Il giusnaturalismo come teoria della morale". *In*: N. Bobbio. *Giusnaturalismo e positivismo giuridico. Op. cit.*, p. 185.
23. N. Bobbio. "Sul fondamento dei diritti dell'uòmo". *In*: N. Bobbio. *Il problema della guerra e le vie della pace*. Bolonha: Il Mulino, 1979, p. 123.

abençoados tempos em que teólogos, filósofos e juristas eram convictos e concordes defensores do direito natural".[24]

Há necessidade de acrescentar algo? Não, não há. Ou talvez sim, um rápido comentário deve ser feito para dizer que é só uma frase curta essa de Bobbio. No entanto, quantos ecos, especialmente em tempos de bravatas antirrelativistas, suscita nos nossos corações! Resumir toda uma polêmica com a felicidade de uma só frase – acreditem – é sempre arte difícil, que requer a inteligência, o gosto e, acrescentaríamos, a civilidade de um Autor.

Por isso, também por isso, para todos nós, há muito tempo, tal verdade, tão simples e honesta, diz muitas coisas de Bobbio e dele nos traz a recordação imensamente grata.

Gaetano Pecora[*]

---

[24]. N. Bobbio. "Ancora sul diritto naturale". *In*: N. Bobbio. *Giusnaturalismo e positivismo giuridico. Op. cit.*, p. 223.

[*]. Professor catedrático de História das Doutrinas Políticas, na Universidade de Sannio e em Luiss. Entre seus ensaios citamos: *Uomini della democrazia* [Homens da democracia], com prefácio de Norberto Bobbio (ESI, Nápoles, 1987 e 2007); *Il pensiero politico di Hans Kelsen* [O pensamento político de Hans Kelsen] (Laterza, Roma-Bari, 1995, tradução no Brasil em 2015); *Il liberalismo anomalo di Friedrich August von Hayek* [O liberalismo irregular de Friedrich August von Hayek] (Rubbettino, Soveria-Mannelli, 2002, tradução para o inglês em 2015); *Socialismo come libertà. La storia lunga di Gaetano Salvemini* [Socialismo como liberdade. A longa história de Gaetano Salvemini] (Donzelli, Roma, 2012); *La scuola laica. Gaetano Salvemini contro i clericali* [A escola laica. Gaetano Salvemini contra os adeptos do clericalismo] (Donzelli, Roma, 2015); *Carlo Rosselli, socialista e liberale. Bilancio critico di un grande italiano* [Carlo Rosselli, socialista e liberal. Balanço crítico de um grande italiano] (Donzelli, Roma, 2017). Introduziu a sexta edição italiana de H. Kelsen, *Teoria generale del diritto e dello Stato* [Teoria geral do direito e do Estado] (Etas, Milão, 1994). É colaborador do jornal dominical do Il Sole 24 Ore. Dirige o Arquivo Histórico de Sannio.

Premissa

Enquanto começava a preparar este curso sobre "John Locke e o direito natural", ocorreu-me ler em um livro que trata de tema inteiramente diferente, *Palavras e coisas*, de Ernest Gellner (traduzido recentemente em italiano, Mondadori, *Il Saggiatore*, 1961), um juízo muito inteligente sobre a relação entre direito natural e positivismo jurídico, que chamou minha atenção e agora me serve perfeitamente como preâmbulo. A frase de Gellner é a seguinte:

> Os filósofos se encontram em geral diante do dilema de dar uma exposição que valide alguns valores, critérios ou práticas [...] ou, alternativamente, de modo prático, decidir dar simplesmente uma exposição daquela atividade sem ir além dela, caso em que não forçam a credulidade alheia, mas ao mesmo tempo não conseguem dar as razões pelas quais tal atividade deve ser exercida no seu modo habitual ou simplesmente ser exercida.
>
> Um exemplo simples e claro desse dilema é, entre tantos, a disputa entre a teoria do direito natural e o positivismo jurídico. A teoria do direito natural dá uma validação moral da lei efetiva, mas é difícil de crer. O positivismo jurídico limita o estudo da lei à lei tal como efetivamente aplicada, mas não consegue dar nenhuma justificação das mudanças havidas, da resistência à lei positiva, nem verdadeiramente nenhuma

explicação de como o que chamamos de melhoramentos de um sistema jurídico poderia não ser arbitrário (p. 226-227).

Parece-me que o autor, nessa passagem, apreendeu bem uma verdade que quem está excessivamente empenhado na batalha pró ou contra o jusnaturalismo não consegue habitualmente ver: a saber, que jusnaturalismo e positivismo jurídico são dois modos diversos de considerar o fenômeno jurídico, que não se excluem necessariamente um ao outro, dois modos que representam duas atitudes ou perspectivas possíveis – e ambas legítimas – diante do direito, ambas necessárias, entre outras coisas, porque ambas unilaterais. O jusnaturalismo representa o momento da tomada de posição diante do direito existente, de uma tomada de posição que pressupõe um critério de avaliação (a lei natural em contraposição à lei positiva) e conduz ou a uma aprovação, caso em que se tenderá a querer conservar o direito existente (jusnaturalismo conservador), ou a uma condenação, caso em que se tenderá a querer mudá-lo (jusnaturalismo reformador). O positivismo jurídico, ao contrário, representa o momento da constatação e da verificação histórica de que certo direito existe e tem estas ou aquelas características, e não se preocupa absolutamente em mudá-lo.

Do trecho citado fica bem claro qual a função que um e outro exercem e quais as deficiências que podemos atribuir a ambos, se pretendemos que o primeiro desempenhe a função do segundo e vice-versa. O jusnaturalismo vem-nos ao encontro na nossa exigência de mudar, melhorar ou, segundo os casos, justificar o direito vigente, mas, como diz Gellner, é "pouco crível". O positivismo jurídico é mais crível ou, para melhor dizer, pode nos oferecer uma teoria coerente racionalmente construída, empiricamente controlada, do fenômeno jurídico; mas não consegue nos dizer nada sobre a justiça ou a injustiça das leis, cuja teoria expõe com tanto rigor. Em outras palavras, o jusnaturalismo desempenha bem sua função quando se apresenta como *ideologia* do direito; o positivismo desempenha bem sua função quando se apresenta como *teoria* do direito. Se não esquecermos que o momento ideológico e o momento teórico são ambos necessários para compreender o fenômeno jurídico na sua complexidade, evitaremos deixar-nos prender nas areias movediças da controvérsia entre partidários do jusnaturalismo e partidários do positivismo jurídico. Infelizmente, a confusão das línguas nasce quando um dos dois momentos invade o campo do outro, pretendendo desempenhar melhor sua função: isto é, *quando o jusnaturalismo se apresenta sob a roupagem de uma teoria do direito e o positivismo se disfarça de ideologia*. Mas não devemos nos preocupar neste curso com a relação entre jusnaturalismo e positivismo jurídico, e sim com a natureza do jusnaturalismo como aparece na tradição do pensamento moderno que conflui no pensamento de John Locke.

O objetivo deste preâmbulo é pura e simplesmente dar uma razão plausível para o fato de que, depois de ter me ocupado em curso precedente do positivismo jurídico,[1] senti a necessidade, neste ano, de me ocupar do jusnaturalismo sem que por isso deva ser considerado um positivista que se arrepende ou um jusnaturalista que se redime. Propus-me, em ambos os cursos, a tarefa de explicar os vários aspectos com que o jusnaturalismo e o positivismo jurídico se apresentam, a exigência que satisfazem, a contribuição que um e outro trazem à nossa compreensão do mundo do direito; não dar um juízo a esse respeito. Entre outras coisas, se a tanto fosse forçado, deveria confessar que, se se compreende o jusnaturalismo de certo modo, sou jusnaturalista; se se compreende o positivismo jurídico de certo outro modo, sou positivista. E não creio, com isso, cair em contradição.

Devo ainda acrescentar algo para explicar por que tratei no curso precedente do positivismo jurídico como movimento e aqui, ao contrário, trato do jusnaturalismo em relação a um só autor. A história do positivismo jurídico ainda está por se fazer. É preciso ter, ainda que aproximada, uma ideia da floresta antes de estudar cada uma das árvores. A história do jusnaturalismo foi escrita muitas vezes: para seguir adiante, é preciso que nos detenhamos com certa aplicação nas partes singulares dessa história. O pensamento de Locke é particularmente

---

1. N. Bobbio. *Il positivismo giuridico. Lezioni di filosofia del diritto*. N. Morra (ed.). Turim: Cooperativa Libraria Universitaria Torinese, s.d. [1961].

instrutivo, como veremos, para o objetivo de aprofundar o significado histórico e o valor ideológico do jusnaturalismo. Seu sistema político não se explicaria sem a tradição jusnaturalista, ainda que livremente revivida e repensada, e nem a gloriosa fortuna do jusnaturalismo até as Declarações de Direitos dos Estados Unidos e da Revolução Francesa se explicariam sem o pensamento de Locke.

A escolha de Locke se deveu também a uma razão contingente; depois que a coletânea preciosíssima de papéis e manuscritos lockianos, conhecida com o nome de *Lovelace Collection*, foi primeiro depositada (1942) e logo adquirida (1948) pela Bodeian Library de Oxford, os estudos lockianos floresceram nesses últimos anos e se renovaram em grande parte, com particular referência ao seu pensamento político e jurídico. Como se depreenderá da breve premissa bibliográfica com que iniciaremos a segunda parte, não houve nestes anos um pensador que mais do que Locke tenha se tornado objeto de estudos amplos, sérios, inovadores. Só em 1960 apareceram a edição crítica dos *Dois tratados sobre o governo civil*, organizada por Peter Laslett, e nada menos do que três importantes monografias (Cox, Polin, Viano), que citaremos a seu tempo.

O curso será dividido em três partes:

Parte I: O direito natural e seu significado histórico;

Parte II: Locke e o direito natural;

Parte III: O direito natural e o governo civil.

A conexão entre as três partes logo se explica. Na primeira parte, desenvolvo uma análise de caráter geral sobre o jusnaturalismo, que deve servir de premissa ao estudo e à compreensão do jusnaturalismo de Locke. A segunda parte está dedicada em particular ao estudo do pensamento jusnaturalista de Locke, dos escritos juvenis aos da maturidade, com o propósito de examinar em qual sentido e com quais consequências ele pode dizer-se jusnaturalista. Na terceira parte, por fim, exporei os aspectos salientes do sistema político e jurídico de Locke, com base no seu fundamento jusnaturalista, com o propósito de destacar o nexo entre seu jusnaturalismo e sua teoria do governo.

PARTE I
O DIREITO NATURAL E SEU SIGNIFICADO HISTÓRICO

1. Três livros para ler

Se tivesse de começar esta primeira parte com uma bibliografia, deveria dar-lhes uma bibliografia das histórias do direito natural. Mas creio que seria perfeitamente inútil: as chamadas histórias do direito natural são, na realidade, histórias da filosofia do direito, e as histórias da filosofia do direito são uma mistura de história das doutrinas políticas, de história das concepções gerais do direito, de história das ideias morais etc. etc. Por séculos a disciplina que chamamos "filosofia do direito" foi chamada *ius naturae* [direito da natureza] ou *ius naturale* [direito natural]. Os tratados clássicos do direito natural dos séculos XVII e XVIII eram, ao mesmo tempo, teorias gerais do direito e do Estado, filosofias morais, jurídicas e políticas, muitas obras em uma só. O que nos interessa neste curso, e de modo particular nesta primeira parte introdutória, é um conhecimento não aproximativo da teoria do direito natural, do seu significado e do seu valor prático, extraído dos textos dos jusnaturalistas em que está contida. Não nos interessa tanto saber o que pensaram os diversos jusnaturalistas sobre os problemas específicos do direito e do Estado (as chamadas histórias do direito natural ou da filosofia do direito são uma resenha, bastante monótona, de opiniões) quanto entender a essência do jusnaturalismo ou, mais familiarmente, o que têm em comum as doutrinas que se referem ao direito natural e qual foi sua função histórica. As histórias gerais da filosofia têm o defeito de expor doutrinas demais e de expô-las de modo demasiadamente sucinto. É sempre melhor conhecer um só sistema filosófico por meio de leitura direta do que mil sistemas de segunda ou terceira mão por meio de resumos, geralmente e necessariamente incompletos, que se leem nas histórias da filosofia. E é também por isso que escolhi, para um curso de jusnaturalismo, antes a leitura de um autor do que a exposição de todo um período e, pior, de toda a história do jusnaturalismo desde os gregos até nossos dias.

Creio bem mais útil para quem queira ler alguns livros à guisa de introdução ao curso indicar três obras recentes, que não são histórias do direito natural, ainda que contenham, com relação ao problema tratado por cada uma, referências mais ou menos amplas à história do direito natural. Trata-se de obras que se põem diante do problema do direito natural com a intenção de discutir sua validade e atualidade, e abordam os temas que serão nossos mesmos temas a partir de diversos, e até opostos, pontos de vista. Estas três obras são (cito-as em ordem cronológica):

1) Alessandro Passerin d'Entrèves. *La dottrina del diritto naturale*. Milão: Comunità, 1954 (trata-se da tradução italiana de obra originalmente escrita em inglês, com o título *Natural Law*. Londres: Hutchinson's University Library, 1951);

2) Leo Strauss. *Diritto naturale e storia*. Veneza: Neri Pozza, 1957 (o autor é alemão, mas emigrado nos Estados Unidos): a obra apareceu em língua inglesa com o título *Natural Right and History*. Chicago: The University of Chicago Press, 1953);

3) Pietro Piovani. *Giusnaturalismo ed etica moderna*. Bari: Laterza, 1961.

Cito essas três obras, e não outras, não só pelo seu valor intrínseco, e não só porque se podem ler todas as três em italiano, mas também porque representam muito bem, com exemplaridade que não se poderia desejar maior, três pontos de vista – aliás, os três pontos de vista típicos que se podem assumir diante do direito natural –, oferecendo-nos, portanto, em conjunto, um quadro bastante completo e, o que mais conta, feito por pessoas competentes, dos termos em que se pode travar hoje a batalha pró ou contra o jusnaturalismo.

O livro de Strauss é uma defesa extremada do direito natural, do seu valor histórico e do seu significado presente. Representa muito bem o que se chamou a *reductio ad Hitlerum* [redução do argumento a Hitler (ao nazismo)] da polêmica antijusnaturalista: o abandono da crença no direito natural, de um direito superior ao direito positivo, e, tendo valor objetivo e validade meta-histórica, teria sido uma das causas do advento dos estados totalitários, cujo princípio ético é a máxima bárbara: *Gesetz ist Gesetz* [A lei é a lei] (a lei – e, obviamente, a lei positiva, isto é, a vontade do Estado, ou melhor, de quem detém o poder – deve ser obedecida enquanto tal, unicamente pelo fato de ser lei, independentemente de qualquer consideração sobre seu valor ético). A polêmica de Strauss dirige-se contra todas as teorias relativistas e historicistas, que teriam ofuscado o esplendor da tradição jusnaturalista e aberto o caminho para o niilismo e o obscurantismo fanático. O livro começa com um ataque ao historicismo e, de modo particularmente duro, ao pensamento de Max Weber; em seguida, retrocede às fontes do pensamento grego para nele descobrir o nascimento da ideia do direito natural, que é ligada ao próprio nascimento da filosofia; depois expõe, em síntese, a história do jusnaturalismo clássico de Sócrates a São Tomás; explica a virada ocorrida com o jusnaturalismo moderno (passagem da teoria da lei natural à teoria dos direitos naturais), referindo-se sobretudo ao pensamento de Hobbes e Locke; e termina por descrever a crise do jusnaturalismo que teria acontecido, no final do século XVIII, com Rousseau e com Edmund Burke.

Ao contrário, a obra de Piovani é ampla e historicamente documentada, uma tentativa de demonstrar que o jusnaturalismo está morto e não mais pode ser ressuscitado, porque está profundamente em conflito com as exigências da ética moderna. O jusnaturalismo sempre representou, segundo a análise histórica do nosso autor, que se detém de modo particular na filosofia estoica da Antiguidade e na filosofia de São Tomás no Medievo, uma *ética da lei*, ou seja, uma ética que subordina a liberdade da consciência aos ditames de uma lei objetiva, expressão de uma ordem cósmica de que o indivíduo faz parte. Ao contrário, a ética moderna, tal como surge da crise do Humanismo e da virada histórica do

Renascimento, é uma ética da consciência individual, que apela aos valores da interioridade, da intimidade, à liberdade buscada e sofrida, contra a fria aceitação de uma lei objetiva, dada de uma vez para sempre, contra a passiva conformidade a uma ordem cósmica preestabelecida. Embora Piovani não se expresse nestes termos, poder-se-ia interpretar seu pensamento no sentido de que o jusnaturalismo representa o momento da heteronomia, a ética moderna, o momento da autonomia, e são por isso inconciliáveis. Piovani fala muitas vezes da ética moderna como de uma ética *agonística*: o jusnaturalismo, como antítese da ética moderna, é *legalismo*, isto é, ética da ordem, da universalidade alcançada pelo sacrifício da consciência individual. Desde logo não se poderia imaginar posição mais oposta à de Strauss (o que pode servir para dar uma ideia dos profundos contrastes que se agitam diante do problema do jusnaturalismo e do intrincado novelo a desenrolar que é sua história): para Strauss, o jusnaturalismo representa, em última instância, uma defesa do indivíduo contra a ordem positiva imposta pelo poder político; para Piovani, ao contrário, o único baluarte do indivíduo é aquela ética que já tenha abandonado completamente todo resíduo de jusnaturalismo.

O terceiro livro, o de Passerin d'Entrèves, não é nem defesa integral nem crítica radical. O propósito do autor é, antes, examinar o que está vivo e o que está morto na tradição jusnaturalista, ressaltar qual foi a função histórica do jusnaturalismo e quais os traços por ele deixados na teoria jurídica moderna.

A obra está dividida em duas partes: uma histórica, em que sucintamente são expostas as linhas de evolução da doutrina jusnaturalista, respectivamente, no pensamento clássico, no pensamento medieval e no pensamento moderno; outra teórica, em que são examinadas as três principais contribuições que a teoria do direito natural ofereceria ao pensamento jurídico moderno: 1) a definição do direito não em termos de mero comando do superior, mas em termos de norma qualificadora de um comportamento; 2) a distinção entre direito e moral;

3) a fidelidade à ideia da justiça superior às leis positivas e, portanto, à ideia de uma avaliação moral das leis positivas.

Como se depreenderá das páginas seguintes, minha posição está mais próxima daquela de D'Entrèves: não é uma posição de aprovação incondicionada nem de condenação sem apelo. Tratar-se-á de fazer algumas distinções que habitualmente são negligenciadas, de distinguir a teoria do jusnaturalismo – que me parece, mesmo considerada de todos os ângulos, insustentável – da função do direito natural. O que me interessa, sobretudo, é perceber o que possa vir a ser entendido por jusnaturalismo, uma vez que, como vimos, pode sê-lo de modos muito diversos a ponto de gerar posições opostas como as de Strauss e Piovani. Penso que obteremos certo resultado se conseguirmos nos pôr de acordo sobre o significado de jusnaturalismo, para evitar disputas ociosas que nascem muitas vezes de desentendimentos iniciais sobre o próprio objeto da disputa.

Na direção de uma análise particularizada do significado de jusnaturalismo e de alguns dos seus momentos históricos, foram-me muito úteis os ensaios que nestes anos vem publicando Guido Fassò. Indico alguns deles:

a) "Diritto naturale e storicismo". *Il Mulino*, 1958, n. 78, p. 239-247;

b) "Oggettività e soggettività nel diritto naturale". *Rivista di diritto civile*, IV, 1958, p. 264-271;

c) "Che cosa intendiamo con diritto naturale?". *Rivista trimestrale di diritto e procedura civile*, XV, 1961, p. 168-190;

d) "Diritto naturale e democrazia". *Rivista trimestrale di diritto e procedura civile*, XV, 1961, p. 909-926;

e) "Il giusnaturalismo e la teoria moderna del diritto e dello stato". *Rivista trimestrale di diritto e procedura civile*, XVI, 1962, p. 813-875.

Intitulei esta seção "Três livros para ler", mas deveria acrescentar: ...e alguns artigos a consultar.

2. O renascimento do direito natural

Perceber o significado do jusnaturalismo e da sua função histórica serve, sobretudo, para entender o significado e o valor do amplo movimento hodierno no pensamento jurídico que recebe o nome de "renascimento do direito natural". Esse renascimento teve aspectos rumorosos. Não me refiro tanto ao fato de que os tradicionais partidários do direito natural o proclamem hoje, depois da tremenda catástrofe da Segunda Guerra Mundial, com renovado vigor.

Refiro-me a algumas célebres "conversões" por parte de autores que eram hostis ao jusnaturalismo antes da guerra e se tornaram jusnaturalistas depois, diante do espantoso colapso de valores provocado pelos regimes totalitários. Não há texto sobre o direito natural destes últimos anos que não cite o caso singular de Gustav Radbruch, um dos mais respeitados filósofos do direito dos primeiros decênios do século, o qual era relativista quando publicou a edição completa da sua filosofia do direito em 1932 e se tornou defensor convicto do direito natural depois do nazismo. Bastará, para compreendê-lo, ler as últimas linhas da sua obra empenhada *Vorschule der Rechtsphilosophie*, traduzida recentemente em italiano por Dino Pasini com o título *Propedeutica alla filosofia del diritto* (Turim: Giappichelli, 1959):

> Assim, depois de um século de positivismo jurídico, ressurgiu potentemente a ideia de um direito acima da lei, em relação ao qual mesmo leis positivas podem representar-se como arbitrariedade legal. Até que ponto a justiça exige que as normas positivas com ela conflitantes devam ser consideradas como juridicamente não válidas, até que ponto a certeza do direito possa pôr a contraexigência de que o direito codificado, não obstante sua injustiça, seja considerado válido: já respondemos a essas perguntas nos capítulos precedentes deste curso. O sentido dessas respostas já se deduz do fato de que a este curso de filosofia do direito, no catálogo dos cursos, deu-se um subtítulo que havia muitos decênios estava em desuso, a saber, *Direito natural* (p. 233-234).

Mas aqui, na Itália, deve-se recordar o caso não menos significativo de Carlo Antoni, um dos mais fiéis discípulos e um dos mais respeitados intérpretes de Croce, o qual publicou, pouco antes de morrer, em 1959, um livro com o título *La restaurazione del diritto di natura* (Veneza: Neri Pozza); aí reivindica o valor do jusnaturalismo para além das negações dele feitas pelo historicismo mais ortodoxo, de que, na trilha do mestre, fora partidário. Croce, durante toda a sua vida, dos primeiros até os últimos escritos, não perdera ocasião de ressaltar os erros do jusnaturalismo. Agora, eis o que seu discípulo, no clima de renovado interesse pela tradição do direito natural, escreve:

> A ideia do direito de natureza nada significa além desta exigência de uma ação do ideal moral universal sobre a legislação positiva. Trata-se de momento eterno do espírito humano que requer humanas as leis que governam o viver civil, não ditadas só pela força. A Justiça, a grande virtude dos príncipes, o fundamento dos reinos, é esta correspondência da legislação positiva com as instâncias da ética. Ela não é a falsa ideia, de cujas alcinianas seduções* se declarava livre o jovem Benedetto Croce [...], mas, sim, exigência insuprimível do espírito humano, sem a qual não se explica a história da civilização (p. 36-37).

No entanto, não é preciso ir muito longe para perceber que o renascimento do direito natural não é uma novidade. O direito natural continua, pelo menos há cinquenta anos, a renascer. Já no final da Primeira Guerra Mundial e, portanto, em circunstâncias análogas às atuais – desencadeamento do ódio entre as nações, violação das mais elementares regras da convivência civil, "inúteis carnificinas" –, Julien Bonnecase, um jurista francês, condenava com veemência toda a ciência jurídica alemã, acusada de subjugar o direito à força, atribuindo a vitória dos aliados, com excessiva ingenuidade, ao fato de não terem traído a ideia eterna do direito natural (que, afinal, os aliados não tenham mesmo traído esta ideia é uma opinião da qual deixo de bom grado a responsabi-

---

*. Em *Orlando furioso*, de Ariosto, a decrépita feiticeira Alcina simula a aparência de uma jovem em flor para seduzir guerreiros que depois abandona. (N.T.)

lidade para seu autor).[1] Não diversamente, na Alemanha, Ernst Troeltsch, um dos mais nobres representantes da cultura acadêmica, considerando a ideia do direito natural como a mais alta expressão do pensamento político europeu, censurava a filosofia alemã por ter chegado à exaltação da força depois de abandonar, desde a era romântica, a fé naquela ideia.[2] Alguns anos depois, o mais ilustre filósofo do direito francês da primeira metade do século, François Geny, publicando o quarto volume da sua obra mais célebre, intitulada *Science et technique en droit privé positif* [Ciência e tecnologia no direito privado positivo] (1924), tecia mais uma vez o elogio do *irréductible droit naturel* [lei natural irredutível], indignando-se desta vez não com os juristas alemães, mas com os juristas franceses, contagiados pelo positivismo jurídico.

Mas não basta: alguns anos antes da guerra, e portanto em circunstâncias completamente diferentes – longo período de paz, difusão da democracia e do socialismo democrático e pacifista, ilusão de que as guerras estivessem eliminadas para sempre, apesar das vociferações, pouco escutadas, de alguns exaltados –, fora publicado o modesto e mesmo assim afortunado livrinho de Charmont, intitulado nada menos do que *La renaissance du droit natural* (1910); o qual, por sua vez, referia-se a um ensaio de Raymond Saleilles de 1902, que dirigia no limiar do novo século ("o século se renova...") jubilosas boas-vindas ao retorno do direito natural.[3] Já alguns anos antes, na Itália, Igino Petrone, conhecido filósofo do direito, do qual habitualmente se faz começar a reação idealista contra o positivismo, em um livro intitulado *La fase recentissima della filosofia del diritto in Germania*, condenava as orientações positivistas da ciência jurídica alemã e, retirando bons auspícios das novas tendências idealistas, perguntava-se se o direito natural, em

---

1. J. Bonnecase. *La notion de droit en France au dix-neuvième siècle*. Paris: E. de Boccard, 1919, sobretudo p. 218 ss.
2. E. Troeltsch. "The Ideas of Natural Law and Humanity in World Politics" (Apêndice Ia). In: O. Gierke e E. Barker. *Natural Law and the Theory of Society (1500 to 1800)*. Cambridge University Press, 1934, I, p. 201-222.
3. O ensaio de Saleilles ("École historique et droit naturelle d'après quelques ouvrages récents") foi publicado na *Revue trimestrielle de droit civil*, I, 1902, p. 80-112.

que "ferve e se agita [...] a eterna juventude da consciência humana e do ideal", não devia ter "valor científico e ideal em grande medida superior às doutrinas dos seus adversários".[4] Como se vê, haveria boas razões para argumentar que se falava de um renascimento do direito natural desde o início do século XX e ainda antes, quando começara a ranger o edifício positivista. No entanto, há poucos anos, participando de um dos tantos encontros ocorridos ultimamente sobre o direito natural, pude escutar Marcel Prélot, um bom constitucionalista e historiador do pensamento político, exaltar "la renaissance du droit naturel au dix-neuvième siècle"[5] a propósito, nada menos, do *Saggio teoretico di diritto naturale poggiato sui fatti* do padre jesuíta Luigi Taparelli d'Azeglio, decerto obra sem inspirações progressistas, publicada em vários tomos entre 1840 e 1843.

Diante de uma doutrina que continua a renascer, seríamos tentados a afirmar que, na realidade, jamais morreu. Recentemente, Arnold Brecht, em um grande volume pensado em alemão e escrito em inglês, *Political Theory* (Princeton University Press, 1959), defendeu outra tese: toda a história do pensamento jurídico pode ser concebida como sucessão contínua de épocas jusnaturalistas e de épocas antijusnaturalistas. Brecht, em quadro sintético, distingue, dos gregos aos nossos dias, oito períodos, quatro de esplendor e quatro de eclipse do direito natural: 1) Grécia Antiga, Cícero, juristas romanos (esplendor); 2) Patrística, Santo Agostinho (eclipse); 3) Escolástica, São Tomás (esplendor); 4) de Bodin a Hobbes (eclipse); 5) Locke e o chamado jusnaturalismo moderno (esplendor); 6) empirismo inglês, Hume, Bentham, Mill (eclipse); 7) idealismo alemão de Kant a Hegel (esplendor); 8) positivismo oitocentista com o conexo relativismo dos valores (eclipse). A era contemporânea assinalaria novo renascimento, a que se deve seguir, cedo ou tarde, nova decadência.

---

4. I. Petrone. *La fase recentissima della filosofia del diritto in Germania*. Pisa: Enrico Spoerri, 1895, p. 258-259.
5. M. Prélot. "Taparelli d'Azeglio et la renaissance du droit naturel au XIX siècle", publicado no volume miscelâneo *Le droit naturel*. Paris: PUF, 1959, p. 191-203.

Buscar um ritmo na história humana chama-se fazer filosofia da história: as teses de Brecht sobre a história do pensamento jurídico são uma bela prova de como se deve desconfiar de toda filosofia da história. A história humana é um pouco mais complicada do que parece a quem tenta reduzi-la a um esquema. Ao esquema de Brecht, podem-se dirigir muitas objeções a ponto de reduzi-lo, sem muita dificuldade, a frangalhos. O jusnaturalismo nasceu na Grécia, decerto, mas também o positivismo jurídico (Trasímaco). Durante o segundo renascimento, o escolástico, aparece um dos textos mais famosos do positivismo jurídico, o *Defensor Pacis* de Marcílio de Pádua. No século XVI e no XVII, escritores realistas e jusnaturalistas se alternaram, de modo que é uma tarefa desesperada distinguir cronologicamente um período jusnaturalista e outro antijusnaturalista: Hobbes será jusnaturalista ou antijusnaturalista? A pergunta é, como se sabe, muito embaraçosa. E, afinal, não eram contemporâneos de Hobbes aqueles *Levellers* (Niveladores) que se apoiavam no direito natural para fundamentar suas reivindicações democráticas e tinham com o direito natural a mesma familiaridade que os revolucionários de hoje têm com a "dialética da história"? Quanto ao idealismo alemão, ele pode ser apresentado como renascimento do direito natural tanto quanto se pode fazer derivar *lucus a non lucendo**: Kant, decerto, era jusnaturalista, e também o primeiro Fichte. Mas Hegel, decerto, não o era: antes, precisamente a partir de Hegel, começa a mais longa letargia (que alguns interpretaram como morte sem possibilidade de ressurreição) do jusnaturalismo.

E então? Parece-me que, para tomar qualquer posição sobre o chamado renascimento do direito natural, deve-se antes de tudo compreender o que é o direito natural e qual é a essência do jusnaturalismo. É o que procurarei fazer nas seções sucessivas, a começar pela seguinte. Mas, desde logo, antecipando, considero que se deva distinguir a *exigência*, que o jusnaturalismo expressou ao longo dos séculos, e a *teoria* jusnatu-

---

*. Isto é, derivar a palavra "floresta" (*lucus*) da "falta de brilho" (*non lucendo*). É uma explicação ilógica ou uma derivação absurda. (Nota do tradutor Daniel Moreira Miranda, doravante N.T.D.M.M.)

ralista propriamente dita. Pois bem, minha opinião é que, se se observa a exigência, o jusnaturalismo não pode renascer pela simples razão de que não morre nunca; se se observa, ao contrário, a teoria propriamente dita, temo que tenha morrido no final do século XVIII, quando todas as novas correntes filosóficas, o utilitarismo na Inglaterra, o positivismo na França, o historicismo na Alemanha, convergiram, sem o saber, na crítica ao direito natural; e que, portanto, o que hoje renasce sob forma de jusnaturalismo seja ou uma coisa que jamais morreu, e por cujo reaparecimento não é preciso fazer tanto alarde, ou... alguma outra coisa que toma de empréstimo à gloriosa corrente do jusnaturalismo só o nome, mas não a substância. Estaria propenso a dar razão a Meinecke, que, no seu conhecido livro *As origens do historicismo*, apresenta desde as primeiras páginas o historicismo como a filosofia que pôs em crise a teoria do direito natural, que fora "a estrela polar em meio a todas as tempestades da história" e constituíra "para o homem pensante um ponto firme na vida, tanto mais forte se sustentado pela fé na revelação".[6]

Que o renascimento hodierno do jusnaturalismo seja o ressurgir da eterna exigência da ideia de justiça, que transcende continuamente o direito positivo e nos induz a tomar posição diante dele para modificá-lo, aperfeiçoá-lo, adaptá-lo a novas necessidades e a novos valores, pode ser provado pelas palavras de Radbruch citadas há pouco. Quanto à teoria do direito natural, ela se transformou tanto que se tem dificuldade para reconhecê-la. Desde quando Stammler, no início do século XX, enunciou a afortunada fórmula do "direito natural com conteúdo variável", mesmo entre os jusnaturalistas mais ortodoxos deitou raízes a ideia de que o direito natural não é um sistema de regras universais, válidas para todo tempo e para todo lugar, mas um conjunto de princípios muito gerais e flexíveis capazes de ser adaptados continuamente ao progresso histórico. Mas que outra coisa defendera o historicismo? Surge a

---

6. Cito a partir da tradução italiana, publicada pela Ed. Sansoni de Florença, em 1954. O trecho citado se encontra na p. XI.

suspeita de que o jusnaturalismo esteja fazendo tantas concessões ao seu adversário que dele não pode mais se distinguir. Fassò chamou a atenção sobre um ensaio do jusnaturalista católico Arthur Kaufmann ("Diritto naturale e storicità", *Jus*, 1959, p. 178-196), em que se leem estas palavras que poderiam muito bem estar na boca de um historicista:

> O direito não é um puro fato situado no tempo, a ponto de não ter, como a natureza não espiritual, nenhuma relação com o tempo mesmo. Ele está, antes, determinado pelo tempo no seu ser e, por isso, deve realizar-se de maneira sempre renovada para tornar-se ele mesmo [...]. Direito natural e historicidade do direito, por isso, não são reciprocamente inimigos: aliás, a historicidade do direito significa a abertura do direito para o direito natural, à medida que, com o olhar voltado para o inatingível, consegue-se, no entanto, o que se pode em um lugar e momento determinado: *o direito historicamente justo*.[7]

Na revista dos juristas católicos foi publicado por estes dias um artigo de L. Lombardi[8] em que o autor sustenta que "por 'direito natural' compreende-se hoje uma doutrina ética espiritualista, logo, algo que é impróprio chamar 'direito', que é impróprio chamar 'natural'" (p. 56). E conclui dizendo que muitas confusões e inúteis controvérsias seriam eliminadas se, em vez de "direito natural", se falasse de "ética da pessoa". É uma proposta cuja oportunidade e sabedoria não posso avaliar. Ela, contudo, corrobora minha suspeita de que o que renasce hoje não é a teoria do direito natural, tal como foi sustentada e defendida pelos jusnaturalistas, isto é, de um direito baseado na natureza contraposto ao direito baseado na autoridade, mas ou a exigência de uma livre avaliação das leis positivas, que pode muito bem ser dissociada da teoria do direito natural, ou então, precisamente, uma ética da pessoa, quando não se tratar de um jusnaturalismo tão impregnado de historicismo que conserva da velha doutrina só os despojos.

---

7. Extraio a citação de Fassò. "Che cosa intendiamo con diritto naturale?". *Riv. trim. di diritto e procedura civile*, XV, 1961, p. 182.
8. "Sull'espressione diritto naturale". *In: Justitia*, XV, 1962, n. 1-2, p. 56-80.

3. Algumas observações sobre o conceito de natureza

Para compreender o que se entende por "direito natural", é preciso voltar ao conceito de natureza. Sem dúvida: o direito natural é aquele direito que provém da natureza ou se baseia na natureza. Mas o que é a natureza? "Natureza" é um dos muitos conceitos generalíssimos que nos foram legados pelos gregos e há dois mil anos não cessam de atormentar os filósofos, os quais buscam determinar seu significado. Quando falo de "conceitos generalíssimos", refiro-me aos conceitos que podem servir por si sós (e serviram) para definir globalmente a realidade e são usados para dar uma resposta única, definitiva e conclusiva à pergunta: "o que é a realidade?". "Natureza" é um desses conceitos, tanto é verdade que à pergunta "o que é a realidade?" pode-se responder e se respondeu: "a realidade é natureza". Uma filosofia que dê uma resposta desse tipo chama-se, como se sabe, naturalismo. Outros conceitos generalíssimos são, por exemplo, "ideia", daí que aquela filosofia que, afirmando ser a realidade (a verdadeira realidade distinta da aparência) ideia, chama-se "idealismo"; "espírito", daí "espiritualismo"; "matéria", daí "materialismo"; "fenômeno", daí "fenomenismo". Um dos últimos, na ordem temporal, foi (os gregos jamais o imaginariam) "história", daí, por exemplo, em Croce, a conhecida definição do "historicismo" como a filosofia que reduz toda a realidade à história.

Para compreender o que os gregos entendiam por natureza, deve-se remontar ao capítulo IV do Livro V da *Metafísica* de Aristóteles, dedicado precisamente à explicação do significado de natureza. Aqui se encontra a conhecida definição: "natureza, no seu sentido primário e próprio, é a substância dos seres que têm em si mesmos, enquanto tais, o princípio do seu movimento" (1015a10). Entre as muitas interpretações que se podem dar a essa passagem, parece particularmente importante, para nosso objetivo, a que se pode extrair de outra passagem, em que Aristóteles, expondo a classificação das ciências, distingue aquelas que têm por objeto as coisas naturais, a natureza (as ciências físicas), e aquelas cujo objeto é o fazer humano, que, por sua vez, se distingue em ποιεῖν*, isto é, o operar, o produzir típico do artesão ou do artista, e daí a teoria da criação humana (poética), e em πράττειν**, isto é, o agir intencional, e daí a teoria das virtudes (ética e política). Nessa distinção, ou melhor, contraposição, entre a natureza e o mundo da práxis humana, emerge, a meu ver, o significado profundo, original, fundamental, do termo "natureza". Esse termo serve originalmente para abarcar em uma só categoria todas as coisas que não são produzidas pelo homem, toda a parte do mundo que, aos olhos de quem observa e quer tentar explicar a realidade do universo, não depende do fazer humano, todos os entes e eventos que, tendo "em si mesmos o princípio do movimento", nascem, desenvolvem-se e morrem em conformidade com leis não estabelecidas nem modificáveis pelo homem. A consciência dessa distinção é um dos princípios da especulação: o homem primitivo está tão inserido no mundo da natureza que o circunda a ponto de não perceber existirem coisas que não dependem dele (e sobre as quais não pode ter nenhum poder) e coisas que dependem dele, que existem porque foram produzidas pelos seus predecessores e, uma vez feitas pelo homem, pelo homem podem ser desfeitas. Quando, nos albores da especulação, o homem começa a tomar consciência da sua posição no mundo, uma das primeiras descobertas é precisamente a de que todos os entes e eventos podem ser incluídos em duas grandes categorias distintas: as coisas que existiam antes do homem e continuarão a existir sem o homem – como o Sol, as estrelas, a terra, as plantas, os rios – e as coisas que só existem por terem sido produzidas pelo homem, como as casas, as armas, os utensílios, os indumentos. "Natureza" é o conceito generalíssimo que serve para designar, em contraposição à arte ou à técnica, todas as coisas que pertencem à primeira categoria.

Que este seja o significado original (e permanente) de natureza pode ser confirmado pelo fato de que todos os conceitos antitéticos que foram elaborados em contraposição ao de natureza têm sempre a mesma

---

*.   ποιεῖν [*poieîn*], infinitivo do verbo ποιέω [*poiêo*]. Em grego: fazer, criar, produzir. (N.T.D.M.M.)

**. πράττειν [*prátein*], infinitivo do verbo πράσσω [*prásso*]. (N.T.D.M.M.)

função fundamental de contrastar um universo que, de alguma forma, o homem faz e consegue dominar, e o outro, que escapa ao seu domínio e que ele aceita, é forçado a aceitar, como necessidade. Uma das primeiras formas dessa contraposição é a que vimos entre natureza e arte (ou técnica). Mas, quando se percebe que, entre os produtos do fazer humano, há também os costumes, as regras sociais, as leis da conduta (distintas das leis naturais), ou seja, as normas, eis que se apresenta nova contraposição, entre natureza e convenção, em que natureza guarda sempre seu primitivo significado de universo das coisas diante das quais o homem é impotente. Para os filósofos que concebem a sociedade humana baseada em uma convenção inicial (o contrato social) ou em uma série de convenções, que, em conjunto, têm o propósito de dar origem a um mundo humano distinto do mundo natural (pensemos na contraposição entre o *status naturae* [estado natural] e o *status societatis* [estado da sociedade] dos jusnaturalistas), a contraposição entre mundo independente do homem e mundo produzido pelo homem apresenta-se no novo par *natureza-sociedade*, que é um dos esquemas mais comuns com que o pensamento moderno pensa e reformula a velha antítese. Todo o conjunto dos produtos da vida em sociedade constitui a civilização ou a cultura: daí o novo par de contrários (que da filosofia iluminista chega até as chamadas filosofias da cultura dos nossos dias) *natureza-cultura*. Se pensamos no nosso Vico e, depois, em toda a filosofia do idealismo alemão que dá origem ao historicismo, novas antíteses se repropõem, como *natureza-história*, *natureza-espírito*, que, no entanto, são sempre novas formulações da grande dicotomia, de que o homem, a partir do momento em que começou a conquistar consciência daquilo que o constitui como ser criador, produtor (hoje se diria "trabalhador"), não pôde escapar. Uma filosofia espiritualista é uma filosofia que elimina um dos dois termos da antítese ou o reduz ao outro, ao considerar também a natureza, colocando-se *ex parte Dei* [por parte de Deus], como o produto de um ser criador (seja transcendente, seja imanente ao mundo).

Uma vez posta a grande dicotomia entre o que é natureza e o que não é natureza (arte, convenção, sociedade, civilização, história, espírito), uma das operações mais comuns da mente humana é perguntar-se se um ente ou um evento pertence ao mundo da natureza ou ao da não-natureza. Diante da antítese *natureza-arte, natureza-convenção,* os gregos se propuseram o problema do direito (como, de resto, da linguagem) nestes termos: o direito é natureza ou arte? Se havia coisas que não podiam deixar de ser consideradas naturais, como o Sol ou uma montanha, e coisas que não podiam deixar de ser consideradas artificiais ou convencionais, como a flecha ou a estátua, havia coisas, como o direito (aqui entendemos por direito, em sentido muito amplo, todas as regras da convivência humana), cuja classificação em uma ou em outra categoria não era imediatamente evidente. A resposta que deram os gregos a essa questão, se direito era natureza ou arte, foi usualmente ambivalente: o direito é *tanto* natureza *quanto* arte. Há regras que derivam da natureza e são o direito natural; outras regras que derivam da arte ou da convenção e são o direito positivo. Dessa resposta dada pelos gregos ao problema do direito nasceu a dicotomia fundamental entre direito natural e direito positivo, que chegou, atravessando mil peripécias, até nós.

Decerto, hoje pode nos parecer estranho que o direito pudesse ser considerado, pelo menos em parte, como coisa natural, isto é, como produto da natureza. Se nós hoje nos propuséssemos a pergunta nos mesmos termos em que a colocavam os gregos, não hesitaríamos em responder que todo o mundo das regras que dirigem e controlam a vida social dos homens é um produto do fazer humano, entendido no duplo sentido aristotélico de "produzir" e de "agir". Sirva como prova a reflexão sobre o seguinte fato: se, em vez de tomarmos como termos antitéticos à "natureza" os termos tipicamente gregos de "arte" ou de "convenção", tomássemos os outros termos da antítese, como "sociedade", "civilização", "história", "espírito", só poderíamos concluir que "o direito, todo ele, sem possibilidade de distinções, é produto da sociedade, ou da civilização, ou da história, ou do espírito", mesmo que depois introduzíssemos novas e diversas distinções no âmbito da categoria assim formulada.

Mas deve-se considerar o fato de que o direito nas sociedades antigas, e portanto também para os gregos, era essencialmente direito consuetudinário, isto é, um conjunto de regras que se transmitiam de geração para geração, eram aplicadas pelos juízes, seguidas espontaneamente pelos cidadãos. O direito legislativo, tal como o entendemos, isto é, o direito estabelecido por uma vontade dominante, seja esta individual, seja coletiva, era fenômeno excepcional. Ora, a característica do direito consuetudinário é que é acolhido como existente desde sempre, como conjunto de regras cuja origem não se conhece exatamente e às quais nos conformamos por instinto, por imitação, por hábito; não porque nos dobremos, quem sabe contra a vontade, à sua autoridade, mas porque todos os outros antes de nós e ao nosso redor se comportam desse modo e nos parece que não poderiam comportar-se de forma diferente. Enquanto é evidente a distinção entre natureza e norma estabelecida por uma vontade dominante, muito menos evidente é a distinção entre natureza e costume. Isso me faz recordar o famoso fragmento de Pascal em que se diz que a natureza é uma espécie de primeiro costume, assim como o costume é uma espécie de segunda natureza:

> La coutume est une seconde nature, qui détruit la première. Mais qu'est-ce que nature? Porquoi la coutume n'est-elle pas naturelle? J'ai grand peur que cette nature ne soit elle-même qu'une première coutume, comme la coutume est une seconde nature [O costume é uma segunda natureza que destrói a primeira. Mas o que é a natureza? Por que o costume não é natural? Meu grande temor é que esta natureza seja apenas um primeiro costume, assim como o costume é uma segunda natureza] (*Pensées*, "La Pléiade", fragm. 121, p. 1.121).

Quero dizer com isso que a razão pela qual os gregos consideravam uma parte do direito como "natural" deve ser buscada no fato de que tinham em mente o direito consuetudinário e que o costume aparece como segunda natureza. Naturalmente, hoje ninguém estaria mais disposto a considerar o direito consuetudinário como direito natural, entendida a "natureza" como o conjunto de todas as coisas que não dependem do fazer humano; mas arrastamos conosco essa distinção e depois a preenchemos, como usualmente acontece com os conceitos de que se perdeu a consciência da sua origem, com conteúdos diversos.

No Medievo, a natureza é o produto da inteligência e da potência criadora de Deus; nesse significado, cumpre muito bem a função de categoria que abrange todas as coisas que não dependem do homem. E o direito natural torna-se, então, ora a lei escrita por Deus no coração dos homens (por Deus, não pelo príncipe, pelo juiz ou pela assembleia popular), ora a lei revelada nos textos sagrados nos quais se transmite a palavra de Deus, ora a lei comunicada por Deus aos homens por meio da razão.

No início da Era Moderna, quando a natureza é entendida como a ordem racional do universo, por direito natural se entende o conjunto das leis da conduta humana, que, tal como as leis do universo, estão inscritas nessa ordem, contribuem para compor essa ordem e são, enquanto racionais, cognoscíveis por meio da razão. Mais uma vez esse direito pode dizer-se natural, no sentido originário da palavra, porque é um direito *encontrado*, não *estabelecido* pelo homem. Depois do direito natural-consuetudinário, que se perde na noite dos tempos, depois do direito natural-divino, que acompanha toda a filosofia política e jurídica medieval, na Era Moderna o direito natural-racional representa uma terceira encarnação do direito não estabelecido pelo homem e que, exatamente por se subtrair às procelas da história, tem ou pretende ter validade universal e, portanto, maior dignidade do que o direito positivo.

Nesse ponto, deveria seguir-se uma breve história da ideia do direito natural. Mas, à parte o fato de que esse não é o tema do curso, considero-a pouco instrutiva, além de bastante aborrecida. Acredito ser mais oportuno, em vez de fazer rápida investida desde Platão até Giorgio del Vecchio, apresentar-lhes e comentar-lhes, referindo-me diretamente aos textos, algumas das mais célebres definições do direito natural, escolhidas pela sua importância histórica e pela sua exemplaridade. Escolhi três definições, a de Aristóteles, a de São Tomás e a de Hobbes. Cada uma delas representa um dos três grandes períodos em que se costuma distinguir a história da filosofia. Além disso, expressam três pontos de vista característicos, que deverão estar sempre presentes na análise sobre o problema da relação entre direito natural e direito positivo. Direito natural e direito positivo se distinguem, segundo a doutrina de Aristóteles, sobretudo em relação ao *conteúdo*; na de São Tomás, sobretudo em relação ao *autor*; na de Hobbes, sobretudo em relação à *função*.

4. O direito natural segundo Aristóteles

Da distinção do direito em natural e positivo, Aristóteles fala em três lugares, mas a definição mais célebre é a que se encontra no início do capítulo 7 do Livro 5 da *Ética a Nicômaco*, onde se lê:

> Da justiça política uma parte é *natural*, outra é *legal*. A natural tem por toda parte a mesma eficácia e não depende das nossas opiniões; a legal é originalmente indiferente se for assim ou de outro modo, mas, uma vez estabelecida, não mais é indiferente (1134b).

Como se vê, o direito natural é definido no trecho por meio de duas características: a primeira é estar *por toda parte* em vigor, isto é, ter validade universal, que não depende da variação dos lugares; – é a característica que acompanha bem o conceito de natureza e, portanto, de tudo o que é natural (uma coisa tipicamente natural, como o fogo, queima em qualquer lugar do mesmo modo, dirá pouco mais adiante Aristóteles, tanto na Grécia quanto na Pérsia); a segunda é que as regras que esse direito indica estão subtraídas às nossas opiniões e, portanto, estabelecem o que é justo e o que é injusto em si mesmas, independentemente do que pensem os homens a respeito.

Quanto ao direito positivo (Aristóteles chama-o *legal*, isto é, estabelecido por lei), seria esperado que fosse definido com as características contrárias às indicadas para o direito natural; mas a característica é uma só e corresponde não à primeira, mas à segunda do direito natural. A primeira, a bem da verdade, pode-se intuir facilmente: ao contrário do direito natural, que tem por toda parte a mesma eficácia, podemos atribuir ao direito positivo, sem que Aristóteles nos diga, a característica de mudar de lugar para lugar, de ser um direito com validade não universal, mas particular. A característica indicada por Aristóteles corresponde à segunda do direito natural e pode-se explicar deste modo: as ações reguladas pelo direito natural estão subtraídas ao nosso juízo, de sorte que, com base no direito natural, existe uma esfera de comportamentos que são obrigatórios independentemente da nossa vontade (são as ações boas ou más por si mesmas, como se dirá em seguida). Mas as ações reguladas pelo direito natural não são todas as ações possíveis; ao lado e além das ações reguladas pelo direito natural há toda uma esfera de ações indiferentes cuja regulamentação é confiada à lei positiva. Pois bem, a lei positiva é a que torna obrigatórias, mediante seu comando, as ações que originalmente, isto é, com relação ao direito natural, são indiferentes. Em outras palavras, as ações reguladas pelo direito positivo são as que, se não houvesse o comando ou a proibição do direito positivo, seriam livres. Os exemplos que Aristóteles dá são iluminantes: sacrificar a Zeus uma cabra ou duas ovelhas é, por si mesmo, uma ação indiferente no sentido de que o direito natural não se ocupa disso e, se não há lei positiva que obrigue a sacrificar uma cabra em vez de duas ovelhas, ou vice-versa, sou livre para realizar tanto uma quanto outra ação. Mas essa ação não é mais livre uma vez que intervenha a lei positiva, impondo uma forma de sacrifício e excluindo a outra. Se tomarmos um exemplo comum de lei natural, como a que prescreve manter os acordos, será preciso dizer, ao contrário, que a ação por ela regulada nunca é indiferente, o que significa que é obrigatória sem que intervenha lei positiva a sancioná-la.

O interesse dessa distinção aristotélica está no fato de que busca o critério de delimitação com referência à respectiva matéria do direito natural e do direito positivo: a matéria do direito natural corresponde aos comportamentos que são bons ou maus em si mesmos; a matéria do dircito positivo começa no ponto em que cessa a do direito natural, isto é, com as ações indiferentes. Poderíamos nos perguntar o que aconteceria se uma lei positiva invadisse a esfera das coisas reguladas pela lei natural. Então, seria preciso responder que os casos são dois: ou a lei positiva regula o comportamento do mesmo modo que a lei natural (comandando o que esta comanda ou proibindo o que esta proíbe) e então a reforça; ou o regula de modo oposto (comandando o que a lei natural proíbe ou proibindo o que a lei natural permite), e então se abre um conflito de normas que só pode ser resolvido em benefício da norma considerada como superior. Em uma passagem da *Retórica* em que Aristóteles se propõe o problema, ainda que com outros fins, do conflito entre direito natural e direito positivo, dá claramente preferência ao primeiro:

> Se a lei escrita é contrária à nossa causa, devemos nos servir da lei comum e da equidade por ser mais justa [...]. De fato, a equidade é permanentemente válida e não está destinada a mudar, como também a lei comum (pelo fato de ser lei natural); as leis escritas, ao contrário, mudam (1375a).

Pouco mais adiante acentua a noção de que: "[...] é próprio do homem melhor seguir e observar constantemente antes as leis não escritas do que as escritas".

Há duas passagens, sempre da *Retórica*, em que Aristóteles, para evidenciar a excelência das leis não escritas em relação às escritas, cita o famoso caso de Antígona, a qual, para obedecer às leis não escritas que lhe impunham dar sepultura ao irmão morto, desobedece às leis civis, instituídas por Creonte (1373d e 1375a).

Nas passagens citadas, identifica-se a lei natural ora com a lei *comum* (contraposta à *particular*), ora com a lei *não escrita* (contraposta à escrita). Dessas duas novas distinções, a mais segura é a primeira, como está demonstrado por este novo trecho, sempre da *Retórica*:

> A lei pode ser particular e comum. Particular é a que cada povo define para si mesmo, seja escrita, seja não escrita. Comum é a que *é segundo a natureza*. De fato, na natureza existe um princípio comum do que é justo e do que é injusto, por todos proclamado, ainda que não haja intercorrido, entre os que o aceitam, nenhuma comunhão ou pacto (1373d).

Como se vê, a distinção entre direito natural e direito positivo corresponde àquela entre direito comum e direito particular. Menos bem a ela corresponde a distinção entre lei escrita e não escrita, porque, enquanto o direito natural parece ser sempre não escrito, o direito positivo ou particular pode ser, com base na última passagem, tanto escrito quanto não escrito. O que importa notar é que também a diferença entre direito comum e direito particular parece fazer referência, como a diferença entre direito por natureza e direito por lei, ao fato de que o direito particular ou legal toma o lugar do direito natural e comum nas matérias por este não reguladas, deixadas livres ao juízo dos governantes, quase como uma complementação que jamais deve transformar-se, sob pena de nulidade ou ineficácia, em antítese.

5. O direito natural segundo São Tomás

A supremacia do direito natural sobre o direito positivo se tornaria muito mais nítida com o advento do cristianismo. Então, a lei natural, que dirige a conduta dos homens neste mundo, também deveria inserir-se em uma concepção teológica e hierárquica do universo. Ela torna-se direta ou indiretamente lei de Deus. Do mesmo modo como Deus estabeleceu as leis que regulam o movimento dos corpos, assim também estabeleceu as leis que regulam a conduta do homem. A única diferença entre umas e outras é que o homem, sendo um ser livre, pode violá-las. Mas as leis não desaparecem só pelo fato de terem sido violadas: elas vigoram e podem ser descobertas pelo homem a quem Deus as manifesta, diretamente mediante a revelação ou indiretamente mediante a razão. Para precisar a concepção cristã da lei natural, não há trecho mais significativo do que aquele do *Decretum Gratiani* [O decreto de Graciano]*, em que o direito natural é definido deste modo:

"Jus naturale est quod in lege et in Evangelio continetur" ["Direito natural é aquilo que está contido na lei (do velho testamento) e no

---

*. Escrito no século XII, o *Decretum Gratiani* é a primeira parte do *Corpus Juris Canonici* (Corpo de Leis Canônicas) e compila as normas canônicas conhecidas até então. (N.T.D.M.M.)

Evangelho"];⁹ aqui, por *lex* se entende o Velho Testamento, e, por *Evangelium,* o Novo. Assim, a lei natural é identificada com os Dez Mandamentos e com os preceitos de vida pregados por Cristo. E, quanto ao valor do direito natural, diz-se de modo muito preciso: "Dignitate vero ius naturale simpliciter praevalet consuetudini et constitutioni. Quaecunque enim vel moribus recepta sunt, vel scriptis comprehensa, si naturali iuri fuerint adversa, vana et irrita sunt habenda" ["O direito natural, entretanto, é superior em dignidade às leis promulgadas e aos costumes. Tudo o que é recebido como costume ou registrado por escrito é vão e sem efeito se está em conflito com a lei natural"].¹⁰

A exposição clássica e insuperada da concepção cristã do direito natural encontra-se na *Summa theologica* [Suma Teológica]* de São Tomás, em que algumas *quaestiones*, a partir da nonagésima da *Prima Secundae*, estão dedicadas ao problema das leis, constituindo um autêntico tratado *De legibus* [Tratado relativo às leis e ao direto], ilustre iniciador de longa tradição. São Tomás distingue quatro formas de leis: *aeterna, naturalis, humana, divina* [lei (ou direito) eterna, natural, humana e divina]. A *lex aeterna* [lei eterna] é a razão divina que governa o mundo; a lei natural, que nos interessa de modo particular, é: "[...] participatio legis aeternae in rationali creatura" ["(...) participação da lei eterna na criatura racional"] (q. 91, art. 2).

A lei natural é o modo como a ordem cósmica criada por Deus manifesta-se naquele aspecto da criação que é a criatura dotada de razão, isto é, o homem.¹¹ A lei natural consta de um preceito único e generalíssimo do qual todos os outros são deduzidos com a razão. Ele consiste

---

9. Graciano. *Decretum Gratiani (Concordia discordantium canonum: ac primum de iure naturae et constitutionis)*, Dist. I.
10. *Ibid.*, Dist. VIII, Parte II.
*. A obra *Suma Teológica* de Tomás de Aquino (1225-1274) compreende 614 questões espalhadas por 3 partes: *Prima, Secunda* e *Tertia* (Primeira, Segunda e Terceira). A Segunda Parte subdivide-se em duas: *Prima Secundae* (Primeira Parte da Segunda) e *Secunda Secundae* (Segunda Parte da Segunda). (N.T.D.M.M.)
11. Para uma análise particularizada dessas passagens tomistas, remeto ao livro de S. Cotta, *Il concetto di legge in San Tommaso d'Aquino*. Turim, 1955.

na máxima *bonum faciendum, male vitandum* [faça o bem e evite o mal]: "[...] et super hoc fundantur omnia alia praecepta legis naturae, ut scilicet omnia illa facienda vel vitanda pertineant ad praecepta legis naturae, quae ratio practica naturaliter apprehendit esse bona humana" ["(...) esse é o fundamento de todos os outros preceitos da lei da natureza, ou seja, pertence aos preceitos da lei da natureza tudo aquilo que deve ser feito ou evitado e que a razão prática compreende naturalmente como bens humanos"] (q. 94, art. 2).

Todos os preceitos particulares, que a razão consegue extrair nas diversas circunstâncias para enfrentar as diversas situações que as relações humanas criam, deduzindo-os das leis naturais, constituem a *lex humana* [lei humana]:

> [...] ex praeceptis legis naturalis, quasi ex quibusdam principiis communibus et indemonstrabilibus, necesse est quod ratio humana procedat ad aliqua magis particulariter disponenda: et istae particulares dispositiones adinventae secundum rationem humanam dicuntur *leges humanae* [(...) a partir dos preceitos da lei natural, como se de certos princípios comuns e indemonstráveis, é necessário que a razão humana proceda a algumas disposições mais particulares: e essas disposições particulares descobertas pela razão humana são chamadas de *leis humanas*] (q. 91, art. 3).

Em outra parte, São Tomás chama essa lei de *humanitus posita* [estabelecida pelo ser humano].

Observe-se a diferença que existe entre esse modo de propor o problema da relação entre direito natural e direito positivo e o modo aristotélico. Segundo Aristóteles, direito natural e direito positivo estendem-se sobre duas esferas diversas da conduta humana, a esfera das ações moralmente necessárias (ou impossíveis) e a das moralmente indiferentes: nessa concepção, o direito positivo ocupa o lugar deixado livre pelo direito natural, quase como acréscimo, complementação, lícita extensão em campo não reservado. Segundo São Tomás, no entanto, toda a esfera da conduta humana já está potencialmente, quando não efetivamente, submetida à direção, ainda que geral e genérica, da lei natural, e o direito positivo é representado como desenvolvimento interno, como adaptação gradual da máxima geral à situação concreta. Nessa concepção, a lei humana nada inventa, mas descobre progressivamente e faz surgir uma verdade implícita que só espera ser tornada explícita. Seria possível também dizer que não existe nada de propriamente indiferente, porque tudo já está previsto, quando não ainda descoberto e determinado. O que se mostra como indiferente é pura e simplesmente o indeterminado.

Como se sabe, são dois os modos por meio dos quais São Tomás descreve a passagem da lei natural à lei humana. Essa passagem pode ocorrer ou *per conclusionem* [por conclusão], isto é, do modo como se deduzem logicamente conclusões necessárias de princípios evidentes (por exemplo, a norma *non esse occidendum* [ninguém deve ser assassinado] deduz-se da mais geral *nulli esse faciendum malum* [a ninguém deve-se fazer o mal]); ou *per determinationem* [por determinação], isto é, do modo como o arquiteto passa da forma da casa à casa que deve construir (por exemplo, a lei natural estabelece que o culpado deve ser punido, mas cabe ao legislador humano estabelecer o tamanho da pena). Entre os dois modos de derivação há uma diferença que importa sublinhar: derivada *per conclusionem*, a lei humana extrai sua validade também da lei natural de que é extraída; estabelecida *per determinationem*, a lei humana *ex sola lege humana vigorem habet* [extrai seu vigor apenas da lei humana] (q. 95, art. 2).

Quanto ao segundo aspecto de toda doutrina jusnaturalista, vale dizer, a afirmação da superioridade do direito natural sobre o direito positivo, o pensamento de São Tomás é muito claro. E, além disso, é bem conhecido. Até se pode dizer que o trecho em que São Tomás expõe esse conceito tornou-se quase como o símbolo de toda doutrina jusnaturalista e, ao mesmo tempo, o mote das recorrentes reivindicações do direito natural contra o positivismo jurídico. Quem quiser contrapor à doutrina positivista do direito, segundo a qual uma lei positiva é válida ainda que não seja justa, a concepção tradicional jusnaturalista, segundo a qual uma lei positiva, para ser válida, deve ser também justa, isto é, conforme a lei natural, não poderá deixar de referir-se a esta famosa passagem de São Tomás:

> Omnis lex humanitus posita intantum habet de ratione legis inquantum a lege naturae derivatur: si vero in aliquo a lege naturali discordet, jam non erit lex, sed legis corruptio. [Toda lei estabelecida pelos humanos terá natureza de lei sempre que derivar da lei da natureza: porém, caso algum aspecto discorde da lei natural, não será mais lei, mas corrupção dela] (q. 95, art. 2)

Deve-se ter sempre presente que esse trecho representa o mais seguro critério para distinguir uma doutrina jusnaturalista de outra que não o é. Esse critério consiste na afirmação de que para uma lei positiva a correspondência com o direito natural é uma *condição de validade*.

6. O direito natural segundo Hobbes

Hobbes pertence à tradição do jusnaturalismo, quando mais não fosse por ter dedicado parte das suas obras políticas, *De Cive* [Do Cidadão] (1642) e *Leviatã* (1651), ao estudo do direito natural. Ao mesmo tempo, porém, é considerado usualmente como antecipador do positivismo jurídico. Como se explica esse aparente paradoxo? Explica-se pelo fato de que Hobbes emprega a doutrina do direito natural não para limitar o poder civil (como fará, por exemplo, Locke), mas para reforçá-lo. Emprega meios jusnaturalistas, se se puder assim dizer, para alcançar fins positivistas. Pode-se formular a mesma ideia dizendo que Hobbes é jusnaturalista no ponto de partida e positivista no de chegada.

A distinção entre os vários tipos de direito (ou de leis) encontra-se no capítulo XIV, § 4, do *De Cive* (na segunda edição italiana da Utet, p. 268):

> Todas as leis podem se dividir, em primeiro lugar, com base na diferença do autor, em divinas e humanas. A lei divina é de duas espécies, segundo os dois modos pelos quais Deus pode dar a conhecer sua vontade aos homens: natural (ou moral) e positiva. Natural é a que Deus manifestou

a todos os homens por meio da sua palavra eterna, neles inata, isto é, por meio da razão natural. Positiva é a que Deus nos revelou por meio da palavra dos profetas. [...] Todas as leis humanas são leis civis.

Se nos detivermos nessa classificação, não nos parecerá que Hobbes se afasta da tradição: o direito natural é o que Deus comunica aos homens por meio da razão e vigora no estado de natureza, o direito positivo (referimo-nos ao humano, deixando de lado o divino) é o estabelecido pelo Estado por meio da pessoa ou das pessoas que detêm, no Estado, o sumo poder (ou soberania), e vigora no estado civil. O que põe Hobbes contra a tradição do jusnaturalismo é o modo como concebe a relação entre leis naturais e leis civis, a validade das leis naturais em comparação com a das leis civis.

Em uma fórmula sintética, que me parece bastante expressiva, diria que para Hobbes as leis naturais são aquelas leis que no estado de natureza não vigoram ainda e no estado civil não vigoram mais: decerto, o estado de natureza é o estado em que só existem leis naturais (no início das suas duas obras, Hobbes cita uma vintena delas); mas elas só obrigam em consciência, o que significa, para Hobbes, que só obrigam a ter a intenção de observá-las: quanto à observância efetiva, ela só é devida no caso em que eu esteja seguro de que também o outro as observará. Mas o estado de natureza é um estado de contínua insegurança (o famoso estado do *bellum omnium contra omnes* [estado de guerra de todos contra todos]). Nesse estado, não tenho nenhuma garantia de que o outro observará as leis naturais: *ergo*, não me vejo forçado, apesar das melhores intenções desse mundo, a observá-las. Um exemplo: uma lei de natureza obriga a manter as promessas (*pacta sunt servanda*)*; mas, se eu mantivesse minhas promessas feitas aos outros e os outros não mantivessem as suas feitas a mim, teria um fim inglório. Portanto, a obrigação vale à medida que seja reciprocamente respeitada. Em um estado em que não exista tal garantia, a obrigação desaparece.

---

*. *Pacta sunt servanda*: os acordos devem ser cumpridos, isto é, as cláusulas de um acordo ou pacto assinado pelas partes tornam-se lei entre elas. (N.T.D.M.M.)

Mas, justamente porque o estado de natureza é um estado de insegurança perpétua, os homens aspiram a mudá-lo, a passar do estado de natureza ao estado civil. Para instituir no estado civil aquela segurança que, só ela, pode tornar eficazes as obrigações, transformando-as de internas em externas, os indivíduos concordam entre si em renunciar a todos os direitos que tinham no estado de natureza (com exceção do direito à vida) para transferi-los ao soberano, o qual doravante terá o poder de punir quem não respeitar suas obrigações. A segurança agora está instituída e as obrigações tornam-se eficazes: cada qual sabe que, se o outro não cumprir o próprio dever, será punido. O que terá ocorrido, nessa passagem, com as leis naturais? A segurança está assegurada, uma vez que todos os indivíduos participantes do pacto comprometeram-se a obedecer ao soberano, isto é, a fazer tudo o que ele comanda. Mas o que o soberano comanda são as leis civis (o direito positivo): portanto, se no estado civil os indivíduos são obrigados a obedecer às leis civis, isto significa que no estado civil não existe outro direito além do direito estabelecido pelo soberano, isto é, o direito positivo. Para fazer com que as leis naturais sejam respeitadas, é preciso obedecer ao poder civil; mas obedecê-lo significa observar seus comandos, isto é, não mais as leis naturais, mas as leis civis.

Pode-se dizer que as leis naturais valem pelo menos para os soberanos, que são obrigados a respeitá-las em relação aos seus súditos; mas Hobbes tem um estranho modo de conceber esse respeito dos soberanos pelas leis naturais. Antes de tudo, os soberanos têm o direito de interpretar à maneira deles as leis naturais, determinando-lhes o significado:

> As leis de natureza proíbem o furto, o homicídio, o adultério e todas as variadas espécies de delito. Porém, deve-se determinar por meio da lei civil, e não da natural, o que se deve entender entre os cidadãos por furto, homicídio, adultério, delito. De fato, não é furto toda subtração daquilo que outro possui, mas só daquilo que é de propriedade do outro. Mas determinar o que é nosso e o que é do outro cabe, exatamente, à lei civil (*Op. cit.*, p. 169).

(Sendo mais hobbesiano do que Hobbes, seria sustentável, com base nessa passagem, que nem o direito à vida, o único direito inalienável, está protegido: de fato, bastaria que o soberano decidisse que a execução capital não deve ser considerada homicídio, e o súdito não mais teria nenhum direito de a ela se subtrair.) Em segundo lugar, os súditos não têm o direito de averiguar se o que os soberanos comandam é justo ou não: a teoria segundo a qual cabe ao súdito o juízo sobre o bem e sobre o mal é uma teoria sediciosa.

E isso porque:

> O justo e o injusto não existiam antes que fosse instituída a soberania; sua natureza depende do que é comandado e toda ação, por si mesma, é indiferente: que seja justa ou injusta depende do direito do soberano. Portanto, os reis legítimos, ordenando uma coisa, tornam-na justa pelo fato mesmo de que a ordenam, e, proibindo-a, tornam-na injusta precisamente porque a proíbem (*Op. cit.*, p. 233).

Em terceiro lugar – e esse terceiro argumento a que aduzo é certamente o mais engenhoso, um autêntico achado para sepultar o jusnaturalismo tradicional –, se é verdade serem os soberanos obrigados a respeitar as leis naturais (mas é uma obrigação, como se viu, puramente nominal), também é verdade ser uma lei natural aquela que obriga os súditos a obedecer ao soberano, de modo especial a lei natural que impõe a observância dos pactos (uma vez que o que institui a soberania é, exatamente, um pacto entre os consociados). E essa obrigação dos súditos, à diferença daquela do soberano para com os súditos, é uma obrigação efetiva, tanto é verdade que, se o súdito não a respeita, o soberano tem o direito de puni-lo. Existem alguns trechos em que Hobbes afirma que, para os indivíduos, a única lei natural que sobrevive no estado civil é a que obriga a obedecer ao soberano. Mas com isso a função tradicional da lei natural é invertida: a lei natural serve costumeiramente para justificar os limites do poder soberano; em Hobbes serve ao objetivo perfeitamente contrário, isto é, a tornar o poder soberano o mais possível isento de limites. Na doutrina jusnaturalista tradicional, o indivíduo é forçado a obedecer às leis naturais antes das leis civis; mas, se a lei natural se reduz a obrigar os súditos a obedecer às leis civis, a obrigação do indivíduo de obedecer antes de tudo à lei natural transforma-se no seu contrário, isto é, na obrigação de obedecer antes de tudo às leis civis. Poderia ser dito, para resumir em uma fórmula sintética o pensamento hobbesiano sobre a respectiva validade da lei natural e da lei civil, que a lei natural põe toda a sua força a serviço do direito positivo e, ao assim fazer, morre no momento mesmo em que dá à luz sua criatura.

7. Um ou dois jusnaturalismos?

Essa exemplificação histórica mostrou-nos que as relações entre direito natural e direito positivo podem ser concebidas de modos diversos. Ora, para que uma doutrina possa dizer-se jusnaturalista, é preciso que preencha estas duas condições: 1) acolher o direito natural como direito; 2) afirmar que o direito natural é superior ao direito positivo.

Tendo em conta as combinações possíveis dessas duas condições, podem-se imaginar outras quatro teorias: 1) afirma-se que só existe o direito natural (um exemplo histórico de tal teoria, pelo que sei, não existe); 2) afirma-se que só existe o direito positivo (essa afirmação caracteriza a teoria do positivismo jurídico); 3) afirma-se que existem tanto o direito natural quanto o positivo, mas que estão no mesmo plano; 4) afirma-se que existem, seja o direito natural, seja o direito positivo, mas que o direito positivo é mais forte do que o direito natural.

Definido o jusnaturalismo, surge o problema de saber se existe historicamente uma só forma de jusnaturalismo. É problema muito discutido e não podemos continuar sem tê-lo enfrentado, tanto mais que sua solução será relevante para a compreensão do pensamento de Locke. Tende-se a sustentar que existem historicamente duas formas de jusnaturalismo, o jusnaturalismo clássico e medieval (que doravante chamaremos simplesmente "medieval", porque essa expressão nos parece mais apropriada) e o jusnaturalismo moderno. Aqueles que aceitam a distinção sustentam-na com argumentos diferentes. Esses argumentos podem ser distinguidos segundo seu emprego: para afirmar a superioridade do jusnaturalismo medieval sobre o moderno ou para defender a tese oposta. Considero aqui dois argumentos de cada lado (Ia e Ib; IIa e IIb), os primeiros predominantemente de natureza metodológica (Ia e IIa), os outros predominantemente de natureza ideológica (Ib e IIb).

Ia) A superioridade do jusnaturalismo clássico sobre o jusnaturalismo moderno consiste no fato de que ele jamais teve a pretensão de elaborar um sistema completo de prescrições, deduzidas *more geometrico* [de forma geométrica] de uma abstrata natureza humana de uma vez para sempre estabelecida: o direito natural dos jusnaturalistas católicos (como São Tomás, conforme vimos) consiste em alguns princípios generalíssimos, no limite em um só princípio (*bonum faciendum, male vitandum*), que devem ser complementados e especificados historicamente (por meio do direito natural secundário ou do direito positivo humano). O jusnaturalismo moderno, ao contrário, fruto do racionalismo matematizante aplicado à esfera da conduta humana, não faz nenhuma concessão ao desenvolvimento histórico da humanidade e, portanto, pretende ser capaz de estabelecer de uma vez para sempre, em um sistema perfeito, todos os direitos e os deveres do homem e do cidadão (daí as famosas declarações que contêm um elenco bastante amplo de tais direitos e deveres): como tal, paralisa todo o progresso histórico e termina por atribuir àquilo que tem valor histórico (por exemplo, o direito à propriedade individual) um valor absoluto. O jusnaturalismo medieval, expressão de um racionalismo moderado, que concebe a verdade como contínua adequação da razão humana à razão universal, admite e justifica o desenvolvimento histórico. Em síntese: enquanto o jusnaturalismo moderno propõe um direito natural com conteúdo fixo, o jusnaturalismo medieval propõe um direito natural com conteúdo variável.

Ib) A superioridade do jusnaturalismo medieval sobre o moderno consiste, em segundo lugar, no fato de que o primeiro parte, seguindo a inspiração aristotélica, da natureza social do homem, o segundo da sua natureza egoísta. Dessa consideração do indivíduo isolado no estado de natureza é que deriva a consideração da sociedade como agregado mecânico de indivíduos (concepção atomista da sociedade). Partindo dessa concepção estreita do homem (*homo homini lupus* [o homem é o lobo do homem]), o jusnaturalismo moderno teria conduzido a uma sobrevalorização da esfera do privado sobre a do público, a uma concepção meramente negativa das tarefas do Estado, à teoria do liberalismo clássico que agora está por toda parte em declínio. Em contraste, o jusnaturalismo escolástico é proposto ao homem de hoje como ética personalista a contrapor a ética individualista e utilitarista do Iluminismo, como concepção comunitária da sociedade a contrapor a concepção atomista, em suma, como visão do homem e da história mais compatível com as tarefas positivas, e não mais só negativas, do Estado contemporâneo. Em síntese: enquanto o jusnaturalismo moderno é predominantemente uma teoria dos direitos naturais individuais, o jusnaturalismo medieval é predominantemente uma teoria dos direitos naturais sociais.

IIa) A superioridade do jusnaturalismo moderno sobre o medieval deve ser buscada no fato de que o primeiro se vale de um novo conceito de razão, mais dúctil e adaptado à nova concepção do lugar do homem no cosmo, e também, de modo correspondente, de um novo conceito de natureza que não é mais ordem universal instituída por Deus, mas pura e simplesmente o conjunto das condições de fato (ambientais, sociais, históricas) que os indivíduos devem ter em conta para regular os modos da sua vida em comum. Afirmou-se que, mudados os conceitos de razão e de natureza, "o direito natural deixa de ser a via por meio da qual as comunidades humanas podem participar da ordem cósmica ou com ela contribuir, para se tornar uma técnica racional da coexistência".[12] Com o direito natural moderno, teria ocorrido a passagem de uma concepção ontológica e metafísica para uma

---

12. N. Abbagnano. *Dizionario di filosofia*. Verbete "Diritto", p. 245 b.

concepção empírica da natureza, de uma concepção da razão como adequação à ordem do universo para uma concepção da razão como o conjunto dos procedimentos intelectuais com que o homem resolve os problemas da sua posição e da sua afirmação no mundo. Enquanto para o jusnaturalismo tradicional as leis naturais são normas categóricas que pretendem impor-se de modo incondicionado à conduta, para o jusnaturalismo moderno as leis naturais são só expedientes deduzidos da observação dos fatos (a chamada "natureza das coisas") com o propósito de regular em cada circunstância, da melhor maneira, as relações de convivência. Em síntese: enquanto o jusnaturalismo clássico considera o direito natural como conjunto de normas éticas, o jusnaturalismo moderno considera-o como conjunto de normas técnicas ("se queres A, deves fazer B").

IIb) A superioridade do jusnaturalismo moderno sobre o tradicional reside no fato de que o segundo considera a lei natural quase exclusivamente do ponto de vista das obrigações que dela derivam; o primeiro, ao contrário, do ponto de vista dos direitos que ela atribui. Se é verdade que a função constante do direito natural sempre foi a de limitar o poder do Estado, também é verdade que a concepção medieval cumpria essa função atribuindo ao soberano o dever de não transgredir as leis naturais, enquanto a concepção moderna atribui aos súditos, em um primeiro momento, o direito de resistir ao soberano que tenha violado as leis naturais, transformando assim a obrigação do soberano de imperfeita em perfeita, de interna em externa (teorias dos monarcômacos, surgidas durante as guerras de religião no final do século XVI). Em um segundo momento, considera como fundamento originário dos limites do poder civil não o dever do soberano de respeitar as leis naturais, mas alguns direitos dos indivíduos, precisamente os direitos individuais, preexistentes ao surgimento do Estado, com referência aos quais o dever do soberano não é mais premissa, mas consequência. Os juristas bem sabem que a característica das normas jurídicas é atribuir, ao mesmo tempo, um dever a um dos dois sujeitos da relação e um direito ao outro sujeito, de modo a fazer do direito e do dever dois termos interdependentes (trata-se da chamada bilateralidade da norma jurídica). Em síntese: enquanto o jusnaturalismo medieval enfatizara o aspecto do dever, o jusnaturalismo moderno enfatiza o aspecto do direito (mais precisamente, do direito subjetivo).

8. Em uma só teoria da moral, muitos conteúdos diversos

Não obstante esta "luta pela diferenciação", travada valorosamente por ambas as partes, existe, a meu ver, substancial unidade em todas as correntes jusnaturalistas do passado e do passado remoto (e também do presente). Veremos na seção seguinte em que consiste essa unidade. Aqui nos limitamos a observar que os argumentos aduzidos por uma e outra parte para sustentar a falta de unidade não são muito convincentes.

Desde logo, observe-se que todos os quatro argumentos são válidos se referidos a Hobbes. Se referidos a Hugo Grotius, isto é, àquele que tem sido usualmente considerado o pai do jusnaturalismo moderno, não mais se sustentam. Foi Hobbes quem primeiro não se contentou em enunciar máximas generalíssimas de direito natural, mas fez um elenco muitíssimo minucioso de leis naturais (basta pensar que entre tais leis, no *De Cive*, consta até a proibição de embriagar-se!): isso quanto ao primeiro argumento. Certamente, Hobbes é o primeiro escritor que imaginou um estado de natureza no qual existem indivíduos isolados que se olham com hostilidade, desconfiando uns dos outros, travam guerras entre si e agem movidos só pelo instinto de conservação e pelo cálculo de utilidade: isso quanto ao segundo argumento. Não há dúvida de que no pensamento de Hobbes – quanto ao terceiro argumento – encontra-se uma primeira teoria explícita da natureza como lugar dos instintos que devem ser superados por meio de um cálculo racional e da razão como cálculo (*ratiocinatio idest computatio* [raciocínio, isto é, cálculo]) das utilidades (e não como capacidade de compreender as leis universais da natureza). Por fim, de Hobbes, do próprio Hobbes e não de outros, faz-se derivar a teoria dos direitos naturais contraposta à dos deveres (o quarto argumento), e precisamente de um famoso trecho do *De Cive*, repetido em seguida também no *Leviatã*, em que Hobbes condena a tradicional confusão entre *lex* e *ius*, afirmando: "Existe, pois, grande diferença entre lei e direito: a lei é um vínculo, o direito é uma liberdade, e os dois termos são, de fato, antitéticos" (*Op. cit.*, p. 268).

Mas Hobbes, como vimos, é jusnaturalista só em aparência: e, assim, começa a suscitar algumas suspeitas o fato de que a distinção entre jusnaturalismo medieval e jusnaturalismo moderno passe por um autor que, se quisermos considerá-lo não pelo que parece, mas pelo que quis ser, é antes o antecipador do positivismo jurídico. Há mais. Dissemos que os próprios argumentos aduzidos, a prescindir da sua redução ao pensamento de Hobbes, não são todos igualmente persuasivos.

Antes de mais nada: será mesmo verdade que o jusnaturalismo medieval concebeu o direito natural só como lei-quadro (a expressão foi usada pelo escritor católico Heinrich Rommen na obra *Lo stato nel pensiero cattolico*. G. Ambrosetti (trad.). Milão: Giuffrè, 1959, p. 78 ss.), que, como tal, poderia ser preenchida com diferentes conteúdos? À parte o fato de que, se o direito natural fosse verdadeiramente só uma moldura (a metáfora faz pensar que a tela dessa moldura deve estar representada pelo direito positivo), não valeria sequer a pena perder tanto tempo para discutir seu significado e sua função, a ideia de que o jusnaturalismo católico se distinga do moderno pela generalidade das suas máximas deve ser considerada, textos à mão, com muita cautela. Não falo dos sistemas de direito natural cristão, escritos no século passado em reação ao jusnaturalismo iluminista (como o tratado de Taparelli d'Azeglio já recordado), os quais, quanto à minúcia com que regulam as relações humanas e as instituições sociais, não ficam atrás dos tratados dos jusnaturalistas modernos, mas me refiro ao próprio São Tomás, o qual, no mesmo artigo em que põe como primeiro princípio da razão prática a máxima *bonum faciendum, male vitandum*, explica que, por *bonum* [o bem], deve-se entender tudo aquilo para o qual o homem tem uma *naturalis inclinatio* [inclinação natural], e logo distingue três *inclinationes* [inclinações]: 1) a que o homem tem em comum com todos os seres, daí a lei fundamental da autoconservação; 2) a que tem em comum com os outros animais, daí ser direito natural, segundo a célebre definição de Ulpiano, a *commixtio maris et foeminae* [união entre macho e fêmea] e a *educatio liberorum* [educação das crianças]; 3) a que é comum a todos os homens e que consiste, sobretudo, na tendência a conhecer a verdade e a viver em sociedade, daí serem preceitos de direito natural evitar a ignorância, não ofender os próprios semelhantes etc.[13] Nessa descrição e classificação das inclinações humanas já está contida *in nuce* [de forma embrionária] todo o preceituário que preencherá os tratados modernos de direito natural.

Em segundo lugar, será mesmo verdade que o jusnaturalismo medieval é social e o moderno é individualista? À parte Hobbes, Grotius põe como fundamento do seu sistema o *appetitus societatis* [apetite social, inclinação pela vida em sociedade]; Pufendorf recorre ao pressuposto da *sociabilidade (sociabilitas)* do homem; Locke considera o estado de natureza, à diferença de Hobbes, um estado social; Leibniz vê o *ius societatis* [direito da vida em sociedade] como o aperfeiçoamento do *ius proprietatis* [direito do que é próprio]. Não falemos de Montesquieu e de Rousseau nem dos comunistas utópicos, de Winstanley a Morelly. Onde estão os individualistas modernos? Os maiores jusnaturalistas são tão pouco individualistas que alguns escritores italianos do século XVIII, sobre os quais recentemente chamou a atenção Franco Venturi, chamavam-nos nada menos do que "socialistas". Bem entendido, não queremos dizer que a ideologia política formada ao longo da tradição do jusnaturalismo moderno não tenha sido predominantemente individualista (o que, de resto, é mérito todo seu); mas o direito natural sempre foi concebido como a ética do homem em sociedade, por antigos e modernos, quase sem nenhuma distinção.

---

13. S. Tomás. *Summa theologica*. I.a, II.ae, q. 94, art. 2.

O terceiro critério de distinção, que recorre à distinção entre racionalismo tradicional e racionalismo moderno, é certamente o mais válido. Mas em que medida esse novo conceito de direito natural, que se identifica não mais com uma ordem exterior e imutável, mas com a própria racionalidade humana chamada a resolver, mediante regras de convivência, o problema das relações entre os homens, pode se estender a todos os jusnaturalistas modernos? Não se corre o risco de tornar os jusnaturalistas modernos (Hobbes à parte) mais modernos do que na realidade foram? A ideia de que o direito natural fosse não construção racional de normas hipotéticas, mas descoberta de normas absolutas inscritas na ordem natural, é comum também aos jusnaturalistas modernos. Exatamente por essa sua correspondência com uma ordem natural, ele, de resto, tem valor e deve ser respeitado acima do direito positivo imposto pela vontade historicamente condicionada, às vezes até arbitrária, do soberano. De todo modo, esse é um dos pontos em que a análise do pensamento lockiano nos poderá permitir dar uma resposta mais documentada e meditada.

Com referência ao quarto argumento, a diferença entre uma teoria das obrigações naturais e uma teoria dos direitos naturais existe, e a passagem de uma para a outra pode servir para assinalar uma linha de evolução. Mas trata-se não tanto de uma virada quanto de uma passagem gradual. O progresso histórico passa primeiro por reivindicações de liberdade, de igualdade jurídica, depois de igualdade social. O jusnaturalismo moderno é, ao mesmo tempo, a consciência reflexiva e o estimulador desse processo. Mas, observe-se, aqui a diferença entre jusnaturalismo medieval e moderno é de caráter puramente ideológico, e é uma diferença entre quem se coloca do ponto de vista do príncipe e quem se coloca do ponto de vista do súdito, entre o princípio de autoridade e o da liberdade. Do ponto de vista da validade teórica do jusnaturalismo, que só ela nos interessa, a diferença é irrelevante: obrigações e direitos são termos correlativos. A ênfase em um ou em outro inspira-se em motivos políticos.

A tese aqui defendida, segundo a qual a história do jusnaturalismo é uma história unitária, ou melhor, muito mais unitária do que os defensores de uma parte ou de outra querem fazer crer, parece fragorosamente desmentida pelo fato de que, sob o grande guarda-chuva do direito natural, foram propostas as mais variadas doutrinas jurídicas. Não há pretensão que não tenha encontrado apoio em uma lei natural qualquer. Quando um escritor, uma facção, uma seita, um partido, um poderoso quiseram justificar o próprio direito e recorreram ao direito natural, não tiveram muita dificuldade em encontrar na indulgente natureza o fundamento do próprio direito. A natureza mostrou ter braços muito amplos para contentar, se habilmente incitada, o senhor e o servo, o soberano e os súditos, o rico e o pobre, o opressor e o oprimido. A história do direito natural, considerada do ponto de vista das perspectivas éticas ou das ideologias políticas, é extremamente diversificada, tanto que somos obrigados a nos perguntar: existe uma ética própria do jusnaturalismo? Dessa desconcertante variedade aduzo aqui três provas que se referem ao direito de liberdade, ao direito de propriedade e à obrigação política.

Desde que o direito à liberdade entrou nas *Declarações dos direitos*, exatamente como direito natural, um daqueles direitos que preexistem ao surgimento do Estado e são inalienáveis e imprescritíveis, habituamo-nos a considerar o jusnaturalismo como uma ética da liberdade, a considerar que a liberdade encontre fundamento na natureza e que a exigência de liberdade, nas suas várias formas, seja fruto da afirmação das teorias jusnaturalistas. Efetivamente Locke, como veremos, considera a liberdade como direito natural, e Kant, certamente influenciado pelas teorias jusnaturalistas, considera-a de fato como o único direito fundamental e originário do homem. E, no entanto, Aristóteles, que escrevia suas obras para uma sociedade que vivia do trabalho dos escravos, não hesita em considerar *natural* a escravidão com a mesma segurança com que os escritores iluministas considerariam *natural* a liberdade. Basta ler as primeiras páginas da *Política* para topar com a famosa afirmação segundo a qual natural é a escravidão, porque alguns nasceram para comandar, outros, para servir. Diante dessa divergência, somos obrigados a nos perguntar: será mais natural a liberdade ou a escravidão?

Ainda hoje os defensores extremados da propriedade individual recorrem muitas vezes ao direito natural: na propriedade não se toca porque é direito natural. Os adeptos de formas coletivistas de propriedade são rechaçados como negadores do direito natural. Mas será mesmo verdade que a natureza é liberal e não socialista? O que diz, graciosamente, a natureza? Desde logo, quem imagina um estado de natureza é mais provável que o pense como estado em que vigora a comunhão dos bens, quando menos a comunhão negativa: o jusnaturalista Pufendorf pensava desse modo, tanto que, para introduzir a propriedade individual, teve de inventar uma nova forma de direito natural, que ele chamou de "direito natural convencional", para dizer, em suma, que a propriedade individual nascia em consequência de convenções, mas essas convenções eram, em certo ponto do desenvolvimento da humanidade, necessárias e, por isso, naturais. Natureza por natureza, é mais plausível, vivendo em sociedade de natureza (se é que alguma vez existiu), que as coisas úteis para a existência do grupo estivessem antes em posse comum do que na de um ou de outro: as sociedades primitivas (sabiam-no também Marx e Engels) são mais coletivistas do que um estado capitalista moderno. Não à toa Rousseau, no seu *Discurso sobre a desigualdade*, condenava como culpados de introduzir a discórdia na sociedade, origem de todos os males, aqueles que em primeiro lugar, violando a comunidade primitiva e com ela a ingenuidade da vida natural, demarcaram um terreno, distinguindo o "meu" do "teu": e o autor do *Emílio*, de natureza, que se contrapunha à civilização corruptora, devia entender. Os socialistas dos séculos XVII e XVIII recorriam à lei natural para sustentar suas ideias: e não estavam inteiramente errados. Winstanley, por exemplo, escrevia: "Quando os homens começaram a comprar e a vender, então perderam a inocência, porque começaram a oprimir e a defraudarem-se uns aos outros dos direitos de nascimento que derivam da criação".[14]

---

14. G. Winstanley. "Piano della legge della libertà ovvero la restaurazione del vero governo (1652)". *In*: V. Gabrieli (org.). *Puritanesimo e libertà. Dibattiti e libelli*. Turim: Einaudi, 1956, p. 306.

O problema mais delicado que a doutrina do direito natural teve de enfrentar é o da obrigação política: compreende-se por "obrigação política" o conjunto de obrigações que ligam o cidadão ao Estado. O cidadão deve obediência às leis do seu Estado: mas quais são os limites dessa obediência? O cidadão deve obedecer a todas as leis do Estado, mesmo àquelas evidentemente injustas, mesmo àquelas que em consciência não pode aprovar, mesmo àquelas impostas pelo mais desumano dos tiranos? O que diz a lei natural a esse propósito? É mais natural a obediência ou a resistência? Entre os direitos naturais, também encontramos na *Declaração dos direitos do homem e do cidadão*, de 1789, o direito de resistência à opressão. Mas quantas vezes, em nome do mesmo direito natural, raciocinando sobre a natureza da sociedade política e dos seus fins, argumentou-se que o cidadão também deve obedecer à lei injusta para evitar a dissolução do Estado?! O próprio Locke passará, no curso da sua vida, de uma inicial aceitação da teoria da obediência a uma proclamação final do direito de resistência, sem jamais deixar de ser, do princípio ao fim, um jusnaturalista. A natureza é um livro escrito por enigmas: e cada qual o decifra a seu modo.

9. O jusnaturalismo não é uma moral

A seção precedente nos pôs diante de aparente paradoxo: por um lado, o jusnaturalismo apareceu-nos como corrente substancialmente unitária, mais unitária do que habitualmente se crê; por outro, sob o escudo da doutrina jusnaturalista defenderam-se as mais variadas morais, uma moral da igualdade e outra da desigualdade, uma moral utilitarista e outra solidarista, uma moral da obediência e outra da resistência.

Seríamos tentados a reapresentar a pergunta formulada no título da seção 7, só que desta forma: *um ou muitos jusnaturalismos?*

Considero que se deva responder a essa nova pergunta deste modo: a multiplicidade desconcertante das posições assumidas pelos jusnaturalistas, associada à substancial unidade de inspiração (que explica, entre outras coisas, por que todas essas posições diversas têm o nome em comum), só se justifica caso se consiga perceber que o jusnaturalismo *não é* – como muitos acreditam – *uma moral, mas uma teoria da moral*. Em outras palavras: o que têm em comum as doutrinas que, no curso dos séculos, foram batizadas com o nome de teorias do direito natural, não é o fato de propor ou pregar determinada moral, mas de sustentar determinado fundamento ou determinada justificação da moral, *fosse qual fosse seu conteúdo*.

Entendo por "moral" um conjunto de prescrições da conduta humana em geral, ordenadas sistemática e hierarquicamente em torno de algumas máximas fundamentais, inspiradas usualmente na aceitação de um valor considerado como preeminente. As morais são denominadas, em regra, por meio do particular destaque dado ao valor preeminente que as informa, de sorte que se fala em ética da liberdade, da justiça, da compaixão, da caridade, da perfeição, da solidariedade, da utilidade, da força, do poder, da paz, do bem-estar etc.; mais raramente e menos claramente, por meio da escola ou do autor que as elaborou e pregou, de sorte que se fala em ética cínica, estoica, epicurista, tomista, libertina, calvinista, puritana, spinoziana, kantiana, marxiana, spenceriana.

Ao contrário, entendo por "teoria da moral" um conjunto de argumentações sistematicamente elaboradas, tendo por objetivo dar sobre uma moral, seja qual for, uma justificação racional, que deve ser usualmente capaz de convencer os outros a aceitá-la.

O fato de que muitas entre as mais conhecidas filosofias morais sejam simultaneamente morais e teorias da moral não nos deve induzir à tentação de confundir duas coisas distintas: por um lado, o variado conteúdo das prescrições, como "ama teu próximo", "deve-se buscar a paz", "busca o que for mais útil para a maioria", "sê tu mesmo" etc., que caracterizam vários tipos de moral; por outro, os diversos argumentos com que o moralista tenta fundamentar razoavelmente uma moral, com o objetivo de persuadir os outros de que uma máxima é melhor do que a outra, de modo que se alternam na história da filosofia teorias teológicas, naturalistas, convencionalistas, racionalistas, voluntaristas, intuicionistas, da moral. É certo, para dar alguns exemplos, que com a expressão "moral kantiana" podem ser compreendidas tanto as máximas supremas de conduta, descritas por Kant na *Fundação da metafísica dos costumes*, quanto a filosofia do racionalismo ético exposta, de modo particular, na *Crítica da razão prática*; ou que a expressão "ética utilitarista" significa tanto a moral inspirada no valor da utilidade quanto os vários raciocínios que Bentham e sua escola elaboraram para demonstrar sua razoabilidade e superioridade sobre as morais tradicionais. Talvez poderia-se até acrescentar que, em alguns sistemas filosóficos, moral e teoria da moral estão tão estreitamente unidas, quase entrelaçadas, que não separá-las facilita a compreensão de ambas. No entanto, existem duas situações nada infrequentes em que a distinção entre moral e teoria da moral é necessária: 1) quando nos encontramos diante de morais análogas que, apesar disso, tiveram na história diversas justificações; 2) quando nos encontramos diante de teorias morais que foram utilizadas para justificar as mais diferentes morais. Este último é o caso do jusnaturalismo.

Começo pela observação de que, na expressão "direito natural", o termo "natureza" não dá nenhuma informação sobre o conteúdo das prescrições. A única máxima que se pode extrair elevando a natureza a princípio da ação é: "age segundo a natureza". Mas trata-se de uma daquelas máximas vazias que podem ser preenchidas, de acordo com as circunstâncias e as pessoas, com qualquer conteúdo; segundo, só para dar o exemplo costumeiro, nos refiramos à natureza instintiva do homem ou à racional (mas qual das duas é a *verdadeira* natureza?).

Na expressão "direito natural", o termo "natureza" indica duas coisas: ou a *fonte* ou o *fundamento* do direito. Não oferece nenhuma sugestão para determinar este ou aquele conteúdo. Referem-se ao conteúdo ideológico expressões como direito individualista, socialista, fascista; ou à matéria outras expressões, como direito privado, público, penal. Mas a expressão "direito natural" é usada quase exclusivamente nessas duas sequências: direito natural, consuetudinário, legislativo, ou direito natural, divino, humano; a primeira é caracterizada pela referência à fonte das regras, a segunda, ao seu fundamento. Nenhuma das duas séries indica algo em torno do conteúdo ou da matéria. Nenhuma outra conclusão se extrai da consideração da expressão antitética a direito natural: essa expressão é "direito positivo", e ela também é completamente muda em relação ao conteúdo das prescrições. Ocorre algo bem diferente quando se contrapõe uma moral à outra: duas morais se consideram opostas se uma eleva a valor supremo aquilo que, para a outra, é o supremo desvalor (ética da caridade contra ética da utilidade, ética da compaixão contra ética da potência etc.): mas a positividade não é, por si mesma, um valor, mas, sim, como a natureza, um possível fundamento para a aceitação e a imposição de qualquer valor.

Uma confirmação de caráter geral é dada pelo fato de que, quando se quer dar mais informações sobre o conteúdo, é obrigatório acrescentar ulterior especificação, como direito natural *cristão*, direito natural *personalista*, direito natural *solidarista* e assim por diante. Uma confirmação mais específica pode-se extrair do exame das várias correntes históricas que se referiram ao direito natural e que, por isso mesmo, podem justificadamente chamar-se jusnaturalistas: à sombra do direito natural, como várias vezes se observou, foram sustentadas máximas morais diversas, às vezes opostas, em defesa ora da escravidão e da conquista colonial, ora da liberdade e das guerras de libertação nacionais e coloniais; ora da propriedade privada, ora da propriedade comum; ora da obediência à lei do soberano mesmo quando é injusta, ora da desobediência civil; ora do regime feudal e sua ordem hierárquica, ora do regime socialista (nos socialistas e utopistas mais antigos) e sua ordem comunitária.

Dessas antinomias, muitas vezes comentadas, denunciadas e deploradas, há exemplo atual e inédito que me parece extremamente esclarecedor: a divergência radical surgida entre os dois livros italianos mais recentes sobre o direito natural, *Giusnaturalismo ed etica moderna* (1961), de Pietro Piovani, e *La restaurazione del diritto di natura*, de Carlo Antoni, ambos já citados. Para Antoni, o jusnaturalismo, com seu reconhecimento do valor da pessoa, representa a mais alta tradição de uma ética da consciência individual contra a ética da lei e, por isso, deve ser "restaurado"; para Piovani, o jusnaturalismo, com sua permanente referência a uma lei objetiva que reflete uma ordem cósmica preestabelecida, representa a tradição já extenuada da ética legalista contra a ética moderna da liberdade individual e, por isso, deve ser repudiado de uma vez por todas. No fundo, a inspiração ética dos dois autores é semelhante; mas o primeiro tenta dar a ela um fundamento doutrinário, invocando o apoio do jusnaturalismo, o outro, invocando a condenação sem apelo do jusnaturalismo. Mais uma vez o jusnaturalismo serve igualmente bem a duas morais diametralmente opostas.

10. O jusnaturalismo é uma teoria da moral

Quando digo que as várias doutrinas jusnaturalistas não têm uma moral comum, não quero de modo algum dizer que não têm nada em comum. Não se explicaria, entre outras coisas, a identidade do nome. O que me proponho argumentar é que o que têm em comum é pura e simplesmente uma *concepção objetiva* da ética, vale dizer, uma característica que não mais se refere ao conteúdo das máximas, mas ao modo da sua fundamentação: mais precisamente, não uma moral, mas uma teoria da moral.

Concepção objetivista da ética é a que se contrapõe a uma concepção subjetivista, vale dizer, a todas as teorias que fundamentam as máximas morais no sentimento, nas reações emotivas do indivíduo singular. A grande batalha que hoje se trava em nome do jusnaturalismo é a que tenta eliminar todo traço de *relativismo ético*, nome com o qual se compreendem todas as teorias que sustentam não haver valores absolutos, objetivamente constatáveis e fundamentáveis, mas só valores históricos, relativos ora à classe, ora à nação, ora a este ou àquele grupo de indivíduos, ora até mesmo ao indivíduo singular, que seria, em matéria moral, a única medida de todas as coisas. Observe-se que expressões como "subjetivismo ético", "relativismo ético", também não designam uma determinada moral, mas um modo de conceber a origem e a validade dos valores morais. Historicamente, sempre se chamou jusnaturalista quem se manteve fiel à existência de leis universalmente válidas da conduta e à possibilidade de descobri-las na natureza mediante a razão. O conceito de natureza, no significado que explicamos no § 3, serviu magnificamente a este objetivo: afirmar que a lei tem origem na própria natureza humana significa subtraí-la à mutabilidade da história, atribuir-lhe valor universal e, em definitivo – assim como todos os salmos terminam em glória, também as filosofias morais terminam em prédica –, recomendar obediência a ela, tentando falar não só ao lábil sentimento, mas também à firme razão.

Uma confirmação histórica do fato de que o jusnaturalismo elaborou não uma determinada moral, mas um esquema teórico para a racionalização e a objetivação das mais variadas morais, pode ser encontrada em situações opostas às aduzidas como prova histórica na seção precedente. Lá se tratava de mostrar que sob a etiqueta do jusnaturalismo foram defendidas morais opostas; aqui, ao contrário, trata-se de mostrar que um mesmo sistema moral pode ter sido elaborado em esquemas jusnaturalistas e, mudadas as circunstâncias históricas e as correntes ideológicas, em esquemas não jusnaturalistas. Quando, em consequência das críticas conjuntas das correntes utilitaristas na Inglaterra, historicistas na Alemanha, positivistas na França, o jusnaturalismo como teoria da moral perdeu todo e qualquer prestígio e foi quase inteiramente abandonado, a não ser por alguns reacionários serôdios, nem por isso desapareceram as ideologias sociais que se valeram do esquema teórico do jusnaturalismo nos séculos precedentes, como o individualismo liberal e o socialismo comunitário: antes, liberalismo e socialismo, que foram levados ao batismo pela teoria jusnaturalista, jamais foram tão longe como a partir do momento em que se livraram da tutela do seu antigo senhor. O primeiro voltou-se, para encontrar apoio próprio, sobretudo na Inglaterra, para o utilitarismo; o segundo, passando da utopia à ciência, sobretudo na Alemanha, para o historicismo. Mudaram o traje, mas não a substância.

Essa interpretação do jusnaturalismo como teoria da moral pode servir para explicar as razões da sua decadência e do seu difícil ou ambíguo renascimento. A teoria do jusnaturalismo está viciada por um erro que, uma vez descoberto, torna-a inaceitável: é o erro consistente na derivação de um juízo de valor a partir de um juízo de fato.

Entendo por juízo de valor o juízo que se expressa ou se resolve neste enunciado: "é bom que...", entendo por juízo de fato o juízo que se expressa ou se resolve neste outro enunciado: "é verdade que...". Pois bem: se quero fundamentar ou justificar um juízo de valor, só posso fazê-lo recorrendo a outro juízo de valor, em uma cadeia de referências que pode até ser longa, mas termina sempre com a referência a um valor, que neste caso servirá como valor último não ulteriormente fundamentável ou justificável. "Por que é bom tomar Veramon? Porque é bom que a dor de cabeça passe. Por que é bom que a dor de cabeça passe? Porque sem dor de cabeça se pode estudar, e estudar é boa coisa. Por que estudar é boa coisa? Porque etc. etc."

Este apelo ao valor último é exatamente o que toda doutrina jusnaturalista pretenderia evitar. Toda doutrina jusnaturalista pretende extrair uma norma, que implica sempre um juízo de valor, de uma constatação de fato, isto é, da constatação de que a natureza humana é feita de tal ou de qual modo, de que o homem tem naturalmente – a partir da natureza – tais ou quais inclinações. Mas cada qual vê que uma coisa é constatar que as coisas se desenvolvem assim ou assado, outra é dizer que é bom ou mau que as coisas se tenham desenvolvido assim ou assado. Do fato de que o homem tenha estas ou aquelas inclinações naturais pode-se deduzir no máximo a afirmação de que o homem é feito por natureza antes deste modo do que de outro. Mas se, afinal, feito desse modo, está feito bem ou mal, é outro discurso. Do primeiro não se pode passar ao segundo a não ser pressupondo uma avaliação qualquer, que se dissimula no conceito de natureza sem que se perceba a substituição. Decerto, se digo que a natureza é criada por Deus (como dirá Locke nos seus tratados juvenis), e Deus só pode fazer o bem, não me será muito difícil deduzir que a natureza é boa e boas são as inclinações naturais. Mas esta dedução foi possível pelo fato de que eu, sem me dar conta, atribuí valor positivo à natureza e, assim, deduzi uma avaliação positiva das inclinações naturais não da constatação de que são naturais, mas da avaliação positiva dada sobre a natureza considerada como obra divina (confirmando também, nesse caso, que um juízo de valor não pode ser deduzido a não ser que se recorra a outro juízo de valor).

Examinando as obras dos jusnaturalistas, é dado observar que esta falsa passagem de uma constatação de fato para um juízo de valor ocorre habitualmente de dois modos: a) ou introduzindo sub-repticiamente valores não declarados; b) ou atribuindo à natureza (como no caso em que a natureza é considerada como criatura divina) valor positivo.

Típico exemplo do primeiro procedimento é a filosofia jurídica de Hobbes, a qual pretende derivar da pura e simples constatação factual de que o estado de natureza é um estado de guerra de todos contra todos, a lei natural fundamental: *pax est quaerenda* [é preciso buscar a paz]. Mas será mesmo verdade que Hobbes conseguiu deduzir uma prescrição de uma constatação? Na realidade, ele introduziu, sem o declarar, alguns juízos de valor como os seguintes: "a guerra é um mal" ou "a vida é o supremo bem". E é nesses juízos de valor, e não na observação factual, que pôde assentar a lei natural fundamental. Que a paz deva ser buscada por todos os meios não é a consequência do juízo de fato: "o estado de natureza é um estado de guerra", mas do juízo de valor: "o estado de guerra é um mal". Tanto é verdade que, para alguém que partisse da mesma observação sobre a naturalidade da guerra, mas considerasse que a guerra deve ser avaliada como bem e não como mal (por mais absurda que seja essa tese, houve filósofos que a sustentaram e defenderam), a conclusão normativa seria perfeitamente antitética à de Hobbes. Em vez de *pax est quaerenda*, deveria ser *pax est vitanda!* [é preciso evitar a paz!]

Típico exemplo do segundo procedimento é a doutrina de Spinoza, para quem o direito consiste na potência natural, de modo que cada qual tem – no estado de natureza – tanto mais direito quanto mais poder: "Uniuscuiusque individui naturale ius eo usque se extendit quo eius potentia" ["O direito natural de cada indivíduo se estende até onde chega o seu poder"].[15] Aqui parece que, de fato, observação da natureza e estabelecimento de lei natural estão entrelaçados no mesmo juízo. E, no entanto, observando-se bem, a redução do direito à potência natural deriva unicamente do fato de que Spinoza atribui valor positivo à natureza, razão por que tudo o que é natural é também um *bem* só pelo fato de ser *natural*. Em outras palavras, pode-se dizer que na doutrina de Spinoza ocorre uma substituição do significado descritivo de natureza, entendida como equivalente de tudo o que acontece, por um significado valorativo da própria natureza, entendida como equivalente a tudo o que, enquanto acontece e só pelo fato de acontecer, é um bem. Como se sabe, Spinoza dá o exemplo do peixe grande que tem o direito de comer o peixe pequeno por ter poder para tanto. Decerto, mas o direito do peixe grande deriva do fato de que a natureza que lhe atribui esse poder é considerada boa em todas as suas manifestações. Bastaria formular a pergunta: "o que os peixes pequenos pensam a esse respeito?". Muito provavelmente, os peixes pequenos pensariam que uma coisa é o poder natural, outra é o direito, e nem tudo o que é natural é bom só pelo fato de ser natural: em outras palavras, chegariam a consequências opostas, não certamente refutando a constatação de fato segundo a qual a natureza é feita daquele modo, mas recusando o juízo de valor segundo o qual a natureza feita daquele modo tenha sido bem-feita.

11. A função histórica do jusnaturalismo

Esta nossa consideração do jusnaturalismo como teoria da moral, baseada na valorização positiva do que é natural, também nos permite explicar por que o jusnaturalismo entrou em crise no final do século XVIII e

---
15. B. Spinoza. *Tractatus theologico-politicus*. XVI, 2-4.

por que esta crise é, a nosso ver, muito mais grave do que parecem pensar os inúmeros anunciadores do renascimento do jusnaturalismo. O jusnaturalismo pôde restar de pé até desaparecer a crença em uma natureza boa ou benévola; em última análise, até desaparecer a convicção de que a natureza fosse a manifestação de uma ordem racional, bastando ao homem a ela se conformar para realizar o reino da justiça. Seria preciso ver até que ponto foi comum aos maiores representantes da filosofia iluminista essa concepção da natureza. Certo é que o jusnaturalismo será combatido em nome de todas as filosofias que negarão a crença em uma ordem racional do universo dada de uma vez para sempre, ainda que só se possa descobrir um pouco de cada vez – do empirismo de Hume ao utilitarismo de Bentham, do historicismo de Hegel ao de Marx. Uma vez estabelecido que o jusnaturalismo não é uma moral, mas um modo de fundamentar a moral, vislumbra-se também, melhor do que se possa fazer colocando-se de outro ponto de vista, seu calcanhar de Aquiles, bem como, em definitivo, as razões da sua decadência no século XIX, que é o século do historicismo e do positivismo.

Queremos insinuar com isso que o renascimento do jusnaturalismo é totalmente destituído de significado na hora presente? Para responder a essa pergunta, será preciso ainda introduzir outra distinção: entre o *conceito* de jusnaturalismo (no qual nos detivemos até agora) e sua *função histórica*.[16] Ora, existe uma função histórica constante do jusnaturalismo, e essa função, nobremente exercida pelo jusnaturalismo nas suas diversas encarnações, foi a de afirmar os limites do poder do Estado. Da exigência de um Estado limitado pela lei natural nasceram o constitucionalismo moderno contra o maquiavelismo, contra as teorias da razão de Estado e do direito divino do rei, contra o absolutismo paternalista e o hobbesiano; o Estado de direito do século XIX contra o Estado ético; hoje, as teorias da garantia internacional dos direitos do homem contra o perene perigo do Estado totalitário. Pois bem, o que

---

16. Associo-me com essa pergunta ao modo como o problema histórico do direito natural foi formulado por Passerin d'Entrèves na obra citada no § 1º: "A meu ver, o que realmente requer atenção por parte do estudioso moderno é antes a função do direito natural do que a doutrina em si mesma" (*La dottrina del diritto naturale*, p. 9).

hoje renasce vigorosamente com o nome de jusnaturalismo não é determinada moral (qual?) nem determinada teoria da moral (morta e sem possibilidade de ressuscitar), mas a eterna exigência, particularmente intensa nos períodos de guerras externas e internas, de que a vida, alguns bens e algumas liberdades do indivíduo sejam protegidos juridicamente contra a força organizada daqueles que detêm o poder.

A história da formação do Estado moderno é, em grande parte, a história das tentativas realizadas para tornar efetivamente operante, por meio de várias medidas constitucionais, a exigência expressa durante alguns séculos pelas teorias jusnaturalistas em favor de uma limitação do poder soberano. Passou-se do controle do poder executivo por parte do poder legislativo para o controle do poder legislativo por parte do poder constituinte. Agora nos encontramos na fase do impulso irresistível rumo ao controle de um ordenamento jurídico parcial (Estado) por parte do ordenamento universal (comunidade internacional).

Mas, uma vez formulado o problema nesses termos, é preciso fazer uma última observação: a maior parte das correntes políticas oitocentistas, inclusive aquelas hostis ao jusnaturalismo, expressou a exigência de que o poder estatal tenha limites, mesmo valendo-se de argumentos diversos dos que são próprios da tradição jurídica jusnaturalista: o utilitarismo, o positivismo evolucionista, o socialismo pluralista, o idealismo neokantiano, o pragmatismo etc. contribuíram de variadas maneiras para a formação de uma opinião e de uma práxis favorável ao desenvolvimento e ao reforço do constitucionalismo. O que têm a ver essas novas tendências com o velho jusnaturalismo? E, se representam expressões diversas do multiforme modo de situar-se o pensamento humano, com qual razão se pode sustentar que a resistência contra o Estado totalitário de hoje seja apanágio do renascido jusnaturalismo e não do utilitarismo, do positivismo evolucionista, do socialismo pluralista, do idealismo neokantiano? A única filosofia da qual se puderam extrair argumentos para a justificação do Estado totalitário é a filosofia hegeliana; e para a justificação de uma ditadura de transição (ditadura do proletariado), a filosofia de Marx. Quem é que poderia afirmar que todas as correntes anti-hegelianas e antimarxistas, que se afirmaram neste último século, foram um prosseguimento do jusnaturalismo? Na Itália, para dar um exemplo notável, Benedetto Croce, historicista, idealista e neo-hegeliano, foi por toda a vida intransigentemente antijusnaturalista e, ao mesmo tempo, nos anos da ditadura fascista, intransigente defensor do Estado liberal contra o Estado ético. Incoerência de um filósofo ou impotência de uma doutrina?

A esses argumentos derivados da história da filosofia, acrescento um argumento extraído da consideração do movimento de ideias que se desenrola sob nossos olhos. Observe-se o significado que assume o atual retorno ao jusnaturalismo em relação a: a) quem produz normas jurídicas; b) quem é chamado a observá-las; c) quem deve aplicá-las.

a) nos lugares em que entraram em colapso os Estados totalitários, instituíram-se novas constituições que estabelecem limites não só de fato – com amplas declarações de direitos individuais e sociais –, mas também de direito (introduzindo o instituto de controle da "legitimidade das leis") ao poder legislativo; além disso, com a Declaração Universal dos Direitos Humanos, aprovada pelas Nações Unidas, deu-se o primeiro passo para a tutela jurisdicional internacional dos direitos dos cidadãos contra o Estado;

b) por parte dos indivíduos, jamais como nestes últimos anos – da resistência europeia contra o fascismo à luta dos povos coloniais contra os antigos dominadores, das proclamações de desobediência legal no caso de guerra injusta (o Manifesto dos intelectuais franceses durante a guerra da Argélia) à difusão da ideia de objeção de consciência (diante da guerra atômica somos todos objetores de consciência), da condenação dos criminosos de guerra à repetida afirmação solene do dever de oposição à ordem injusta e desumana –, o poder absoluto do Estado tornou-se alvo de golpes repetidos e mortais;

c) por fim, sabe-se que entre os juízes, mesmo nos países com direito codificado e, portanto, mais sujeitos à influência do positivismo jurídico, afirmam-se ideias favoráveis a uma maior latitude de juízo e à consideração da norma geral e abstrata antes como diretiva do que como comando rigidamente vinculante.

É indubitável que esses vários movimentos são diferentes expressões de uma inspiração comum: a defesa de cada indivíduo e dos grupos menores contra as pretensões exorbitantes do Leviatã moderno. É também indubitável que eles expressam a exigência, que foi própria do jusnaturalismo na maior parte das suas elaborações doutrinárias, e dão continuidade à sua função. Mas as doutrinas em que se assentam não têm geralmente nada a ver com o jusnaturalismo. Raramente ressoa, entre os atuais defensores da liberdade nas suas várias formas, o apelo ao direito natural, que, no entanto, foi constantemente repetido nas teorias políticas medievais e modernas até o final do século XVIII, sobre os limites do poder soberano. Sinal evidente de que o mito de um direito de natureza, isto é, de um direito que nasce de uma natureza benévola, porque assim desejada por Deus ou porque ela mesma é intrinsecamente divina, está exaurido e só renasce para morrer rapidamente.

O que renasce continuamente é a exigência de liberdade contra a opressão, de igualdade contra a desigualdade, de paz contra a guerra. Mas essa exigência nasce independentemente do que os doutos pensam sobre a natureza do homem. Mais do que de renascimento do jusnaturalismo, portanto, deveria ser falado sobre o eterno retorno daqueles valores que tornam a vida humana digna de ser vivida e que os filósofos revelam, proclamam e, por fim, buscam justificar, segundo o tempo e as condições históricas, com argumentos extraídos da concepção geral do mundo prevalente na cultura de uma época.

PARTE II
Locke e o direito natural

12. Um pouco de bibliografia

Como disse na introdução, esta segunda parte será dedicada ao estudo do direito natural no pensamento de Locke, em uma palavra, ao jusnaturalismo lockiano. Seguiremos as ideias de Locke sobre o direito natural nas obras maiores e menores, nas juvenis e nas da maturidade. Essa investigação tornou-se ainda mais interessante desde que a publicação de obras juvenis, que restaram inéditas até há poucos anos, nos fez descobrir um Locke voltado desde os anos iniciais, com particular intensidade, para o estudo dos problemas políticos, em especial a meditação em torno do problema do direito natural – em suma, um Locke jusnaturalista do princípio ao fim.

Por ocasião da morte de Locke, que, tendo ficado solteiro, não deixou herdeiros diretos, todos os seus papéis, inclusive apontamentos, manuscritos, anotações de viagem, correspondência, terminaram com o primo Peter King, que era filho de Anna King, filha de Peter Locke, tio de John. Esses papéis permaneceram na família King até que o último descendente, Earl of Lovelace, depositou-os primeiro, em 1942, depois os vendeu, em 1947, para uma das mais famosas bibliotecas inglesas, a Boldleian Library de Oxford, onde ainda se encontram e são conhecidos com o nome de *Lovelace Collection*. Desde então, puderam ser consultados pelos estudiosos; mas, para que pudessem ser lidos e utilizados, era preciso antes de tudo decifrar a escrita taquigráfica que Locke, homem reservado e suspeitoso, temeroso de revelar-se, quem sabe até possessivo em relação aos seus pensamentos, amante do anonimato a ponto de negar ter escrito obras que todos já então atribuíam ao seu nome, adotara para redigir parte dos seus apontamentos privados.

O primeiro que se pôs a decifrar essa escrita foi von Leyden, a quem devemos uma excelente edição dos mais importantes escritos inéditos de Locke, uma obra a partir da qual bem se pode apontar a nova fase dos estudos lockianos: J. Locke. *Essays on the Law of Nature*. W. von Leyden (ed.). Oxford: Clarendon Press, 1954.

Esse volume contém documentadíssima introdução (p. 1-106), a que recorreremos continuamente nas próximas aulas; a edição no texto original (em latim) e na tradução inglesa dos oito *Ensaios sobre o direito natural*, que permaneciam até agora desconhecidos (p. 108-215), que examinaremos nos §§ 16, 17, 18, e outros escritos menores.

A segunda obra fundamental para a renovação dos estudos lockianos é a edição crítica, finalmente realizada com elogiável esmero por Peter Laslett, da obra política principal de Locke, *Dois tratados sobre o governo civil*, publicados em 1960: J. Locke. *Two Treatises of Government. A Critical Edition with an Introduction and Apparatus Criticus*. P. Laslett (ed.). Cambridge University Press, 1960.

Essa edição também compreende ampla introdução (p. 3-145), que é um importante ensaio sobre a formação do pensamento político de Locke e sobre a origem dos *Dois tratados*, e contém novas conjecturas sobre a redação bem como uma interpretação pessoal do conteúdo da obra. Segue-se o texto criticamente estabelecido, dotado de cuidadoso aparato de variantes, notas explicativas, a que devo observações e referências que farei nas próximas aulas, e uma bibliografia.

O terceiro benemérito dos estudos lockianos foi um jovem estudioso italiano, o qual publicou no ano passado outros três escritos juvenis (junto com a conhecidíssima *Epistola de tolerantia*, publicada em 1689 em latim e logo depois em inglês). Desses três escritos, dois eram totalmente inéditos: trata-se dos chamados ensaios sobre o magistrado civil – o primeiro em forma de libelo polêmico em inglês, o segundo em forma de pequeno tratado escolástico em latim –, ambos sobre o mesmo tema: saber se o magistrado pode intervir nas coisas indiferentes. O terceiro, intitulado *An Essay Concerning Toleration* (escrito em 1667), é apresentado pela primeira vez em edição crítica com vários apêndices (e seguido pela tradução italiana): J. Locke. *Scritti editi e inediti sulla tolleranza*. C. A. Viano (org.). Turim: Taylor, 1961.

Os dois pequenos tratados sobre o magistrado civil, que examinaremos em breve nos §§ 14 e 15, encontram-se respectivamente nas p. 14-61 e 62-80 (texto original) e nas p. 152-198 e 199-218 (tradução italiana). Ambos estão amplamente anotados (p. 243-253).[1]

O conhecimento dos papéis e dos manuscritos da *Lovelace Collection* influiu não só na publicação dos textos como também no estudo da personalidade e do pensamento lockiano. Nunca como nestes anos a filosofia de Locke, de modo particular a filosofia política, esteve no centro de renovado interesse de pesquisas, interpretações e estudos. E nesse meio-tempo, em 1957, Maurice Cranston, valendo-se de consultas escrupulosas e assíduas de todo o material inédito, deu à luz a primeira grande, atualizada e completa biografia do filósofo: M. Cranston. *John Locke. A Biography*. Londres: Longmans, Green and Co., 1957.

Foram escritas até agora duas biografias de Locke, bem conhecidas pelos estudiosos. Mas ambas, sobretudo a primeira, eram insatisfatórias. A primeira foi escrita por um descendente, Lorde King. *The Life of John Locke* (dois volumes, 1830); a segunda era obra de H. R. Fox. Bourne. *The Life of John Locke* (dois volumes, 1876). Agora o volume de Cranston permite seguir quase diariamente as vicissitudes da vida de Locke. Dá informações sobre os personagens que se moveram em torno do protagonista. Narra sobriamente os acontecimentos históricos que funcionam como pano de fundo. Reproduz frequentemente trechos de textos raros que servem de testemunho. Expõe em síntese clara o núcleo central das obras lockianas à medida que surgem no caminho. Para quem sabe inglês, é a primeira leitura que gostaria de aconselhar.

---

1. Deve-se recordar, todavia, que dos estudos e escritos juvenis de Locke, com particular atenção ao ambiente em que amadureceram, falou em primeiro lugar na Itália, em artigo erudito, E. De Marchi. "Le origini dell'idea della tolleranza religiosa nel Locke e gli scritti inediti della Lovelace Collection". *Occidente*, IX, 1953, p. 460-492. A ele devemos também uma recente e recomendável edição do texto latino e da versão italiana da *Lettera sulla tolleranza*. Florença: La Nuova Italia, 1961.

O ano afortunado para os estudos lockianos foi 1960. Em um só ano, além da edição crítica de Laslett já recordada, saíram três monografias importantes, que representam muito bem o renovado interesse pelo filósofo do liberalismo e do cristianismo razoável, uma vez que a característica de todas as três é destacar em particular mais o Locke moralista e político do que o teórico do conhecimento, em que se detivera especialmente a crítica precedente (desde a obra do nosso A. Carlini. *La filosofia di G. Locke*. 2 v. Florença: Vallecchi, 1920, até o livro de J. Gibson. *Locke's Theory of Knowledge and its Historical Relations*. Cambridge University Press, 1917, reeditado em 1960).

a) C. A. Viano. *John Locke. Dal razionalismo all'illuminismo*. Turim: Einaudi, 1960.

Das três obras, é certamente a mais completa. Trata em três partes distintas da filosofia política e jurídica, da filosofia religiosa e da filosofia teórica. Em cada um desses três grandes temas o autor segue o desenrolar do pensamento de Locke das primeiras às últimas obras, utilizando as editadas e inéditas, com amplo conhecimento dos movimentos culturais ingleses em cujo âmbito se move a ação esclarecedora e reformadora de Locke. No nosso curso, nos serviremos sobretudo da primeira parte.

b) R. Polin. *La politique morale de John Locke*. Paris: Presses Universitaires de France, 1960.

Esta obra refere-se exclusivamente ao pensamento político, mas as ideias políticas de Locke são continuamente referidas às ideias filosóficas, uma vez que o principal propósito do livro é mostrar o valor filosófico do pensamento político lockiano e, portanto, sua validade além das circunstâncias históricas em que surgiu.

c) R. H. Cox. *Locke on War and Peace*. Oxford: Clarendon Press, 1960.

Trata-se de trabalho monográfico voltado para o estudo, como diz o título, de problema particular e até agora pouco estudado, o problema da paz e da guerra. Mas o estudo desse problema está estreitamente relacionado ao estudo da lei natural e do estado de natureza, de modo que o tema tratado em seu conjunto é de grande importância para o desenvolvimento das nossas aulas. Além disso, o autor vale-se da ambiguidade do conceito de estado da natureza em Locke para expor alguns critérios para a interpretação das obras de um autor, como Locke, que escreve sempre em dupla chave.

Entre as monografias anteriores sobre o pensamento político de Locke, ainda é merecedora de ser lembrada a seguinte: J. W. Gough. *Locke's Political Philosophy*. Oxford: Clarendon Press, 1950.

Entre as que foram escritas depois, foi-me particularmente útil, sobretudo quanto à interpretação do estado de natureza e ao comentário das teses sobre a propriedade, a seguinte, publicada quando o curso já começara: C. B. Macpherson. *The Political Theory of Possessive Individualism. Hobbes to Locke*. Oxford: Clarendon Press, 1962.

As páginas dedicadas a Locke vão de 194 a 262. Por "individualismo possessivo", o autor entende a concepção política e social, própria do liberalismo clássico, segundo a qual o eixo da vida social é o indivíduo singular que nada deve à sociedade, porque deve tudo ao fato de ser proprietário da própria pessoa e das próprias capacidades. Locke é o representante mais genuíno, segundo o autor, dessa concepção que amarra em um vínculo indissolúvel a liberdade com a propriedade e faz da sociedade política um expediente para garantir a existência e o funcionamento da sociedade dos proprietários.

Concluamos esta breve resenha indicando a edição italiana dos *Dois tratados*, com base na qual leremos e comentaremos o texto lockiano na terceira parte (e que constitui o livro-texto do curso): *Due trattati sul governo* [com *Patriarca*, de Robert Filmer] L. Pareyson (org.). v. III da coleção *Classici politici*. Turim: Utet, 1948 (reimpressão 1960).

Além de ser uma excelente tradução italiana do texto completo de Locke (usualmente só se traduzia o segundo tratado com o título de *Ensaio sobre o governo civil*) e da obra de Filmer, da qual o primeiro dos dois tratados constitui uma refutação, a edição de Pareyson contém clara introdução explicativa e interpretativa, úteis notas ao texto, referências biográficas e bibliográficas. Laslett, o autor já mencionado da edição crítica inglesa, homenageia a precedente edição italiana escrevendo:

> Deve-se ainda ter presente que minha edição não é a primeira edição crítica da obra sobre o governo de Locke, ainda que seja a primeira em língua inglesa. Em 1948, Luigi Pareyson publicou uma edição com notas de rodapé ao longo de ambos os tratados, que foram aqui livremente transferidas e, de fato, foram muito úteis.[2]

13. Notas sobre a vida

A juventude de Locke coincide com o período mais atormentado da história inglesa. Nasceu em 1632; em 1640, o Parlamento Longo; em 1642, o início da guerra civil; em 1649, a decapitação de Carlos I; em 1652, a instauração do poder absoluto de Cromwell. As obras juvenis são a expressão dessas atribulações: retornada a monarquia em 1660, os espíritos desejam a paz. Mesmo Locke sente o clima da restauração: primeiro a segurança, depois a liberdade. Era a concepção expressa vigorosamente por Hobbes, que, nascido em 1588, vira-se diante da guerra civil no período da maturidade, quando já elaborara as linhas do seu sistema e, agredido pelos acontecimentos, começara a escrever a terceira parte dele, o *De Cive* (1642), para demonstrar que o único modo de sair da anarquia (*idest* [isto é] da guerra civil) é a instauração de um poder absoluto. Mas, quando Locke entra na fase da idade madura, a guerra civil já está distante: a ordem não pode ser dissociada da liberdade. E ele se tornará o teórico da camada mais moderna da sociedade inglesa, a camada mercantil, que demandará não uma segurança qualquer, a ordem pela ordem, mas uma segurança vantajosa para o desenvolvimento da própria livre iniciativa econômica.

---

2. J. Locke. *Two Treatises of Government. A Critical Edition with an Introduction and Apparatus Criticus*. P. Laslett (ed.). Cambridge University Press, 1960, p. XI-XII.

Locke nasceu em 29 de agosto de 1632 em Wrington, no condado de Somerset, uma pequena aldeia perto de Bristol, em uma casa pobre (já destruída, mas da qual se conservam algumas fotografias) perto da Catedral. Pertencia a uma família da pequena burguesia mercantil. Seu avô Nicholas, comerciante de tecidos, fora o primeiro a se estabelecer no Somerset, em Pensford. Seu pai, John, casou-se em 1630 com Agnes Keene e passou a vida em Pensford, exercendo a obscura profissão de juiz de paz: homem probo e talvez também culto, severo, mas não autoritário, manteve, enquanto viveu, ligações estreitíssimas com o filho, que lhe era devotado. Da mãe, ao contrário, dez anos mais velha do que o pai, morta quando o filho tinha 22 anos, não restou vestígio na vida do filósofo.

Quando eclodiu a guerra civil, John tinha 10 anos. Seu pai dela participou como capitão no exército revolucionário; mas, derrotados os parlamentares pelos realistas em 1643, em Devizes, retirou-se da guerra e da política. Um amigo da família, Alexander Pophan, que desde 1640 representava na Câmara dos Comuns a cidadezinha de Bath (em cujo território se encontrava Pensford), homem respeitado e ligado por amizade aos chefes do exército revolucionário, fez com que se enviasse o jovem John, no outono de 1647, quando a guerra estava praticamente vencida, para a Westminster School, que era uma das grandes escolas em que se formava e continuou a se formar durante séculos a classe dirigente inglesa.

Westminster School tinha, na época em que Locke nela entrou, cerca de 200 alunos. Seu diretor era, apesar das agitações, um realista de direita, Richard Busby, homem duro, mas popular, grande educador. Naquele ambiente, Locke, sem se tornar fervoroso realista, deixou de ser puritano. Distinguiu-se nos estudos que impunham enormes sacrifícios e, ao mesmo tempo, promoviam severa seleção. Entrara na instituição como externo (*peregrinus*), mas, depois de superar um exame (ou melhor, um desafio), tornou-se *King's Scholar*. Em 1652, venceu o segundo exame mais decisivo: a admissão em um colégio de Oxford (em outras palavras, a admissão nos estudos universitários). Aparece em último na lista de seis candidatos.

Em Oxford matriculou-se no mais célebre dos colégios, Christ Church, que, tendo sido baluarte dos realistas, estava naquela época submetido à depuração. Como novo reitor (em inglês, *Dean*) fora nomeado John Owen, que havia sido, durante a guerra civil, capelão de Cromwell, homem tolerante das opiniões dos outros. Eram necessários três anos e meio para obter o título de *Bachelor of Arts* (B.A.) e outros três anos para o título de *Master of Arts* (M.A.). Locke conseguiu ambos, o primeiro em 1656, o segundo em 1658. O primeiro escrito de Locke é uma ode em latim, elogiosa de Cromwell pela sua vitória sobre os holandeses, escrita em 1654. Mas não tem nenhuma importância: importante é observar que a educação dada nos colégios era predominantemente retórico-humanista (e era uma educação rígida, férrea, autoritária, de tipo aristocrático-feudal). A nova cultura científica estava praticamente banida das universidades: a ciência como tal não era ensinada. A única disciplina científica (aqui falo de ciência no sentido restrito das ciências naturais) era a medicina. Locke encaminhou-se sozinho para os estudos científicos e neles encontrou sua vocação. Do ponto de vista da vida religiosa e espiritual, Oxford tornara-se o centro da corrente dos *latitudinários*, que representavam a ala moderada, tolerante, propensa a um cristianismo razoável (conciliado com a razão) da igreja anglicana. Essa atitude religiosa era ferozmente hostil tanto aos católicos, que representavam a fidelidade à tradição, quanto às seitas inconformistas, acusadas de serem um covil de fanáticos, que baseavam a religião no entusiasmo. Essa luta em duas frentes, por um lado contra a tradição, por outro contra o entusiasmo (duas formas, diríamos hoje, de irracionalismo), representa muito bem a posição espiritual de Locke, que poderíamos chamar de racionalismo moderado, tal como se revela tanto na doutrina do direito natural, como veremos, quanto na filosofia religiosa. Os latitudinários reuniam-se em torno do *Tew Circle*, ao qual parece ter aderido também Locke.

Depois de obter também o segundo título, Locke permaneceu no colégio, incerto sobre o caminho a tomar (a carreira eclesiástica, a do ensino ou a de médico?). O país atravessa tempos duríssimos: da morte de Cromwell (1658) à instauração da monarquia (1660). Owen é removido do cargo de reitor e seu posto é ocupado pelo fanático Reynolds. Locke parece bastante abatido com o futuro do país e seu próprio futuro; ao aproximar-se o exército de Monk, condena o uso das armas e aconselha o pai a manter-se à parte. Quando Carlos II volta à Inglaterra, saúda com júbilo a restauração. É o caso de dizer: ninguém nasce liberal, torna-se. Surgem mais ou menos nesses anos os dois primeiros escritos políticos de Locke, os dois pequenos tratados sobre o magistrado civil, já recordados, nos quais nos deteremos particularmente nas seções seguintes. Veremos que nesses dois escritos Locke faz as vezes de hobbesiano, assume tons autoritários e se põe ao lado de quem quer a liberdade não decerto ampliada e garantida, mas restrita e deixada à discrição do soberano. Pertencem também a esses mesmos anos, mais ou menos entre 1660 e 1664, os oito ensaios sobre direito natural, a que dedicaremos minuciosa análise nos §§ 16, 17, 18.

Em fevereiro de 1661 morre o pai, que lhe deixa patrimônio pequeno, mas suficiente para sobreviver. Enquanto isso, no final de 1660 fora nomeado *lecturer* em grego; em seguida, torna-se *lecturer* em retórica. Mas, depois de se aproximar dos estudos científicos, de amadurecer o próprio interesse pela ciência natural em desenvolvimento por meio da amizade com Robert Boyle (o maior cientista inglês da época), aprendendo a observar as coisas e não os livros (da filosofia Locke se aproximará mais tarde), renuncia definitivamente à ideia da carreira eclesiástica, a única que permitiria avançar na hierarquia do colégio. Em 1663, é eleito *Censor of Moral Philosophy*, função essencialmente disciplinar, e é a última meta na sua carreira de ensino. Quando, ao cumprir o mandato, redige e lê o discurso de despedida da sua função (*Valedictory Speech*), intitulado *An secundum legem naturae quisquam potest esse faelix in hac vita? Negatur* [É possível, de acordo com a lei da natureza, ser feliz nesta vida? Não], recita ao mesmo tempo o discurso de despedida da sua vida universitária.[3]

---

3. Esse discurso foi publicado junto com os ensaios sobre o direito natural: J. Locke. *Essays on the Law of Nature*. W. von Leyden (ed.). Oxford Clarendon Press, 1954, p. 220-243.

Locke tem agora mais de 30 anos e não concluiu nada. Nem mesmo achou seu caminho. Entre novembro de 1665 e fevereiro de 1666, faz-se diplomata improvisado: acompanha em missão diplomática Sir Walter Vane, que vai até Cleve (em Brandenburgo) para obter a neutralidade do Eleitor na guerra de Holanda. A missão fracassa completamente: quando já estavam voltando para casa, ficam sabendo que o Eleitor enviara aos holandeses 12 mil soldados. Mas Locke aprende a observar os costumes e as leis dos outros: admira a tolerância que reina em Cleve entre os membros das diferentes confissões. Por bem ou por mal, estará destinado a rodar o mundo por grande parte da sua vida. Essa breve estada em Cleve é um exercício para sua carreira de viajante.

De volta à Inglaterra, dedica-se de novo aos estudos científicos com Boyle e amplia seus conhecimentos no campo da medicina com a ajuda do maior médico inglês da época: Thomas Sydenham. Este último escreve sobre o ainda obscuro colaborador, em um período em que Locke não é célebre nem conhecido (nem está prestes a se tornar), juízo tão seguro e perspicaz que só nós, pósteros, temos o direito de não considerá-lo exagerado: "[...] um homem que, pela agudez do seu engenho, pela equidade do seu juízo, pela simplicidade, pela excelência das suas maneiras, eu declaro com convicção ter, entre seus contemporâneos, poucos iguais e nenhum superior".[4]

No verão de 1665, ocorre o episódio que decide seu futuro: o encontro com Lorde Anthony Ashley Cooper, o futuro Lorde Shaftesbury. Este fora a Oxford para uma cura de águas e confiado, por acaso, aos cuidados médicos de Locke. O encontro deve ter sido rico de fortes impressões para ambos. Na primavera de 1667, Ashley convida Locke a Londres como seu médico pessoal, e este se instala na Exeter House, a casa do seu protetor e amigo, na parte de Londres que ainda se chama Strand. Nesse ínterim, a doença de Sir Anthony se agrava: é necessária uma difícil operação (nada menos do que a abertura do abdômen e a inserção de uma cânula de drenagem do abscesso). Locke realiza-a com sucesso.

---

4. Na dedicatória à terceira edição das *Observationes medicae*. Londres, 1676. Extraio a citação de M. Cranston. *John Locke. A Biography*. Londres: Longmans, Green and Co., 1957, p. 93.

A gratidão do doente restabelecido não tem limite. Mas Locke, em vez de se tornar o médico de Ashley, como se poderia pensar, torna-se o conselheiro econômico e político.

A carreira política de Lorde Ashley foi tão rápida quanto curtíssima, tão afortunada na ascensão quanto dramática na queda. Locke nela esteve envolvido e seguiu seus altos e baixos entre 1667 e 1672. Mas foi nesses anos que amadureceu seu pensamento político. Seu protetor ia, naquele tempo, contra a corrente: é o antecipador da política *Whig*. Na política externa, era favorável à guerra contra a Holanda pelo domínio do mar; na política interna, protegia a classe mercantil contra a dos proprietários de terra; na política religiosa, era partidário da tolerância, se não contra os católicos, pelo menos contra os *dissenters*[*]. Fracassou em todas as três frentes. No entanto, lançou sementes que frutificaram em épocas sucessivas. A influência das suas ideias políticas é evidente nos escritos lockianos desses anos que podem ser considerados como programas teóricos de uma ação prática (que jamais será efetivada). Esses escritos são dois: *Essay concerning toleration*, de 1667, que não deve ser confundido com a conhecida *Epistola de tolerantia* (bastante posterior); este *Essay* permaneceu inédito por dois séculos e agora se pode ler na coletânea de Viano, já citada. É a primeira obra política da maturidade: Locke já deixou para trás o conservadorismo juvenil, inverte completamente as posições antes assumidas e se coloca ao lado da liberdade contra a autoridade. O segundo escrito é de caráter econômico: contra dois libelos de Josiah Child (1665), que propunha reduzir forçadamente a taxa de juros de 6% para 4% (era uma proposta que vinha dos ambientes conservadores contra a expansão da camada mercantil), Locke escreve em 1668 o ensaio *Some Considerations of the Lowering of Interest and Raising the Value of Money* (publicado muitos anos mais tarde, em 1692), no qual sustenta que a redução legal da taxa de juros era medida danosa ao comércio, além de inútil.[5]

---

[*]. *Dissenters:* dissidentes ou não conformistas. Na Inglaterra, eram grupos que decidiram se desvincular da Igreja Anglicana. (N.T.D.M.M.)

5. As relações entre Lorde Ashley e Locke foram esclarecidas com particular atenção por Viano no artigo: "I rapporti tra Locke e Shaftesbury e le teorie economiche di Locke". *Riv. di filosofia*, XLIX, 1958, p. 69-84.

Nesse meio-tempo, Lorde Ashley, com a queda de Clarendon, tornara--se um dos ministros da Cabala. Providencia a nomeação de Locke como secretário dos Lordes proprietários da Carolina; mas a Constituição da Carolina (jamais aplicada), que foi atribuída por tanto tempo a Locke, não é obra sua. Tornar-se-á depois secretário das *Presentations* (um serviço de pouca importância para o controle dos assuntos eclesiásticos). Por fim, passará para o *Council of Trade and Plantations* (uma espécie de ministério do comércio e das colônias); mas será obrigado a demitir-se pouco tempo depois, ao ser o *Council* dissolvido pelo novo primeiro-ministro Earl of Danby. Apesar do apogeu do seu protetor, o *cursus honorum* [percurso das honras] de Locke foi, como se vê, muito modesto.

Nesses anos, porém, acontecia na vida de Locke algo bem mais importante do que esta ou aquela nomeação para empregos públicos (além do mais, mal remunerados): a concepção da obra que lhe dará fama entre os maiores filósofos do pensamento ocidental, o *Ensaio sobre o entendimento humano*. É justamente a uma reunião entre eruditos na hospitaleira casa de Lorde Ashley (em torno de 1671) que Locke alude – como agora está amplamente demonstrado – em famoso trecho da "Carta ao leitor", em que narra como a ideia da obra nascera de uma conversação entre amigos, os quais em certo ponto perceberam que não poderiam dar nenhum passo adiante na resolução das suas dúvidas (que eram dúvidas de natureza moral e religiosa) se não esclarecessem antes de tudo a natureza e o alcance das nossas capacidades intelectuais. A obra, tal como foi publicada em 1690, é o lento produto de um trabalho de investigação e meditação que durou cerca de vinte anos. Mas já em 1671 (aproximadamente), no ambiente de Exeter House, Locke escrevera dois esboços dessa obra, que foram recentemente descobertos e publicados (o *Draft A*, em 1936, e o *Draft B*, em 1931).[6] Hoje, conhecendo os escritos juvenis, somos capazes de explicar os motivos mais profundos que levaram Locke a conceber sua obra maior.

---

6. O *Draft A* (primeiro esboço) foi traduzido em italiano, como apêndice à edição laterziana (a única completa existente) do *Ensaio sobre o entendimento humano*. C. Pellizzi (trad.), 1951; o *Draft B* (segundo esboço) foi publicado em edição italiana por A. Carlini no volume intitulado *La conoscenza umana*. Bari: Laterza, 1948.

Locke explora, efetivamente, com curiosidade inexaurível e extraordinária facilidade de assimilar as matérias mais diversas, os vários campos do saber: do estudo das letras clássicas passa ao estudo das ciências naturais e da medicina, das discussões teológicas do *Tew Circle* às jurídicas e filosóficas do *College*; por fim, aparece até nas vestes de economista. À filosofia chegou tarde, com leituras desordenadas e descontínuas: sobretudo Descartes e Gassendi. O único fio que podia unir interesses tão diversos, aparentemente dispersivos, era mais uma vez o problema do método. A mente humana vagueia extensamente: abrem-se diante dela cada vez mais amplas zonas a serem descobertas. Nesse avanço contínuo, às vezes se encontra diante de barreiras obscuras. São limites superáveis? Se são superáveis, o que se pode fazer para superá-los? Se são insuperáveis, todo esforço para superá-los não seria como bater com a cabeça contra o muro? O problema era particularmente grave no domínio da vida moral (e política), dominada usualmente, por falta de conhecimentos certos como os das ciências racionais e demonstrativas, pela fé e pela obediência à autoridade. Seria possível, e como seria possível, alcançar na esfera da vida moral a mesma certeza racional? Muitos tentaram esse caminho (entre outros, Hobbes). Mas, antes de tentá-lo, era preciso saber exatamente de quais meios o homem dispõe; em suma, quais são as operações do nosso entendimento, quais resultados, realizando tais operações, se podem alcançar. A obra principal de Locke é uma imensa e paciente análise das nossas operações mentais, a mais ampla reconstrução jamais tentada até então da fábrica do intelecto.

Se 1671 foi o *annus mirabilis** de Locke, o *annus mirabilis* para seu protetor foi 1672. Este tornou-se conde, passou a usar o nome de Lorde Shaftesbury (o célebre filósofo inglês Shaftesbury será seu neto, filho de um filho) e assumiu o cargo e a honra de Lorde Chanceler. Mas, ao cair em desgraça em poucos meses, foi forçado a se demitir no princípio do ano seguinte. E não mais se erguerá do precipício. Para voltar à superfície, recorrerá a intrigas, a complôs mais ou menos hábeis, a tentativas

---

*. *Annus mirabilis*: ano maravilhoso, isto é, período de maior desenvolvimento de algo. (N.T.D.M.M.)

de golpes de mão, cometendo erros em cima de erros que o conduzirão a ser detido em uma primeira vez (em 1676, ficando em prisão mais de um ano); em uma segunda vez – na tentativa desesperada de provocar uma revolta militar para colocar no trono o Duque de Monmouth (contra a sucessão de Jaime, irmão de Carlos II) –, a fugir para o exílio na Holanda (18 de novembro de 1682), onde morrerá pouco depois (21 de janeiro de 1683). A fortuna política (modesta fortuna, aliás como vimos) de Locke também havia terminado. Em 1674, decide deixar a Inglaterra. Dirige-se à França, onde ficará por cinco anos, até 1679. Estava claro que na Inglaterra, comprometido como estava com a política de Lorde Shaftesbury, deviam restar-lhe poucas esperanças de carreira. E, afinal, talvez seu protetor lhe tivesse confiado alguma secreta missão de confiança na Corte da França, à espera de receber ajuda para sua política.

Os anos franceses são para Locke um período de intensas experiências intelectuais, encontros, leituras, discussões, visitas a cidades, observação de coisas e pessoas. Os cadernos franceses também foram publicados e constituem fonte riquíssima de informações: *Locke's Travels in France (1675-1679), as related in his Journals, Correspondence, and other Papers*. J. Lough (ed.), Cambridge, 1953. As relações entre Locke e a cultura francesa do tempo foram estudadas por G. Bonno. *Les relations intellectuelles de Locke avec la France*. Berkeley e Los Angeles, 1955.

De volta à Inglaterra em 1679, em Oxford, Locke compra em fevereiro (como se depreende dos seus apontamentos) um exemplar do *Patriarca*, de Robert Filmer, que fora publicado naquele ano. Este fato, aparentemente insignificante, assinala uma data importante na vida de Locke: a refutação que escreverá naqueles anos da grande obra de Filmer constitui a matéria do *Primeiro tratado* sobre o governo, que será depois publicado junto com o *Segundo tratado* em 1690 e será a grande obra política do nosso autor. Contra a tese tradicional de que os dois tratados foram escritos depois da revolução de 1688, constituindo sua justificação póstuma, a crítica mais recente considera que o segundo tratado também foi escrito junto com o primeiro, isto é, aproximadamente nos anos 1680. Mas voltaremos a falar disso a seu tempo. O livro de Filmer, escrito muitos anos antes (o autor morrera em 1653), fora exumado naqueles anos pelo partido realista em defesa das teses mais reacionárias sobre o poder absoluto do monarca e de uma concepção paternalista das relações entre soberano e súditos. Os escritores liberais julgam-se obrigados a refutá-lo. Entre eles, o amigo de Locke, James Tyrrell, que publica, em 1681, *Patriarcha non monarcha or the Patriarch Unmonarch'd*, e Algernon Sydney, com *Discourses concerning Government* (que só serão publicados em 1698), e o próprio Locke. Desse modo, uma obra filosoficamente muito fraca torna-se objeto de ampla disputa. A ocasião política lhe atribuiu uma dignidade que por si mesma não possuía.

Depois da fuga de Lorde Shaftesbury para a Holanda, alguns conjurados foram detidos: o próprio Sydney foi condenado à morte. Locke, vigiado e seguido, não se sente mais seguro na própria pátria e, apagando os próprios rastros, consegue também fugir para a Holanda. Em 7 de setembro de 1683, desembarca em Rotterdam. Começa o longo exílio holandês, que é também o período da maturidade intelectual consolidada e das mais profundas amizades intelectuais. Entre seus amigos mais fiéis contam-se o grande teólogo Philip von Limborch e Jean Le Clerc,[7] que estava preparando a *Bibliothèque universelle*, uma das primeiras revistas literárias, e nela colabora. Escreve uma síntese do *Ensaio sobre o entendimento humano*, que aparece na revista de Le Clerc. Escreve a *Epistola de tolerantia*, que vê a luz em 1689. Neste meio-tempo, em 1684, é privado do seu *Studentship* no colégio de Oxford, em que iniciara os estudos e a que permanecera ligado por profundos vínculos intelectuais e morais. No ano seguinte, tendo aparecido seu nome na lista dos seguidores do Duque de Monmouth, o governo inglês requer sua extradição ao holandês, o qual recusa-se a entregá-lo a seus inimigos. Para escapar da perseguição, muda de nome e passa a se chamar Dr. van der Linden. Aproxima-se provavelmente do *entourage* de Guilherme de Orange, cujos planos de conquista da Inglaterra amadurecem no outono de 1688. Provavelmen-

---

7. Cf. G. Bonno (ed.). *Lettres inédits de Le Clerc à Locke*. Berkeley e Los Angeles: University of California Press, 1959.

te é um dos conselheiros do futuro rei da Inglaterra; com efeito, depois que Guilherme parte em novembro para a Inglaterra, Locke zarpa da Holanda, no mesmo navio que leva a rainha Maria, em 11 de fevereiro de 1689. Da sua estada na Holanda, guardará sempre grata recordação e considerará a Holanda como sua segunda pátria.

No momento do retorno à Inglaterra, Locke já tinha 57 anos. Conhecido no círculo dos doutos, era praticamente desconhecido do público. Quase nada das muitas páginas que escrevera desde os anos dos seus estudos oxfordianos fora publicado. Os últimos quinze anos de vida, até a morte, ocorrida em 1704, coincidem com a história das suas obras. Em 1689, como se viu, saíra na Holanda, primeiro em latim e depois em inglês, a *Epistola de tolerantia* (anônima). O grande ano é 1690: publicam-se quase simultaneamente as duas obras maiores: o *Ensaio sobre o entendimento humano* e os *Dois tratados sobre o governo* (anônimos). Em 1693, vêm à luz os *Pensamentos sobre a educação*; em 1694, a segunda edição do *Ensaio* e a segunda edição dos *Dois tratados*; em 1695, a *Razoabilidade do Cristianismo* (anônimo), que suscitará duas respostas em defesa das acusações, a ele dirigidas por John Edwards, de socianismo e de unitarismo. Começa por morar em Londres, mas passa cada vez mais longos períodos hóspede de sir Francis e Lady Masham (Damaris Cudworth, filha do filósofo), em Oates, Essex, até se estabelecer aí definitivamente a partir de 1691. A amizade com Lady Masham alegra os últimos anos da sua vida, quando a saúde começa a declinar e as forças vitais (não as intelectuais) o abandonam.

Em 1696, é nomeado comissário do *Board of Trade and Plantations*, a que dedica sua febril atividade nos últimos anos, enquanto a saúde lhe permite. Demite-se em 1700. No campo dos estudos, ocupa-se principalmente de problemas teológicos e religiosos. Defende-se dos ataques do seu antigo amigo Edward Stillingfleet, tornado bispo de Worcester, que em discurso em defesa da Trindade (1696) acusa Locke de socianismo, referindo-se não à anônima obra sobre a *Razoabilidade do Cristianismo*, mas ao *Ensaio sobre o entendimento humano*. Locke escreve uma *Carta ao bispo de Worcester* (1697), a que se seguirão em breve intervalo duas *Réplicas*. Em 1702-1703, escreve uma paráfrase a algumas cartas de São Paulo, que será publicada (entre 1705 e 1707) logo depois da sua morte. Até o final, mantém viva correspondência com os amigos mais íntimos (como Limborch) e com o sobrinho Peter King, a quem dá instruções sobre suas últimas vontades em longa e lúcida carta ainda em 25 de outubro de 1704. Morre em 28 de outubro enquanto Lady Masham lê para ele os *Salmos*.

Sua morte – escreveu Lady Masham – foi como sua vida, verdadeiramente pia e, no entanto, natural, fácil, *unaffected*. Por ocasião da morte, ele disse: "Vivi bastante e agradeço a Deus por ter gozado uma vida feliz; mas, tudo somado, esta vida não passa de vaidade".

O corpo foi cremado, segundo suas instruções, na paróquia de High Laver, e no túmulo pôs-se um epitáfio por ele mesmo redigido, que já nas primeiras palavras revela o caráter reservado, a modéstia consciente, o desdém pela glória mundana de quem foi um dos maiores filósofos do seu tempo: "Hic iuxta situs est Johannes Locke. Si qualis fuerit rogas, mediocritate sua contentum se vixisse respondet..." ["Aqui jaz Johannes Locke. Se lhe perguntar como foi, responderá que viveu satisfeito com a sua mediocridade..."].

14. O primeiro tratado sobre o magistrado civil

Em 1660, foi publicado um opúsculo com o título: *The Great Question concerning things indifferent in Religious Worship* (A grande questão relativa às coisas indiferentes no culto religioso). O autor, Edward Bagshawe, era *student* do mesmo colégio oxfordiano de Locke, Christ Church: um ardente liberal, ainda que um pouco excêntrico, que escrevia corajosamente em defesa da tolerância religiosa, tanto que por causa das suas ideias foi expulso do colégio e morreu na prisão poucos anos depois. O primeiro escrito sobre o magistrado civil de Locke é uma refutação, argumento por argumento, do libelo de Bagshawe, redigido em inglês, provavelmente, logo depois e precedido por prefácio escrito sucessivamente, talvez na segunda metade de 1661. Traz como título: *O magistrado pode legitimamente impor e determinar o uso de coisas indiferentes em relação ao culto religioso?* A resposta de Locke é afirmativa.

O problema era o seguinte: entendem-se por coisas indiferentes as que não são nem comandadas nem proibidas, isto é, as que são deixadas ao livre juízo e à livre disposição dos indivíduos. Em outras palavras, a esfera da indiferença é a que compreende todas as coisas que não são obrigatórias (trate-se de obrigações positivas ou de obrigações negativas). Onde quer que haja leis que comandam ou proíbem, essas delimitam uma esfera de ações obrigatórias; além do limite do obrigatório, existe a indiferença, ou seja, o conjunto das ações que se podem fazer ou ainda se podem deixar de fazer. Em direito, essa esfera das ações possíveis chama-se costumeiramente esfera do lícito (em sentido estrito, porque, em sentido amplo, "lícito" também significa tudo o que não é ilícito; como tal, compreende também o que é comandado, com exclusão apenas do que é proibido). As leis por excelência são as leis naturais, isto é, o conjunto de disposições derivadas de Deus ou da razão, ou de Deus por meio da razão, que obrigam indistintamente todos os homens a fazer ou não fazer algo. Pode haver uma concepção rigorista da lei natural segundo a qual tudo o que não é comandado é proibido, e vice-versa: nesse caso não existe esfera de ações indiferentes ou lícitas (em sentido estrito) entre as comandadas e as proibidas. Mas, segundo a concepção comum da lei natural, o direito natural constitui um ordenamento não rigorista, mas, sim, capaz de admitir uma esfera de ações que não são nem comandadas nem proibidas e, portanto, são deixadas à livre avaliação e à livre disposição de cada indivíduo.

Mas são exatamente essas coisas indiferentes que constituem o objeto daquele ordenamento sucessivo e complementador que é o ordenamento das leis positivas (quer-se falar das leis positivas humanas, impostas pelo poder soberano). A rigor, o soberano não deveria ter nenhum poder sobre as coisas reguladas pela lei natural, porque os comandos e as proibições da lei natural valem também para os soberanos. Na esfera das coisas reguladas pela lei natural, o poder do soberano é unicamente o de comandar o que é comandado e proibir o que é proibido: em palavras simples, reforçar com as sanções próprias do poder coativo os ditames da lei natural. É um poder de natureza puramente formal, como veremos melhor a propósito do segundo pequeno tratado, e não material. Se um poder novo tem o soberano diante dos seus súditos, isso acontece com referência às coisas indiferentes, isto é, às coisas a que não chega a lei natural. A esfera das coisas indiferentes é a esfera, em outras palavras, da liberdade natural. Quando os indivíduos decidem passar do estado natural ao estado civil, eles renunciam ao poder natural sobre as coisas indiferentes e o atribuem ao Estado. Mas qual é o limite dessa renúncia? E, inversamente, qual é a extensão do poder estatal sobre a esfera das coisas indiferentes?

A diferença entre escritores liberais e não liberais reside justamente na resposta diversa que uns e outros dão a essas perguntas, na maior ou menor extensão do direito que atribuem ao Estado de intervir nas coisas indiferentes. Grosso modo, podemos chamar *liberal* quem reconhece que o Estado ou não tem o direito de intervir nas coisas indiferentes ou tem, sim, o direito de intervir, mas esse direito apresenta limites insuperáveis (esses limites estão assinalados pelos chamados "direitos naturais", que se podem definir como o conjunto dos direitos que o indivíduo conserva sobre as coisas indiferentes, mesmo depois da constituição do Estado); *não liberal* quem afirma que, depois da constituição do Estado, o indivíduo não mais tem nenhum direito sobre as coisas indiferentes, e até que a razão fundamental da passagem do estado natural para o estado civil é a renúncia à disposição sobre as coisas indiferentes e a atribuição desta disposição, *sem nenhum limite prévio* (e, portanto, sem nenhuma sobrevivência de direitos naturais), ao soberano. Com isso a teoria antiliberal não pretende afirmar que, constituído o Estado, tenha desaparecido a esfera do indiferente, em última análise todo traço de liberdade: como a lei natural não regula tudo, também a lei do Estado não pode regular tudo o que permanece além dos comandos e das proibições da lei natural. Só pretende afirmar que essa esfera de liberdade residual, não importa se grande ou pequena, não está nunca garantida porque a decisão de ampliá-la ou restringi-la cabe exclusivamente ao Estado.

O problema de saber se cabia ao Estado, em qual medida e com quais limites, intervir nas coisas indiferentes era particularmente importante, no tempo de Locke, relativamente à questão da liberdade religiosa e da tolerância. Admitia-se que entre as coisas relativas à religião nem todas fossem reguladas pela lei natural ou divina; havia também coisas indiferentes e eram aquelas relativas ao culto, cuja disciplina se podia considerar que estivesse transferida às diversas comunidades religiosas. Pois bem, uma vez constituído o Estado, a disciplina do culto ainda permanecia no domínio das coisas reservadas à livre disposição dos indivíduos e das comunidades religiosas, ou pertencia exclusivamente ao Estado? Como qualquer um pode ver, por trás do problema de saber a quem cabia o direito de regular imperativamente as práticas de culto, manifestava-se um dos muitos aspectos da secular controvérsia entre o Estado e a igreja (e as igrejas). Posição liberal era a de quem sustentava os direitos das comunidades religiosas contra a excessiva ingerência do Estado; não liberal, a de quem defendia a autoridade do Estado ameaçada pela dissolução da unidade religiosa e defendia, na Inglaterra, a concepção de uma igreja de Estado (anglicanismo) contra as teorias religiosas das seitas não conformistas (que, pedindo a liberdade para si, colocavam as condições para o advento de um regime de tolerância).

Nesses dois escritos juvenis, Locke sustenta com obstinação, e sem sombra de dúvida, a posição não liberal. Revela-se rígido defensor da autoridade do Estado contra os direitos de liberdade dos indivíduos e da comunidade religiosa. E sustenta essa tese, em termos teóricos, afirmando que, uma vez constituído o poder civil, só a este pertence o direito de regular a esfera das coisas indiferentes. Do modo mais genuíno é a posição hobbesiana. E hobbesianos são também os argumentos principais com que sustenta a própria tese. Leia-se esta passagem, que se encontra no início do escrito, em que Locke expõe os pontos capitais da sua argumentação:

> Supondo o homem naturalmente na posse de completa liberdade, e a tal ponto dono de si mesmo que não deve submissão a ninguém a não ser Deus,

[...] a condição inalterável de toda sociedade e de todo governo é ainda a de que cada homem deva inevitavelmente privar-se deste direito nativo à sua liberdade originária e confiar ao magistrado um poder sobre suas ações *tão pleno como o que ele mesmo tem*, sendo de outro modo impossível que se submeta ao comando de outro quem mantiver a livre disposição de si mesmo e gozar de liberdade igual à liberdade daquele a quem deve obedecer.[8]

A proveniência de Hobbes não poderia ser mais clara. Locke aceita de modo incondicional o ponto fundamental da teoria hobbesiana sobre o poder civil, que consiste em considerar que a renúncia à liberdade natural, na passagem do estado de natureza para o estado civil, deve ser completa, e que essa renúncia consiste em atribuir ao soberano todos os direitos de que o indivíduo gozava no estado de natureza. Quando Locke fala de "um poder sobre suas ações tão pleno como o que ele mesmo tem", expressa o mesmo conceito de Hobbes quase com as mesmas palavras. Sabe-se, além disso, que essa natureza do poder civil de ser absoluto e total não muda, segundo Hobbes, na dependência do regime: o poder do Estado ou é absoluto ou não é. Pois bem, é singular que Locke, depois da frase já citada, exponha a mesma ideia:

> Nem os homens, como alguns insensatamente pensam, gozam de maior participação nesta liberdade em uma pura república, se é que podem ser encontradas, do que em uma monarquia absolutista, uma vez que na assembleia (que age como pessoa única) há o mesmo poder arbitrário que há em um monarca.[9]

Ao poder tornar-se perigosa a acusação de hobbesianismo, Locke dirá jamais ter lido as obras do seu grande predecessor. Podia fazê-lo porque esses manuscritos juvenis permaneceram, como se diz, na gaveta. Mas agora ninguém pode mais acreditar nele. Em substância, Locke aceita, de Hobbes, a formulação dilemática: ou a anarquia ou o Estado absoluto; por mais que o Estado possa ter algumas desvantagens, é sempre melhor do que a liberdade desenfreada do estado de natureza.

---

8. *Op. cit.*, p. 158-159. Grifo meu.
9. *Op. cit.*, p. 159.

Nessa contraposição Locke ecoa fielmente Hobbes (de modo tão fiel que a concordância já foi observada por Cranston e por Viano). Eis o trecho:

> Estas e muitas outras são as desvantagens do governo e, no entanto, são muito menores do que as que se podem encontrar na falta dele: nenhuma paz, nenhuma segurança, nenhuma satisfação, inimizade com todos e posse segura de coisa nenhuma, bem como aquele enxame pungente de misérias que acompanham anarquia e rebelião.[10]

Mesmo as inclinações de Locke são, nesse ensaio, hobbesianas. Antes de mais nada, o desprezo pelo vulgo:

> A extensão do poder dos governantes não parecerá perigosa ou supérflua se considerarmos que é empregada, segundo a exigência das circunstâncias, sobre a multidão, que tolera tão pouco constrições quanto o mar e que tem tempestades e transbordamentos que não é fácil obstar.[11]

E o ódio aos fanáticos:

> Estão prontos para julgar todo exercício da religião diferente do próprio como afronta a eles mesmos e a tachar todos os outros com os odiosos nomes de idolatria, superstição ou culto arbitrário, e, assim, considerando tanto as pessoas quanto as práticas dos outros como já condenadas por Deus, estão prontos para considerar seu fanatismo (*zeale*) como investidura, para serem os executores das condenações que eles mesmos pronunciaram [...].[12]

Até a ocasião de que Locke parte para fazer essa diatribe contra as excessivas pretensões de quem ama mais a própria liberdade do que o bem público é a mesma em que se inspirara Hobbes: a guerra civil, o período da desordem, a necessidade de tranquilidade e paz: "Ainda nem percebera estar no mundo e já me vi em uma tempestade que durou quase até agora, e por isso não posso deixar de acolher com a maior alegria e satisfação a aproximação da bonança".[13]

---

10. *Op. cit.*, p. 182.
11. *Op. cit.*, p. 184.
12. *Op. cit.*, p. 187.
13. *Op. cit.*, p. 154.

Com tais premissas, só se podia chegar a uma resposta sobre o problema posto no início do tratado: o poder sobre as coisas indiferentes, e, portanto, também sobre as coisas indiferentes relativas ao culto, pertence apenas ao Estado. Desde a introdução, antecipando o resultado dos seus argumentos, diz: "A mim basta que o supremo magistrado de toda nação, não importa o modo pelo qual foi criado, tenha necessariamente poder *absoluto* e *arbitrário* sobre todas as ações indiferentes do seu povo".[14]

Frase análoga, quase com as mesmas palavras, repetia na conclusão.[15] E, em outro lugar, com palavras não muito diferentes:

> A luz da razão e a natureza mesma do próprio governo evidenciam, em todas as sociedades, ser inevitavelmente necessário que o poder supremo (posto em uma só pessoa ou em várias) seja de qualquer modo supremo, isto é, tenha poder *pleno* e *ilimitado* sobre todas as coisas e todas as ações indiferentes nos limites daquela sociedade.[16]

Os adjetivos com que qualificava o poder supremo "absoluto", "arbitrário", "pleno", "ilimitado", não podiam deixar lugar a dúvidas sobre a parte em que se colocara o futuro teórico do nascente liberalismo. Era a parte oposta à que defenderá nas suas obras de maturidade e que o farão elevar-se a teórico do Estado liberal, isto é, do Estado em que a característica do poder soberano é não ser absoluto, ilimitado e muito menos arbitrário.

15. O segundo tratado sobre o magistrado civil

Este segundo tratado, que deve ter sido escrito logo depois do primeiro, mas de todo modo em data incerta entre 1661 e 1662, é mais curto e também muito mais interessante. Trata do mesmo tema e chega às mesmas conclusões autoritárias. Mas, enquanto o primeiro era uma longa e

---

14. *Op. cit.*, p. 156. Grifos meus.
15. *Op. cit.*, p. 198.
16. *Op. cit.*, p. 195. Grifos meus.

também um pouco aborrecida (para o leitor moderno) refutação ponto por ponto dos argumentos de Bagshawe, este é um escrito doutrinário, cujas teses são sustentadas mediante recurso a completa e sutil elaboração conceitual, que merece ser examinada com atenção. Mostra que Locke estava estudando a fundo naqueles anos os principais problemas da filosofia do direito e abre-nos o caminho para a leitura dos ensaios sobre o direito natural, que comentaremos nas três seções seguintes. Os dois pequenos tratados podem ser considerados como obra única, o primeiro contendo a *pars destruens* [parte destrutiva] (a crítica das teses contrárias), o segundo, a *pars construens* [parte construtiva] (a fundamentação doutrinária do próprio ponto de vista)*. Traz por título, como o outro, a enunciação da pergunta: *An magistratus civilis possit res adiaphoras in divini cultus ritus asciscere easque populo imponere? Affirmatur* [Pode o Magistrado Civil impor adiáforas (usos e costumes não proibidos e não ordenados) no rito do culto divino e impô-las ao povo? Sim].

O autor em que Locke se inspira diretamente neste segundo escrito não é mais Hobbes, mas Robert Sanderson, professor de teologia em Oxford, representante do conservadorismo anglicano, consagrado bispo de Lincoln em 28 de outubro de 1660, sobre quem von Leyden chamou a atenção com informações novas e interessantes.[17] São sobretudo duas as obras de Sanderson, de que Locke extraiu a trama conceitual do segundo tratado: *De iuramenti promissorii obligatione* [Sobre a obrigação dos juramentos promissórios] (ed. latina 1647, ed. inglesa 1653) e *De obligatione conscientiae* [Sobre a obrigação da consciência] (ed. latina e inglesa em 1660). E uma vez que, como veremos, a influência de Sanderson também se manifesta em algumas distinções acolhidas nos ensaios sobre o direito natural, ratifica-se a continuidade da meditação lockiana nesses primeiros escritos, assim como o nexo que os une. No entanto, não desaparece a lição hobbesiana sobre o ponto principal, isto

---

*. Segundo Francis Bacon, em sua obra *Novo Órganon*, em uma argumentação há a parte destrutiva e a parte construtiva, isto é, a parte negativa que consiste em limpar os erros e a parte positiva que constrói o conhecimento e busca a verdade. (N.T.D.M.M.)

17. Na "Introdução" aos *Essays on the Law of Nature. Op. cit.*, p. 30-34.

é, o poder do magistrado nas coisas indiferentes e a fundamentação desse poder. Bastará esta frase para prová-lo:

> Na verdade, é supremo o poder que não tem um poder superior a si na Terra, ao qual deva prestar contas das próprias ações. De fato, uma autoridade desse gênero não pode jamais ser constituída se cada qual *não transfere para o legislador toda a sua liberdade natural*, seja qual for sua extensão, renunciando em favor de quem, de certo modo, como substituto da autoridade de todos e delegado pelo consentimento dos indivíduos, impõe a esses as leis deliberadas, em virtude das quais dá-se que ao magistrado é lícito comandar tudo o que a cada qual é lícito fazer: o magistrado, de fato, *com base no pacto comum, detém em si a autoridade e o direito natural dos indivíduos*, submetendo ao próprio comando e ao próprio poder legislativo as coisas indiferentes, tanto sagradas quanto profanas.[18]

Não se insistirá nunca suficientemente nesse originário hobbesianismo de Locke, porque o Locke da maturidade representa, em certo sentido, a antítese dessa posição, isto é, a tese de que o indivíduo não *transfere toda a sua liberdade natural ao soberano* e, portanto, o pacto comum não *atribui ao soberano o direito de deter em si a autoridade e o direito natural dos indivíduos*.

Como vimos na seção precedente, a esfera das coisas indiferentes é a que não é disciplinada por regras imperativas. No primeiro escrito, as regras imperativas que estavam em questão eram as leis naturais e as leis do Estado. Nesse segundo tratado, Locke distingue quatro tipos de leis: 1) *lei divina* (ou moral), que se pode distinguir por sua vez em positiva ou natural; 2) *lei política* (estabelecida pela autoridade política); 3) *lei fraterna* ou da caridade (a que nos impõe, por exemplo, socorrer o pobre, cuidar do enfermo etc.); 4) *lei monástica*, que é a que o homem impõe a si mesmo e pode derivar ou da consciência ou, então, de um pacto com Deus (voto) ou com os homens (contrato). A característica dessas leis (e é o que também constitui o interesse da classificação) é que estão estabelecidas – dir-se-ia hoje – em ordem hierárquica, no sentido de que a primeira é inferior à segunda, a segunda à terceira etc. A consequência da

---

18. *Op. cit.*, p. 211-212.

hierarquia reside em que a lei inferior só pode intervir na esfera de ações que são, com referência à lei superior, indiferentes. Eis que, portanto, por meio dessa sucessão de leis que estão por assim dizer uma dentro da outra como em um jogo das caixas, nossa liberdade originária, hipoteticamente infinita, é gradualmente limitada até exaurir-se totalmente na última lei monástica, com base na qual regulamos ou decidimos tudo o que as outras leis ainda não regularam ou decidiram. A primeira limitação da nossa liberdade é dada pela lei divina; nas coisas indiferentes com relação à lei divina, intervém a lei política, a qual leva consigo outra boa porção da nossa liberdade; aonde não chega a lei política chega a lei da caridade, a qual, impondo ulteriores deveres, restringe ulteriormente o círculo das ações deixadas ao nosso arbítrio; com a lei monástica, que nos limita em todas as ações voluntárias que ainda restam fora das precedentes formas de legislação geral, vai-se nossa última liberdade.

Não nos interessam aqui a terceira e a quarta lei, mas só as duas primeiras. Interessa-nos, porém, o fato de que a lei política é posta por Locke muito no alto da hierarquia das leis, acima da lei fraterna e da monástica, só abaixo da divina. Com o rigor da lógica, a lei política em tal contexto só encontra o próprio limite na lei divina, com estas consequências: a) a esfera das coisas indiferentes em que pode intervir o soberano é ainda muito ampla (muito mais ampla do que aquela em que podem intervir a lei fraterna e a lei monástica); b) se é verdade que o soberano não pode legiferar em matérias já reguladas pela lei natural de modo contrário à disciplina estabelecida pela própria lei natural (e, se desobedecer, comete pecado), também é verdade que a lei fraterna e a lei monástica, por inferiores, não podem ir de encontro à disciplina estabelecida pela lei política. Está claro quais leis autoritárias daí se podem deduzir na questão da liberdade originária dos súditos, em particular na liberdade religiosa e de culto.

Quanto ao problema principal do poder do magistrado civil nas coisas indiferentes, Locke, no primeiro tratado, não fora sutil: todas as coisas indiferentes são de domínio do soberano. No segundo tratado, a resposta última não diverge, mas é alcançada por meio de casuística mais sutil, isto é, pela distinção, com referência ao soberano, entre *poder material* e *poder preceptivo*, e, com referência aos súditos, entre *obediência ativa* e *obediência passiva*.

Tem-se poder material quando a matéria do comando é lícita (a matéria lícita, isto é, aquela em que o soberano pode intervir legitimamente, é a esfera das coisas indiferentes quanto à lei natural). Tem-se poder preceptivo quando não só a matéria do comando é lícita, mas o próprio comando é legítimo: o comando é legítimo quando a intervenção nas coisas indiferentes é realizada para fim de interesse público e não, por exemplo, unicamente no interesse de quem comanda.

Para entender a diferença entre obediência ativa e obediência passiva, é preciso entender que uma lei política é composta por uma norma que impõe determinada conduta (o preceito em si, ou norma primária, segundo a terminologia moderna) e por uma segunda norma que impõe sanção no caso em que a primeira norma for violada (a chamada norma secundária). A obediência ativa é aquela devida à norma primária, ou seja, é o ato com que conformamos nossa conduta à regulada pela lei; a obediência passiva é aquela devida à norma secundária, ou seja, é o ato com que nos submetemos à pena prevista pela norma secundária.

Pois bem, a distinção entre poder material e poder preceptivo nos permite distinguir, no comportamento do soberano, dois casos: a) *um comando legítimo quanto à matéria e quanto ao fim*; b) *um comando legítimo quanto à matéria, mas não quanto ao fim*. Ora, não há dúvida de que no primeiro caso requer-se a obediência ativa do súdito. E no segundo caso? Locke mostra mais uma vez estar do lado da autoridade, sustentando que também nesse caso o súdito deve obediência ativa. A diferença em relação ao primeiro caso reside em que aqui o soberano comete pecado, isto é, "torna-se réu e passível de ser processado diante do tribunal divino". Locke, portanto, percebe bem que, para o comando do soberano ser legítimo, não basta que verse sobre as coisas indiferentes (isto é, não invada a esfera das coisas reguladas pela lei divina, que é hierarquicamente superior à lei política); é necessário que também o fim a que o comando está voltado seja um fim bom. No entanto, no tocante à sujeição dos súditos, a distinção não tem relevância: em ambos os casos, o súdito deve obedecer à norma primária. A única diferença entre os dois casos refere-se às consequências que deles derivam quanto ao comportamento do soberano, que, no segundo caso, comete pecado (mas o pecado diz respeito às suas relações com Deus e nada tem a ver com suas relações com os súditos).

Mas, se, em ambos os casos, o súdito deve obediência ativa, com que propósito Locke aceitou a tradicional diferença entre obediência ativa e passiva? A relevância da distinção entre obediência ativa e passiva emerge em um terceiro caso, isto é, no caso em que o soberano tenha produzido leis contrárias à lei natural: nesse caso ele abusou não só do seu poder preceptivo (no sentido de que uma lei contrária à lei natural é certamente ilícita quanto ao fim), mas também do seu poder material, porque a matéria da lei natural lhe é vedada. Nesse caso, e só nesse, o súdito é obrigado não à obediência ativa, mas só à passiva. Observe-se, porém, que também nesse terceiro caso, em que o comando do soberano é duplamente ilegítimo, ou seja, quanto ao fim e quanto à matéria, o autoritarismo de Locke não faz grandes concessões à liberdade dos súditos. Um escritor liberal (o mesmo Locke nos anos da maturidade) afirmaria neste caso extremo o direito de resistência, isto é, o direito de desobedecer à lei injusta. Ao contrário, sustentando a teoria da obediência passiva, Locke alinha-se mais uma vez com os partidários do poder absoluto: essa teoria, de fato, certamente concede ao súdito a faculdade de desobedecer à lei do Estado contrária à lei divina, mas impõe-lhe submeter-se à sanção que, em decorrência dessa sua desobediência, a ele será infligida. Fica salva a consciência do súdito, mas fica salva, também, a autoridade do Estado. Naturalmente, nesse caso o soberano também comete pecado, como no caso de lei legítima quanto à matéria e não legítima quanto ao fim: mas, ainda uma vez, é questão que diz respeito às suas relações com Deus e não com seus súditos, para os quais saber que o soberano será punido por Deus pode ser, em caso de penas severas, fraco consolo.

A maior objeção que se podia dirigir contra essa solução autoritária era que reprimia os direitos da consciência. Os que invocavam com maior ardor a liberdade religiosa e a tolerância faziam-no em nome da liberdade de consciência, esse juízo infalível sobre o bem e o mal que o homem pronuncia escutando diretamente a voz de Deus. Locke preocupa-se com a objeção e a ela responde introduzindo nova distinção, entre *obrigação material* e *obrigação formal*. Tem-se obrigação material quando se deve obedecer ao comando por força da objetiva benignidade da coisa comandada: é o caso das leis naturais que comandam coisas justas por si mesmas, como não matar, não cometer adultério etc. Tem-se obrigação formal quando se deve obedecer não por força da matéria do comando, mas por força da autoridade que o promulga: é o caso das leis em matéria indiferente, em que a obrigação nasce não da coisa, que, por si só, não é nem boa nem má, mas do fato de que foi tomada como matéria de lei política.

Ora – diz Locke –, no caso de obrigação material, aderimos à lei não só com nossa vontade, mas também com nosso juízo; ao contrário, no caso de obrigação formal, só aderimos com nossa vontade, não também com nosso juízo. Isso significa que, distinguindo-se liberdade de juízo e liberdade de vontade, no caso da intervenção política nas coisas indiferentes, o que não é livre é nossa vontade, no sentido de que somos obrigados a obedecer (obrigação ativa, como se disse), mas permanece livre nosso juízo, no sentido de que não somos obrigados também a considerar em consciência que tal lei seja necessária. Assim, a consciência está salva: ou pelo menos Locke acredita ser esse um modo de salvar os direitos da consciência em uma concepção substancialmente autoritária. Cabe ao soberano não impor lei em matéria indiferente como se fosse necessária, isto é, justa em si mesma, e não exigir obrigação material, isto é, em consciência, a uma lei desse gênero. Se o fizesse – conclui Locke –, cometeria pecado; mas pela terceira vez o juízo sobre a conduta do soberano não cabe ao cidadão – o qual deverá, apesar de tudo, obedecer –, mas a Deus.

Decerto, Hobbes fora mais duro e menos deferente com os paladinos dos direitos da consciência, que ele detestava como os maiores responsáveis pelas desordens da sua pátria. E escrevera em célebre passagem do *Leviatã* (capítulo XXIX, v. I, p. 268 da tradução italiana), recordada por Viano, que a consciência individual, depois da constituição do Estado, desaparece e só sobrevive a consciência pública, coincidente com a lei civil. O moderado Locke tentou resolver a questão com menor crueza, distinguindo a adesão da vontade a uma lei (algo análogo à obrigação externa) da adesão do juízo (algo semelhante à obrigação interna) e afirmando que a adesão da vontade não implica sempre a do juízo; mas sua doutrina terminava por ter o mesmo desfecho autoritário da de Hobbes. Resta observar que, na passagem do primeiro para o segundo tratado, Locke dilui seu aberto hobbesianismo inicial e, sem renunciar às suas ideias, busca outros aliados menos perigosos.

Pode ser útil resumir a teoria lockiana do segundo tratado deste modo. Locke introduz quatro formas de poder (por parte do soberano) e quatro formas de obediência (por parte do súdito). Poder: a) *material*; b) *preceptivo*; c) *diretivo*; d) *coativo*. Obediência: a) *ativa*; b) *passiva*; c) *material*; d) *formal*. Há perfeita correspondência entre poder diretivo e obediência ativa; entre poder coativo e obediência passiva; ao passo que não há correspondência entre poder material e obediência material nem entre poder preceptivo e obediência formal. Os casos examinados de relações entre soberano e súditos, em que se usam essas distinções, são cinco:

1) o soberano comanda ou proíbe o que a lei natural também comanda e proíbe: *obediência material e ativa*;
2) o soberano viola, com seus comandos e suas proibições, a lei natural: *obediência formal e passiva*, mas o soberano comete pecado;
3) o soberano regula coisas indiferentes com intenção boa: *obediência formal e ativa*;
4) o soberano regula coisas indiferentes com intenção má: *obediência formal e ativa*, mas o soberano comete pecado;
5) o soberano regula coisas indiferentes, vinculando também a consciência: *obediência formal e ativa*, mas o soberano comete pecado.

Desse resumo depreende-se que, ainda que sob formas diversas, não deve jamais faltar a obediência (os diversos graus de obediência servem precisamente ao propósito de adaptar a diversas situações diversos tipos, mais ou menos intensos, de obediência), embora só em dois casos entre cinco (o primeiro e o terceiro) o comando do soberano seja material e formalmente legítimo. Nos três casos em que o comando do soberano é ilegítimo, material e formalmente (segundo caso), não materialmente, mas só formalmente (quarto caso), materialmente e não formalmente (quinto caso), o que muda não é o dever de obediência do súdito, mas o juízo de Deus sobre o comportamento do soberano.

16. Existe a lei natural?

Nos dois pequenos tratados examinados, Locke deu por pressuposta a existência da lei natural, que também era a escora de toda a construção. As várias soluções possíveis do problema político e do religioso dependiam do modo como se resolvia o problema dos fundamentos, isto é, o problema da lei natural e da sua cognoscibilidade. Portanto, Locke é levado a um exame aprofundado do problema da lei natural pela sua ativa participação nas controvérsias políticas do tempo.

Entre 1660 e 1664, escreve oito ensaios sobre o direito natural, que constituem análise unitária e bastante completa das principais questões levantadas havia séculos em torno do direito natural. Trata-se dos ensaios publicados por van Leyden em 1954, de que falamos no § 12. Têm andamento bastante escolástico e, salvo na crítica do inatismo e na esboçada teoria empirista do conhecimento, não deixam adivinhar o futuro grande pensador. Portanto, não são interessantes pela quantidade de questões tomadas em exame e pelos argumentos pró e contra propostos, discutidos ou refutados: constituem breve e preciosa *summula* das discussões do tempo em torno do direito natural. Damos em seguida seus títulos:

1) *An detur morum regula sive lex naturae? Affirmatur.* [Existe uma regra moral, isto é, uma lei da natureza? Sim.]
2) *An lex naturae sit lumine naturae cognoscibilis? Affirmatur.* [A lei da natureza pode ser conhecida pela luz da natureza? Sim.]

3) *An lex naturae hominum animis inscribatur? Negatur.* [A lei da natureza está inscrita na mente dos homens? Não.]
4) *An ratio per res a sensibus haustas pervenire potest in cognitionem legis naturae? Affirmatur.* [A razão pode chegar ao conhecimento da lei da natureza por meio do que obtém dos sentidos? Sim.]
5) *An lex naturae cognosci potest ex hominum consensu? Negatur.* [A lei da natureza pode ser conhecida pelo consenso dos homens? Não.]
6) *An lex naturae homines obligat? Affirmatur.* [A lei da natureza obriga os homens? Sim.]
7) *An obligatio legis naturae sit perpetua et universalis? Affirmatur.* [A obrigação da lei da natureza é perpétua e universal? Sim.]
8) *An privata cuiusque utilitas sit fundamentum legis naturae? Negatur.* [A utilidade individual é a base da lei da natureza? Não.]

Os temas tratados nos oitos ensaios podem ser agrupados em torno de três problemas fundamentais: a) a existência da lei natural (ensaio 1); b) a cognoscibilidade da lei natural (ensaios 2, 3, 4 e 5); c) a obrigatoriedade da lei natural (ensaios 6, 7 e 8). A sucessão lógica desses três problemas é clara: antes de mais nada, é preciso saber se a lei natural existe; em seguida, uma vez demonstrada sua existência, é preciso saber se e de que modo é cognoscível; por fim, uma lei, para que seja tal, não basta existir e ser conhecida, é preciso também ser obrigatória, e daí as perguntas: qual o fundamento, qual a extensão da sua obrigatoriedade? Dedicaremos a cada um dos três problemas uma seção. E comecemos pelo problema da existência:

No primeiro ensaio, Locke dá a seguinte definição de lei natural: "Ordinatio voluntatis divinae lumine naturae cognoscibilis, quid cum natura rationali conveniens vel disconveniens sit indicans eoque ipso iubens aut prohibens" ["A ordem da vontade divina, cognoscível por meio da luz da natureza, que indica o que está e o que não está de acordo com uma natureza racional, e por isso mesmo o que é permitido e o que é proibido"].[19]

---

19. W. von Leyden (ed.). *Op. cit.*, p. 110.

Locke ainda está ligado a uma concepção voluntarista da lei natural, que lhe vinha, ela também, de Hobbes. E, de fato, logo em seguida critica a concepção contrária, isto é, a que considera a lei natural não como comando derivado da vontade divina, mas como ditame da razão: sustenta, efetivamente, que a razão não é capaz de fundamentar e impor a lei natural, mas só de descobri-la e interpretá-la. A tese racionalista fora afirmada por Grotius, o qual dera, para a lei natural, a seguinte definição:

> O direito natural é um ditame da reta razão, voltado para mostrar que um ato é moralmente torpe ou moralmente necessário segundo seja ou não seja conforme à própria natureza racional do homem, bem como para fazer ver que tal ato, em consequência, é proibido ou comandado por Deus, enquanto autor da natureza.[20]

Enquanto na definição lockiana está claro que a lei natural é descoberta pela razão depois de ser querida por Deus, na definição de Grotius só é querida por Deus por ser descoberta pela razão. A antítese é evidente.

Para demonstrar que a lei natural existe, Locke aduz cinco argumentos:

1) o primeiro é um argumento *ex auctoritate*[*]. Locke cita Aristóteles, o qual, depois de dizer ser próprio do homem agir segundo a razão, afirma que existe um direito que tem por toda parte a mesma validade (trata-se da definição aristotélica de direito natural, examinada no § 4).

2) o segundo argumento refere-se à autoridade interior e infalível que é nossa *consciência*, a qual nos condena quando cometemos uma má ação: essa condenação não poderia acontecer se não existisse a lei de natureza, com base na qual julgamos nossas ações.

3) o terceiro argumento é *cosmológico*: apoia-se na constatação da ordem do mundo (a esse propósito Locke cita São Tomás): se toda a natureza é ordenada segundo leis, não se vê por que

---

20. H. Grotius. *De iure belli ac pacis*. I, 10.

*.   *Ex auctoritate*: argumento de autoridade, isto é, aquele que invoca as ideias de pessoa conhecida/reconhecida. (N.T.D.M.M.)

não deva ser ordenada por leis a conduta do ser mais nobre da natureza, o homem.

4) o quarto argumento é *jurídico*, sendo também muito comum (até hoje aduzido por quem sustenta a existência do direito natural): não pode haver sociedade humana sem a constituição de um poder civil e sem o cumprimento dos pactos. Ora, tanto a lei que impõe obedecer aos comandos do soberano quanto a que prescreve manter os pactos não são leis positivas, são, elas mesmas, o fundamento da obrigatoriedade das leis positivas.

5) o quinto argumento é *ético*, consistindo em afirmar que, se não fosse a lei natural, não existiriam nem o vício nem a virtude e o homem seria induzido a agir não segundo o bem, mas segundo a maior utilidade: a negação da lei natural conduziria ao utilitarismo.

Esses argumentos lockianos não são muito incomuns. Acrescento que não me parecem sequer muito convincentes. Começando pelo primeiro, é muito duvidoso existirem leis que, como diz Aristóteles, tenham validade por toda parte, e, além disso, não necessariamente uma lei é justa só pelo fato de vigorar por toda parte. Para dar o exemplo costumeiro, a escravidão no tempo em que escrevia Aristóteles era instituição comum a todos os povos. Mas só por isso era justa? Se aceitássemos o argumento aristotélico, deveríamos também admitir que a existência da lei natural possa ser fundamentada no *consensus humani generis* [consenso entre todas as pessoas]. Mas o consentimento é prova da existência histórica de uma lei, não do seu valor moral. Tanto é verdade que o consentimento pode mudar e, de fato, frequentemente muda.

O argumento da consciência prova apenas que sentimos satisfação quando cumprimos uma lei cujo cumprimento consideramos obrigatório e, ao contrário, sentimos dor quando a violamos. Não prova de modo algum que essa lei seja natural, isto é, tenha valor absoluto e universal e seja objetivamente justa. A consciência é o senso do dever a ser cumprido. Mas qual dever? Para quem considera que a vingança seja um dever, deixar sobreviver a pessoa contra a qual devia ser exercida a vingança é uma fonte contínua de remorso, uma razão para não estar em paz com a própria consciência. A consciência de quem aceita a ética da não violência impõe-lhe não matar; a consciência de quem aceita a ética da reciprocidade impõe-lhe, em certos casos, matar. Em ambos os casos, o comando é consagrado pela consciência. Mas, sendo os dois comandos contraditórios, não podem derivar, ambos, da mesma lei natural.

Quanto ao terceiro argumento, existe a ordem do universo? E, dado que exista, é uma ordem justa só pelo fato de existir? Consideremos não o mundo dos astros – da observação de cujos movimentos deduziram-se, em geral, o conceito e a ideia reguladora de uma ordem do universo –, mas o mundo dos seres animados. Esse mundo oferece-nos o espetáculo cruel de contínuo extermínio de seres vivos, aparentemente sem nenhum propósito: autêntico *bellum omnium contra omnes* [estado de guerra de todos contra todos]. Se tivéssemos de extrair uma regra da observação dessa natureza, por isso mesmo uma regra natural, essa só poderia ser a lei do mais forte, segundo a qual, como o peixe grande come o peixe pequeno, é justo que seja assim. Não há nada mais inatural do que a lei moral, que nos impõe compreensão e piedade pelos outros seres. De resto, a moral mais natural foi aquela deduzida pelas teorias evolucionistas, as quais reconheceram como única lei natural a que permite a sobrevivência não certamente dos mais bondosos, dos mais justos, dos mais santos, mas dos mais adaptados. Das teorias evolucionistas derivaram as morais vitalistas (irracionalistas), que serviram, nas suas últimas aberrações, para dar uma justificação do racismo.

O argumento *jurídico* é aceitável enquanto se limita a afirmar que o fundamento de validade de uma norma deve ser buscado em norma superior; não é mais aceitável quando quer demonstrar que a última norma a que se chega para fundamentar a validade de um ordenamento jurídico seja uma norma de direito natural. Mesmo a norma última a que se chega na tentativa de fundamentar a validade de um ordenamento é uma norma estabelecida, que é válida por ser aceita por aqueles a quem se dirige e é aceita geralmente por razões que nada têm a ver com aquelas aduzidas pelos jusnaturalistas, porque são geralmente razões utilitárias, como se pode provar facilmente na fundamentação da norma *pacta sunt servanda*, cujo fundamento é pura e simplesmente o cálculo utilitário da reciprocidade. Seja como for, entre todos os argumentos é o mais forte e é o que coloca perenemente em crise uma radical solução de tipo positivista.

O argumento *ético*, por fim, me deixa perplexo pela mesma razão, porque me pareceu inaceitável o argumento deduzido da consciência. Que não se possa distinguir o bem e o mal, a virtude e o vício, sem pressupor uma lei, é algo a ser aprovado. E deve ser aprovado chamarmos bem àquilo que está de acordo com uma lei, e mal àquilo que está em desacordo. Bem e mal são conceitos de relação, e a relação que os qualifica é a relação com uma lei. (Veremos que o próprio Locke aceitará no *Ensaio* essa definição de bem e de mal moral). Daí não se segue, porém, que a lei com base na qual distinguimos o que é bem do que é mal seja uma lei natural. Uma vez estabelecida uma regra, ou melhor, um conjunto de regras, seja qual for, somos capazes de distinguir ações boas de ações más. Isso está provado pela história, que nos apresenta tantas e variadas qualificações de bem e de mal quantos são os sistemas normativos em cada circunstância aceitos e praticados.

17. É cognoscível a lei natural?

O tema mais interessante dos ensaios é o que diz respeito ao conhecimento da lei natural. Está desenvolvido em uma parte crítica, na qual Locke refuta três modos habituais de fundamentar a cognoscibilidade da lei natural: pela afirmação das *ideias inatas* (terceiro ensaio e parte do segundo), por meio do argumento da *tradição* (segundo ensaio), por meio do argumento do *consenso* (quinto ensaio); e em uma parte construtiva, com a qual indica a única via pela qual se adquire o conhecimento da lei natural, que é a dos sentidos (quarto ensaio).

Preliminarmente, Locke exclui dos modos com que se pode alcançar o conhecimento da lei natural, não considerando-os sequer para fins de crítica, a via *sobrenatural* e a *racional*: a primeira porque estranha ao tema, estando sua investigação voltada para saber o que o homem pode conhecer unicamente com suas faculdades naturais; a segunda porque a razão é a faculdade que permite extrair conclusões válidas dos primeiros princípios, mas não estabelecer os primeiros princípios (os quais se imprimem no nosso espírito por preexistir – isto é, *per inscriptionem* [por inscrição]– ou serem aceitos *per traditionem* [por tradição], ou penetrar por meio dos sentidos, *per sensus*).

I. *Inscriptio*

O problema do inatismo quanto aos primeiros princípios práticos coloca-se deste modo:

> An dentur aliquae propositiones practicae menti connatae et quasi insculptae, ut tam naturales sint animae et ei intimae quam ipsae facultates, voluntas scilicet et intellectus, et sine studio omni aut ratiocinatione immutabiles semperque patentes nobis innotescant. [Saber se existem proposições práticas inatas e quase entalhadas na mente de modo que sejam tão naturais e familiares para ela quanto suas próprias faculdades, a saber, a vontade e o entendimento, e se, imutáveis como são e sempre acessíveis, as conhecemos sem qualquer estudo ou consideração deliberada.] [21]

Locke refuta-o com cinco argumentos:

1) até agora ninguém jamais conseguiu comprovar o que é afirmado, isto é, que a alma humana não seja, no momento do nascimento, uma *tabula rasa* [folha em branco];
2) se a lei natural fosse inata, deveria ser universalmente reconhecida; e, no entanto, a grande variedade de leis e costumes dos diversos povos prova que não é universalmente reconhecida;
3) os povos primitivos que deveriam ser os mais próximos da lei de natureza são, ao contrário, os mais distantes. Em oposição, nos povos mais civilizados, se há algumas ideias comuns em torno da moral, elas derivam não da natureza, mas da educação;

---

21. *Op. cit.*, p. 136.

4) se a lei de natureza fosse inata, mesmo os loucos deveriam conhecê-la (aqui Locke segue a doutrina do tempo, segundo a qual a loucura é uma doença do corpo e não da alma, e, portanto, restando a alma intacta, as ideias inatas deveriam nela permanecer impressas inclusive ao perdurar aquela doença do corpo que é a loucura);

5) se fossem inatos os princípios práticos, também deveriam ser inatos os princípios especulativos: mas, como é dificilmente plausível que haja princípios especulativos que não sejam adquiridos ou de outros, ou *inductione et particularium rerum observatione* [por indução e observação de detalhes], é igualmente pouco plausível que sejam inatos os princípios práticos.

Desses cinco primeiros argumentos, o primeiro é retorsão, o quarto baseia-se em teoria cientificamente insustentável, o quinto é mera conjectura derivada de analogia. Portanto, são argumentos muito frágeis. Os dois únicos argumentos que têm certa consistência são o segundo, que se inspira na variedade das leis, e o terceiro, que se inspira na perversidade dos costumes dos povos primitivos. No entanto, ambos são argumentos de dois gumes, no sentido de que podem igualmente bem servir para demonstrar que não existe nenhuma lei natural (e não só que a lei natural não é inata).

II. *Traditio*

A crítica da tradição, como meio para aceder à lei natural, chama nossa atenção sobre a distinção entre direito consuetudinário, que é precisamente o direito que se transmite *per traditionem* [por tradição], e o direito natural. Na origem da especulação em torno do direito, como podemos observar no § 3, direito consuetudinário e direito natural se confundem: o que é transmitido como direito desde um tempo imemorável é elevado a direito natural. As leis não escritas, que Antígona invoca, são os costumes dos antepassados ou são as leis da natureza? Traçar uma linha nítida de demarcação entre uma coisa e outra é impossível.

Para tentar fazê-lo, é preciso demonstrar que as vias de acesso ao direito consuetudinário e ao direito natural são diferentes. E é o que tenta fazer Locke com a crítica da tradição entendida como veículo da lei natural. Essa crítica desenvolve-se por meio de três argumentos:

1) as tradições dos vários povos são muitíssimo variadas e muitíssimo contrastantes entre si para que se possa decidir qual seja boa e qual seja má sem se pôr fora da tradição, isto é, referindo-se a um critério de juízo que só pode ser dado pela luz da natureza, pela descoberta da lei natural. Assim, a tradição, em vez de ser o veículo para descobrir a lei natural, é ela mesma objeto de avaliação por parte dessa mesma lei;

2) se a lei natural fosse conhecida por meio da tradição, seria antes objeto de fé do que de conhecimento e dependeria mais da autoridade de quem a transmite a nós do que da evidência das coisas, sendo por isso mesmo derivada e não originária (aqui Locke, para dizer "originária", diz "inata", contradizendo-se);

3) como é preciso em todo caso retroceder à origem da tradição, no final encontramo-nos diante, se é que seja sempre possível, do autor da tradição, o qual descobriu a lei por si mesmo. Mas também nós podemos fazer diretamente o que fez o autor, porque somos dotados dos mesmos sentidos e da mesma razão.

A tradição, em suma, não é um modo para conhecer a lei natural, mas para transmiti-la. No entanto, como modo de transmissão de uma lei, pode transmitir tanto uma lei natural quanto uma lei positiva, tanto uma lei justa quanto uma lei injusta. Enquanto a teoria da *inscriptio* [inscrição] era um modo de superar a obra da inteligência humana, que chega por si, ainda que laboriosamente, às próprias certezas, a teoria da *traditio* [tradição] era um modo de humilhá-la, pondo-a diante do supremo valor da autoridade, daquilo que é transmitido. Ambas eram formas de *passivismo*, contra as quais não podia deixar de rebelar-se um partidário, como Locke, da nova ciência que visava a descobrir as leis do universo mediante a observação empírica controlada pela razão.

III. *Consensus*

À crítica da teoria que faz derivar a lei natural do consenso, Locke dedica todo um ensaio (o quinto), que é também o mais longo de todos. A teoria do consenso era a mais comum e também a mais amplamente discutida nas obras dos jusnaturalistas. Grotius admitira que a lei natural podia ser conhecida *a priori*, isto é, mediante a razão, e *a posteriori*, isto é, pelo consenso do gênero humano (por meio de investigação histórico--comparativa, diríamos hoje, das leis e dos costumes dos diversos povos). Contudo, admitira que o conhecimento por meio do consenso conduzia a resultados menos certos.[22] Hobbes, como bom racionalista, refutara a teoria do consenso: os homens mais violam do que observam a lei de natureza. Como se pode pretender extrair da conduta dos homens o sistema das leis naturais?[23] Pufendorf aceitara e aperfeiçoara a crítica de Hobbes: se por consenso do gênero humano entende-se o consenso de todos os povos, ninguém é tão sábio a ponto de ter a informação completa a respeito; se se entende o consenso dos povos mais civilizados, encontramo-nos diante da dificuldade de descobrir um critério para distinguir o que é civilizado do que não é.[24]

Na trilha da introdução de von Leyden, acrescentemos que o problema do *consensus* [consenso] foi amplamente tratado por um autor inglês de quem Locke está muito próximo (além de Sanderson, já recordado): Nathanael Culverwel, pertencente à escola platônica de Cambridge, autor da obra intitulada *An Elegant and Learned Discourse of the Light of Nature* (1652), que ofereceu muitas sugestões às dissertações lockianas.

A crítica da doutrina do consenso é realizada por Locke com muita sutileza. Antes de mais nada, ataca violentamente no primeiro parágrafo o provérbio: *Vox populi vox Dei* [A voz do povo é a voz de Deus]. Ecoa nestas primeiras frases a invectiva contra o vulgo, recordada a propósito do primeiro tratado sobre o magistrado civil: "Quid enim est tam ne-

---

22. *De iure belli ac pacis*. I, 1, 12.
23. *De Cive*. II, 1.
24. *De iure naturae et gentium*. Livro II, capítulo 3, § 7.

farium tam impium tam contra ius omne fasque quod non aliquando suaderet multitudinis insanientis consensus sive potius coniuratio?" ["Pois o que poderia haver de tão mau, tão ímpio, tão contrário à lei, civil e divina, que em um momento ou outro não tenha sido sugerido pelo consentimento, ou melhor, pela conspiração insana da multidão?"].[25]

Em seguida, enfrenta o problema introduzindo distinção preliminar entre *consenso positivo* e *consenso natural*.

O consenso positivo é o que deriva de um pacto, podendo ser tácito ou expresso. Exemplos característicos de pacto tácito são as regras do *ius gentium* [direito das gentes] (entendido como *ius inter gentes* [direito entre os povos], o moderno direito internacional), como a que estabelece a incolumidade dos embaixadores. Mas a esse propósito Locke observa que, se entre os Estados vigorasse a lei natural, não haveria, de fato, necessidade de estabelecer a incolumidade dos embaixadores, uma vez que a lei natural prescreve a incolumidade de todos os homens como tais.

Do consenso natural, isto é, do consenso a que os homens chegam sem necessidade de acordo, Locke distingue três espécies: a) o consenso dos costumes; b) das opiniões; c) dos princípios especulativos.

    a) o consenso dos costumes não prova nada, porque não existe má ação que não tenha sido consentida (mais uma vez, coloca-se em primeiro plano o argumento *ex varietate morum* [da variedade de costumes], o qual não serve para demonstrar que a lei natural não existe, mas serve para demonstrar que não pode ser inata nem ser derivada da tradição e, agora, do consenso).

    b) o consenso das opiniões pode servir para indicar a lei natural, não para prová-la: a prova só pode ser dada pela própria experiência, não pelo que dela pensam os outros, uma vez que os homens não consentem no bem, mas antes consentem naquilo que consideram o bem (aqui o argumento é semelhante ao segundo argumento relativo à *traditio*);

    c) dos princípios especulativos não se ocupa, porque a discussão só diz respeito aos princípios práticos.

---

25. *Op. cit.*, p. 160.

A crítica do argumento *ex consensu* [do consenso] estava na tradição racionalista, que não reconhecia nenhuma dignidade ao conhecimento histórico. A história era imensa mistura de paixões, de loucuras e de erros. Aquilo em que os homens consentiram era mais a prova da sua fragilidade do que da sua nobreza. Leia-se uma frase como esta:

[...] breviter dicam nullum pene esse vitium, nullam legis naturae violationem, nullam morum turpitudinem, quam non facile patebit mundi historias consulenti et hominum res gestas observanti alicubi terrarum non solum privatim admissam sed publica authoritate et consuetudine comprobatam [...]. [(...) direi de forma resumida que quase não existem vícios, violações da lei da natureza e maldades morais que não sejam facilmente revelados ao mundo ao consultarmos a história e ao observarmos as conquistas das pessoas em quaisquer lugares do mundo, não só admitidos por indivíduos, mas também comprovados por autoridades públicas e pelos costumes (...).].[26]

Algumas páginas do quinto ensaio estão dedicadas a uma melancólica exposição de vícios humanos, maus costumes e iniquidades de todos os povos, extraída das histórias de todos os tempos. Será preciso chegar a Vico para encontrar a história perscrutada por novo olhar, como lugar em que a Providência realiza seus desígnios, que o historiador indaga e reconstrói até a formulação de leis universais do desenvolvimento das civilizações. Mas, precisamente, a fonte primeira de que Vico extrairá as linhas do seu direito natural que evolui historicamente será o consenso do gênero humano tão desprezado por Locke. A *Ciência nova primeira* começa com estas célebres palavras: "O direito natural das nações certamente nasceu com os costumes comuns delas".[27]

Feita a crítica das teorias que rechaça, Locke expõe o próprio ponto de vista sobre o problema do conhecimento da lei natural (quarto ensaio). O modo com que conhecemos a lei natural não é diferente daquele com que conhecemos todas as outras coisas, das quais adquirimos certeza e podemos fazer ciência: o *sentido* e a *razão*. Só assim, baseado

---

26. *Op. cit.*, p. 166.
27. *Scienza nuova prima*. Nicolini (ed.), p. 9.

nas faculdades com que o homem conquista o próprio saber, o discurso moral torna-se discurso rigoroso, não confiado à fé (tradição), a pressupostos indemonstráveis (a *inscriptio*), à desordenada observação da contingência histórica (o consenso). Sentido e razão complementam-se:

> [...] dum sensus rerum particularium sensibilium ideas rationi administrat et suggerit discursus materiam, ratio e contra sensum dirigit et ab eo haustas rerum imagines inter se componit, alias inde format, nova deducit. [(...) por um lado, a sensação oferece à razão ideias de objetos sensoriais particulares e disponibiliza o tema do discurso; a razão, por outro lado, guia a faculdade dos sentidos e combina as imagens das coisas derivadas da percepção sensorial, formando outras e deduzindo outras novas.].[28]

Nosso conhecimento deriva da ação concorde de ambos: sem razão, levados só pelos sentidos, seríamos como animais; mas sem a ajuda dos sentidos a razão não poderia fazer nada mais *quam clausis fenestris in tenebri operarius* [do que alguém que trabalhe na escuridão, atrás de janelas fechadas]. Se observarmos o universo, aprenderemos que este mundo foi construído com admirável arte e regularidade. Mas não podemos deixar de remontar da ordem ao ordenador: daí deduzimos que existe um poderoso e sapiente artífice de todas as coisas, que criou, além da natureza inanimada e dos outros seres vivos, também o homem, e a que devemos nos submeter. Sentido e razão dão-se as mãos para certificar-nos da existência de um Deus ordenador e legislador, bem como da necessidade da nossa sujeição. Mas um Deus ordenador e legislador não pode ter criado o mundo sem um propósito. Este é o segundo passo da demonstração: da constatação da ordem à afirmação de que essa ordem tem uma finalidade, a que todos, de diferentes modos, estamos subordinados. O que o homem deve fazer pode-se deduzir do conhecimento da finalidade; e a lei que lhe prescreve o que deve fazer para alcançar os fins do universo é a lei natural. Em particular, são duas as fontes de que o homem pode extrair o conhecimento do que deve fazer: 1) a finalidade de todas as coisas; 2) sua própria constituição natural. Da observação do primeiro fim ele deriva o conhecimento de todos os deveres para com Deus; da observação

---

28. *Op. cit.*, p. 146.

da própria constituição deriva o conhecimento dos deveres para com os outros que o levam a entrar em sociedade. Em substância, dois preceitos fundamentais decorrem da observação das coisas confortada pelo auxílio da razão: "honra a Deus"; "vive em sociedade com teus semelhantes".

Tudo isso é muito vago. Seríamos tentados a acrescentar que também a pretensa demonstração da lei natural só com a ajuda dos sentidos e da razão é bastante superficial. A passagem da observação do universo, tal qual nos pode ser fornecida pelos sentidos, à afirmação de que esse universo é ordenado – eis um grande salto que nem os sentidos nem a razão nos permitem dar. Damos tal salto por razões práticas, isto é, precisamente para dar fundamento objetivo às nossas leis morais. Acreditamos extrair as leis morais da ordem; na realidade, postulamos, sem ter a respeito nenhuma confirmação experimental ou racional, uma ordem para dar fundamento às leis morais. Mas há mais: para dar fundamento às leis morais, não basta postular uma ordem, é preciso também considerá-la a melhor possível: Locke também realiza este salto ao falar de tal ordem como de um *opus egregium* [trabalho excelente], dando por resolvida, de um modo que só se pode definir como apressado, grande quantidade de tradicionais problemas metafísicos em que precipitaram e se enredaram, até se perderem, os maiores filósofos de todos os tempos.

Locke mesmo não devia estar muito satisfeito com as soluções alcançadas que, ainda por cima, eram muito pouco originais e tinham ar de exercício escolástico. É provável que ele se desse conta, estudando o problema do conhecimento da lei natural, de que o problema não podia ser seriamente formulado antes que se investigassem minuciosamente a própria natureza e os limites do nosso conhecimento. O que dissera nos ensaios sobre nossas faculdades cognoscitivas, isto é, o sentido e a razão, eram informações de manual. W. von Leyden opina que as questões *remotas*, origem das discussões entre amigos que levaram Locke à redação do *Ensaio sobre o entendimento humano*, eram exatamente as próprias questões em torno do conhecimento da lei natural que enfrentara e resolvera de modo insatisfatório nos ensaios. É fato que o *Ensaio* também começa com a crítica ao inatismo. O primeiro alvo era idêntico. O que se devia prosseguir com muito mais cuidado, antes de poder dizer algo ponderado sobre as leis morais, era a análise do nosso intelecto e suas capacidades – se verdadeiramente também se pretendia construir a moral sobre as bases sólidas das ciências mais rigorosas, como as matemáticas.

18. A lei natural é obrigatória?

A resposta a essa pergunta já está dada pelo reconhecimento de que a lei natural existe. Diz-se que uma lei existe quando existe a obrigação de a ela obedecer: uma lei que não obriga não é uma lei, mas mero *flatus vocis* [sopro de voz]. Reconhecer, portanto, que existe a lei natural significa reconhecer que existe uma fonte de obrigação diferente das fontes da lei positiva. Na definição de lei, "existência" equivale a "obrigatoriedade". Naturalmente, "obrigatoriedade" não equivale a "eficácia", isto é, não implica que a lei também seja de fato obedecida. Mesmo a lei violada é lei.

O que preocupa Locke nos ensaios sucessivos (sexto, sétimo e oitavo) não é tanto se a lei natural é obrigatória, mas qual a fonte e a natureza da sua obrigatoriedade (sexto ensaio), qual a extensão (sétimo ensaio), qual o fundamento (oitavo ensaio). Examinemos brevemente ainda esses três pontos. Mas, antes, é preciso entendermo-nos sobre o significado de *obrigação*. Por "obrigação", Locke entende apenas a obrigação em consciência, não a que assumimos só por temor da pena. Obrigação em consciência é a que assumimos com a convicção de que o comando a que nos submetemos é legítimo e a ela aderimos não só com os movimentos do corpo, mas também com a adesão do espírito. Pufendorf distinguira muito eficazmente a *obrigação* da *coação*. Quando obedecemos por força, sem adesão, seria mais apropriado dizer que fomos coagidos: um animal a que impomos nosso jugo não é obrigado a trabalhar para nós, mas coagido. Locke dá o costumeiro exemplo do pirata e mostra que uma coisa é transgredir o comando do príncipe, outra, o do pirata, sendo que, transgredindo o primeiro, a consciência me condena, transgredindo o segundo, a mesma consciência me absolve. Não há dúvida de que a obrigação que deriva da lei natural é obrigação em consciência e, portanto, verdadeira obrigação. Locke distingue, seguindo Sanderson, o *debitum officii* [dever de ofício, de obediência], que deriva diretamente do comando do superior, e o *debitum supplicii* [dever de submissão à pena], que deriva da violação do primeiro dever e consiste no dever de submeter-se à pena estabelecida pela transgressão. Ora, uma lei cuja força vinculante consistisse só na pena, isto é, contasse só com o *debitum supplicii*, não seria uma lei obrigatória, mas só coativa.

Quanto à fonte da obrigação, Locke bem vê que, seja qual for, é sempre um *poder* (da coação, ao contrário, é fonte a mera força), entendendo-se por poder a força exercida por quem tem o direito de exercê-la, a força legitimada. Locke reconhece três modos de legitimação do poder: *ex iure creationis* [pela lei da criação], de que nasce o poder, por parte do criador, de obrigar a criatura (por analogia, o direito dos genitores sobre os filhos); *ex iure donationis* [pela lei da doação], no caso em que o detentor originário do poder transmite-o a outros (segundo a concepção teocrática da soberania, o poder do soberano sobre os súditos é desse tipo); *ex iure pacti* [pela lei do pacto], no caso em que o obrigado se submete voluntariamente a quem doravante adquire o poder de obrigá-lo (segundo a teoria contratualista, essa é a fonte do poder soberano). A fonte de que nascem as obrigações da lei natural é a primeira. A lei natural é obrigatória por derivar diretamente do poder divino, isto é, do poder que Deus tem sobre os homens *ex iure creationis* [pela lei da criação].

De modo diverso, podem-se distinguir obrigações por si mesmas e por força própria (*per se et vi sua*) e obrigações por meio de outro e por força alheia (*per aliud et virtute aliena*). Enquanto a obrigação que deriva do comando do soberano é da segunda espécie, a obrigação que deriva da lei natural é da primeira: é uma obrigação derivada diretamente do poder divino, e não de poder delegado. Isso pode ser provado com três argumentos:

1) a lei natural contém tudo o que é necessário para tornar uma lei vinculante;
2) se a lei natural não obrigasse, não seria obrigatória nem mesmo a lei positiva (a qual tem o mesmo fundamento de obrigatoriedade da lei natural, diferindo só quanto ao procedimento de promulgação e ao nosso modo de conhecê-la);
3) se a lei natural não obrigasse, a própria lei positiva humana não existiria, no sentido de que não obrigaria em consciência, mas só por temor, e, portanto, não seria em nada diferente da injunção de um tirano, de um ladrão ou de um pirata. O soberano só tem poder legítimo de obrigar (e, portanto, não exerce só uma força bruta capaz de coagir) por ter recebido esse poder da lei natural: "[...] legem naturae si tollas, omnem inter homines civitatem, imperium, ordinem et societatem simul evertis" [(...) caso a lei natural seja cancelada, destrói-se simultaneamente toda a civilidade entre os homens, os governos, a ordem e a sociedade].[29]

Interessa-nos sublinhar o caráter claramente jusnaturalista dessa formulação: a lei positiva tem vigor, em definitivo é verdadeira lei (capaz de obrigar e não só de coagir), ao basear-se em última instância na lei natural; por si só, a lei positiva seria como árvore sem raiz, lei seca, morta; simulacro de lei. Contraponha-se a esse modo de formular o problema do fundamento do direito positivo aquele próprio do positivismo jurídico, para o qual um ordenamento é jurídico quando, no seu conjunto, é eficaz (princípio de efetividade): emergirá de modo evidente não só a diferença entre as duas concepções contrapostas, mas onde reside o ponto crucial da sua contraposição, que consiste na dependência do direito positivo em face do direito natural, por um lado, e na total independência do direito positivo, por outro.

Novo problema é o relativo à extensão da obrigatoriedade da lei natural: Locke dedica-lhe todo um ensaio (o sétimo). Aqui as perguntas são duas: se a lei natural é *perpétua*, isto é, válida em todo tempo, e *universal*, válida para todos os homens. Depois do que Locke disse acerca da

---
29. *Op. cit.*, p. 188.

existência e da fonte da lei natural, a resposta a essas duas perguntas flui como consequência necessária: a obrigatoriedade da lei natural é perpétua e universal. Mesmo essa resposta, apesar de parecer óbvia, deve ser acolhida com um grão de sal, introduzindo-lhe alguns esclarecimentos.

Antes de tudo, quanto à perpetuidade, é verdade que não há nenhum momento em que um indivíduo possa agir contra a lei natural (o respeito pela lei natural não reconhece nenhuma trégua), mas isso não significa que um indivíduo seja obrigado em todo momento a observar todos os preceitos da lei natural, porque seria de fato impossível. A esse propósito deve ser levada em consideração uma notável diferença que existe entre os preceitos negativos (comandos de não fazer) e os preceitos positivos (comandos de fazer). Com referência aos preceitos negativos, como não matar, não roubar, não cometer adultério, a obrigação é verdadeiramente perpétua, no sentido de que não há nenhum momento em que possamos violar tais preceitos. Com referência aos preceitos positivos, no entanto, como socorrer o pobre, curar o enfermo, somos obrigados, como diz Locke, *solum tempore et modo*, isto é, só no momento e nas circunstâncias em que a obrigação pode ser cumprida.

Outra diferença é aquela entre leis naturais que obrigam absolutamente a realizar certa ação e leis naturais que obrigam a comportar-se de certo modo, uma vez que se tenha escolhido realizar certa ação: Locke distingue leis que prescrevem a *substantia* [substância] de uma ação e leis que só prescrevem a *circumstantiae* [circunstâncias]. Por exemplo, não sou obrigado a falar ou a calar com meu vizinho; mas, uma vez que tenha decidido falar, devo fazê-lo de certo modo, respeitando certas regras de probidade e decoro etc. Aqui, para usar a terminologia lockiana, *materia actionis indifferens est, circumstantiae determinatae* [a "matéria" da ação é indiferente (nem boa nem má), mas as circunstâncias que a acompanham são assim determinadas], ou, com outra expressão, *non obligamur absolute sed tantum ex hypothesi* [não estamos obrigados de forma absoluta, mas apenas condicionalmente] (pensemos na distinção moderna entre normas absolutas de conduta e normas hipotéticas). Naturalmente, nesse segundo caso, a obrigação permanece sempre perpétua, mas o cumprimento do nosso dever é ocasional, isto é, depende das circunstâncias. Um imenso campo em que pode ter aplicação essa distinção é o dos negócios jurídicos: nenhuma lei natural me obriga a estipular este ou aquele contrato, a fazer testamento etc.; mas, uma vez que decidi estipular um contrato, a lei natural me impõe algumas obrigações, entre as quais a de manter os pactos etc.

Quanto à universalidade da lei natural – o fato de ter por destinatários todos os homens indistintamente –, deve-se também aqui introduzir uma distinção: existem leis naturais verdadeiramente universais, como não matar, não roubar etc., mas também existem leis naturais obrigatórias apenas aos que se encontram em certas situações, de modo que, mudando a situação, mudam as obrigações inerentes. Uma coisa, para dar o exemplo de Locke, são as obrigações do governante, outra, as do governado. Aqui também se entrevê um campo vastíssimo de aplicação dessa limitação subjetiva da lei natural, o campo das éticas profissionais (ou, como se costuma dizer, das deontologias), motivo pelo qual o médico, como médico, tem deveres que são, digamos, diversos daqueles do juiz ou do sacerdote. Assim como a perpetuidade pode ser condicionada pelas circunstâncias, também a universalidade pode ser condicionada pelo *status* das pessoas. Distinguiremos assim uma perpetuidade e uma universalidade absolutas de uma perpetuidade e uma universalidade relativas (considerando, respectivamente, as circunstâncias e a condição das pessoas).

Locke também leva em conta algumas tradicionais objeções que se dirigem contra a perpetuidade e a universalidade da lei natural, e tenta responder a elas. Duas são particularmente interessantes: 1) parece que o direito natural não subsiste se Deus comanda outra coisa, como quando permitiu aos hebreus, abandonando o Egito, subtrair coisas pertencentes aos egípcios (*Êxodo*, XII, 35); 2) a lei natural que comanda obedecer aos genitores deixa de valer quando o comando dos genitores está em conflito com o dos soberanos, como no caso em que o soberano convoca para a força armada e os genitores pretendem que o filho fique em casa trabalhando. No primeiro caso, trata-se da contraposição entre direito natural e direito positivo divino; no segundo, de autêntica antinomia entre diferentes leis naturais. Locke responde, no primeiro caso, *que não se viola a lei natural, mas muda-se o proprietário*, no sentido de que Deus, tendo permitido aos hebreus apropriarem-se das coisas dos egípcios, quis, ao mesmo tempo, que estes últimos não fossem mais seus proprietários, motivo pelo qual a ação dos hebreus não mais pode ser qualificada como furto (que pressupõe que a coisa roubada pertença a outros – não seja nem própria nem de ninguém). No segundo caso, responde que *não desaparece a obrigação da lei natural, mas muda a natureza da coisa*, no sentido de que a ação consistente em obedecer aos genitores, em decorrência do comando do soberano que a ela se opõe, de lícita que era torna-se ilícita.

Ao problema da fundamentação da lei natural Locke dedica o último ensaio, em que refuta a tese, também tradicional, segundo a qual não pode haver outro fundamento da lei natural a não ser o interesse (trata-se da concepção utilitarista da moral). Parte de famosíssima passagem de Carnéades, em torno da qual já se empenharam os precedentes jusnaturalistas. Nessa passagem (extraída de Lactâncio, *Institutiones divinae*, V, 16, 3) dizia-se, entre outras coisas, "*omnes enim et homines et animantes ad utilitates suas, natura ducente, ferri*" ["pois todos, homens e outras criaturas vivas, são naturalmente levados a buscar seus próprios interesses"]. Substancialmente é a própria ideia de Hobbes, que dissera:

> Cada qual é levado a buscar o que, para si, é um bem e a fugir do que, para si, é um mal, especialmente o maior dos males naturais, isto é, a morte: o que ocorre segundo uma férrea lei de natureza, não menos rígida do que aquela pela qual uma pedra cai para baixo.[30]

Uma vez que Locke, como vimos, buscara o fundamento da lei natural na existência de uma ordem cósmica criada por Deus, estava claro que não podia aceitar a tese utilitarista. E nisso se afastava mais uma vez de Hobbes. Os argumentos aduzidos por Locke contra a fundamentação utilitarista da moral não são nem originais nem particularmente sutis:

---

30. *De Cive*, I, 7.

pertencem à tradição retórico-humanista da exaltação da virtude e só são interessantes por representarem muito bem o ambiente de um colégio inglês da época (não só inglês e não só daquele tempo), em que, em questão de moral, toda forma de espontaneidade e de originalidade está proscrita.

19. Ideias para uma ética demonstrativa

Para um escritor como Locke, que quis manter distante da investigação moral toda forma de dogmatismo – com a crítica das ideias inatas – e de tradicionalismo – com a crítica das tradições –, que renunciou desde o início à ajuda da revelação e desprezou a da história (com a crítica do consenso) pretendendo fundamentar a doutrina moral como qualquer outra ciência, na livre busca empírico-racional mediante o livre uso das faculdades cognoscitivas (o sentido e a razão), os resultados alcançados nos ensaios examinados não eram muito convincentes. Locke deu o melhor de si na parte crítica, mas na parte construtiva queimou as etapas, por assim dizer, dando a impressão de buscar, com o apoio dos sentidos e da razão, o que, na realidade, já havia encontrado (com a ajuda da tradição que, no entanto, criticara). Ele mesmo teve de entender que o grandioso projeto de uma ética racional (ou científica) pressupunha uma crítica da razão, um esclarecimento das possibilidades cognoscitivas do nosso intelecto em relação aos problemas concernentes à nossa conduta. Essa exigência levou-o, como se sabe, a escrever o *Ensaio sobre a inteligência humana*, no qual, desde as primeiras frases, compreende-se muito bem que o problema moral constitui o pano de fundo. "Não é tarefa nossa neste mundo" – diz – "conhecer todas as coisas, mas sim as que dizem respeito à conduta da nossa vida".[31] Sua atitude é cautelosamente confiante: a luz que podemos acender ao nosso redor para ver mais claramente é modesta, mas suficiente para nossas necessidades. Recorde-se a famosa metáfora da vela: "[...] nosso espírito é como uma

---
31. Ed. Laterza, I, p. 30.

vela que temos diante dos olhos e que difunde luz suficiente para nos iluminar em todos os nossos assuntos".[32]

A necessidade que o homem tem de ver com clareza refere-se principalmente ao modo de comportar-se:

> Por mais distantes que os homens estejam de um conhecimento universal e perfeito de tudo o que existe, as luzes de que dispõem bastam-lhes para distinguir *o que é para eles de absoluta importância saber*: porque, graças a tais luzes, podem chegar ao conhecimento do seu Criador *e à compreensão dos seus deveres*.[33]

A ética racional seria escrita após o *Ensaio*, isto é, depois de esclarecido o problema preliminar de saber se uma ética racional, dados os limites das nossas faculdades cognoscitivas, era possível. A essa reflexão o *Ensaio*, cautelosamente otimista, como se disse, sobre a capacidade da nossa razão, dá resposta nitidamente afirmativa: chega ao ponto de conceber a ideia de uma ética demonstrativa rigorosa como a matemática. Mas Locke jamais escreveu essa ética racional. Observando-se bem, as premissas estabelecidas no *Ensaio*, como diremos, eram de tal ordem que tornavam a obra extremamente difícil (para não dizer até mesmo contraditória).

O que mostra um nexo estreito entre o *Ensaio sobre a inteligência humana* e os escritos juvenis sobre o direito natural é a crítica das ideias inatas, a que Locke dedica, na obra maior, três capítulos, o primeiro dedicado aos princípios especulativos; o segundo, aos princípios práticos; o terceiro, a ambos. A nós interessa o segundo. O argumento principal contra a admissão de princípios práticos inatos é *o da falta de consenso universal*; trata-se, afinal, do argumento que aflorava no terceiro dos ensaios juvenis, no segundo ponto e, em parte, também no terceiro:

> Para saber se existe algum princípio de moral no qual todos os homens convergem, recorro a quem tenha algum conhecimento, mesmo que mo-

---

32. *Op. cit.*, p. 29.
33. *Op. cit.*, p. 29. Grifos meus. Sobre a preeminência do problema moral, cf. Gibson. *Op. cit.*, p. 6-7.

desto, da história do gênero humano e que, por assim dizer, tenha olhado para além da fumaça da chaminé da sua casa. Onde é que existe uma verdade de ordem prática que seja universalmente aceita sem nenhuma dúvida ou dificuldade, como deveria ser se fosse inata?[34]

Costuma-se dar o exemplo da justiça, que vigora até entre os ladrões que a observam nas relações entre eles. Mas a razão por que os ladrões observam a justiça entre si – observa Locke – é a conveniência que daí extraem: tanto é verdade que não a observam em relação aos outros, porque nisso não veem conveniência. Seria efetivamente estranho que princípios práticos inatos pudessem ser aplicados ou desaplicados de acordo com o próprio interesse.

Desse exemplo se deduz ulterior argumento contra a possibilidade de aduzir o consenso como prova da existência de princípios práticos inatos, argumento já insinuado no terceiro ponto do terceiro ensaio sobre o direito natural (cf. § 17), ao se fazer a afirmação de que o consenso dos povos civilizados sobre certos princípios comuns pode derivar da educação. Aqui, falando da ideia de justiça, diz ser comum aos honestos e aos ladrões: mas explica precisamente que os ladrões a ela aderem por causa do próprio interesse. Desses dois exemplos decorre a consequência de que o consenso *por si só* não basta para fornecer uma prova do inatismo. O ulterior argumento consiste no fato de que não só, geralmente, não há nenhum consenso entre os homens sobre o que é bom e o que é mau, mas, *ainda que houvesse*, nada provaria, porque esse consenso pode ser derivado ou da educação, como no caso dos povos civilizados, ou da conveniência, como no caso dos ladrões. No consenso por meio da educação, Locke detém-se de modo particular no § 22, onde mostra que pela instrução se pode inculcar nos infantes qualquer máxima, por mais absurda e extravagante que seja, até fazer com que se eleve a princípio de moral e de religião. Quanto ao consenso por conveniência, a ele retorna no § 6, em que afirma que o homem é levado pelo interesse, assim como pela convicção, a fazer observar como sagradas as leis da moral, "porque,

---

34. *Op. cit.*, p. 63.

se elas vierem a ser profanadas e calcadas sob os pés, não existirá mais certeza nem mesmo para ele".[35]

O argumento mais forte contra o inatismo, de todo modo, é o de pôr seus adeptos diante da responsabilidade de indicar quais sejam esses famosos princípios inatos, de que todos falam, mas ninguém sabe em que consistem. No tempo de Locke tentou fazê-lo Herbert of Cherbury (1531-1648) no livro *De veritate* (1624), o qual enuncia como princípios inatos algumas máximas, cuja refutação, para dizer a verdade, não era muito difícil. Basta dizer que uma dessas máximas era que "é preciso arrependermo-nos de todos os pecados". Locke demonstra facilidade em opor ao seu adversário que trazer impresso na mente esse princípio não é muito instrutivo enquanto forem ignoradas quais ações devem ser consideradas pecados. Mas não convém determo-nos em uma discussão cujo aspecto teórico somos incapazes de avaliar e que não tem mais nenhuma atualidade.

Combatendo o inatismo, Locke combatia não tanto o cartesianismo, como se disse, quanto qualquer forma de dogmatismo, que pretendia subtrair algumas verdades indiscutíveis ao esforço de investigação do homem e colocá-las ao abrigo de qualquer crítica; tentava colocar contra a parede os mestres da verdade que se recusavam a pôr em discussão as próprias ideias; rebelava-se contra o princípio de autoridade em nome da investigação racional, aquela que o homem conduz *fazendo bom uso das suas faculdades*. Para compreender o sentido e o valor da batalha de Locke, bastará ler esta página:

> Não é vantagem pequena, para aqueles que se fazem de mestres e doutores, estabelecer como princípio de todos os princípios que *não se deve nunca pôr em discussão os princípios*; porque, uma vez estabelecido que existem princípios inatos, eles inculcam em seus seguidores a necessidade de acolher como inatas *certas* doutrinas e de tal modo os desabituam ao uso da sua razão e do seu juízo, levando-os a crer e a aceitar tais doutrinas com base na fé do mestre, sem mais exame; deste modo, os pobres discípulos, tornados escravos de cega credulidade, são muito mais fáceis

---

35. *Op. cit.*, p. 68.

de governar e tornam-se muito mais úteis para certa espécie de pessoas que têm a capacidade e a atribuição de lhes ditar princípios e de se fazerem donos das suas condutas.[36]

Locke, como se viu, confiava na suficiência da razão humana a ponto de considerar que não lhe fosse vedado o conhecimento da moral, que era a esfera mais difícil de arrancar ao domínio da autoridade. No *Ensaio* expõe em vários lugares a própria convicção (que não podia deixar de provocar muita surpresa e reservas ainda mais numerosas por parte dos críticos) segundo a qual não só é possível ao homem chegar ao conhecimento dos princípios morais, mas é possível situar a moral "entre as ciências suscetíveis de demonstração":[37]

> Não tenho nenhuma dúvida sobre o fato de que dela (isto é, da moral), a partir de proposições evidentes por si mesmas, mediante consequências necessárias, não menos incontestáveis do que as da matemática, poderiam ser extraídas as medidas do justo e do injusto, se alguém quisesse aplicar-se a esta ciência com a mesma indiferença e atenção que deposita na outra.[38]

Em certo lugar Locke chega a dizer ainda mais, que o homem está mais capacitado para o conhecimento moral do que para o dos corpos físicos, em que só pode chegar a conhecimentos prováveis, e anuncia vitoriosamente que: "[...] a moral é a ciência própria e a grande missão da humanidade em geral, a qual tem grande interesse na investigação do seu *summum bonum* [bem maior] e também é capaz de tal investigação".[39]

Para dizer a verdade, Locke continuou a imaginar, a anunciar, a propor essa ciência moral demonstrável como a matemática, mas jamais se pôs a escrevê-la. Nisso ele seguia a orientação do tempo, em especial de toda a corrente jusnaturalista, cujo fio condutor, a unir todos os autores que a representam, é a ideia de uma ciência demonstrativa da moral. Mas, enquanto alguns predecessores e contemporâneos seus tentaram

---

36. *Op. cit.*, p. 117-118.
37. *Op. cit.*, p. 755. Cf., também, p. 734 e 776.
38. *Op. cit.*, p. 755.
39. *Op. cit.*, p. 890.

o empreendimento (desesperado empreendimento, entre os que mais o foram), Locke não foi além das declarações de princípio, dos projetos frustrados, das enunciações programáticas frequentemente repetidas e sempre deixadas no ar. Para mostrar a viabilidade do programa, limita-se a dar alguns exemplos cuja ingenuidade nos deixa boquiabertos. Diz da proposição: "Onde não há propriedade não há injustiça" que é "tão certa quanto qualquer demonstração que se encontre em Euclides".[40] É evidente que a certeza euclidiana dessa proposição decorrerá unicamente da definição que convirmos dar ao termo "injustiça". Naturalmente, se definimos como "injustiça" qualquer ato que viole a propriedade alheia, daí se segue que não pode haver injustiça onde não existe propriedade: mas, tratando-se de mera tautologia, nosso conhecimento não deu nenhum passo adiante, tanto é verdade que, se partimos de outra definição de injustiça, da hobbesiana, por exemplo, segundo a qual a injustiça consiste em violar uma lei ou um pacto, o princípio da justiça deve ser formulado deste outro modo: "onde não há leis nem pactos, não há injustiça". E nesse ponto surgiria um grande problema, sobre o qual Locke não nos oferece nenhuma luz: qual das duas proposições – ambas igualmente certas – devemos aceitar, uma vez que, aceitando as duas, nossa certeza está inteiramente liquidada? O outro exemplo é o seguinte: "nenhum governo permite uma liberdade absoluta". A certeza dessa proposição também decorre unicamente das definições que adoto de "governo" e de "liberdade absoluta". E, além do mais, para que serve?

Não é que Locke deixe de perceber as dificuldades maiores que se encontram ao pôr em bases sólidas a ciência moral. Essas dificuldades são, para ele, de duas ordens: 1) enquanto as ideias matemáticas podem ser expressas com signos sensíveis, imediatamente claros aos nossos sentidos, as ideais morais só ganham expressão com palavras, que são signos menos estáveis e devem ser interpretados; 2) as ideias morais são mais complexas do que as matemáticas, daí a maior incerteza dos nomes que as designam e a dificuldade de considerá-las todas de uma vez. Mas ele

---

40. *Op. cit.*, p. 755.

está convencido de que a questão se refere, sobretudo, a começar a dar boas definições, e, uma vez definidos os termos, usá-los de modo estável e constante; para Locke, se há remédio, ele é principalmente linguístico. Decerto, mas se pode objetar que a depuração linguística funciona no âmbito de dado sistema, como bem sabem os juristas, que operam no âmbito de um ordenamento jurídico cujos pressupostos não põem em discussão. Mas como se pode sustentar que a proposição dos postulados éticos, de que depende a aceitação ou não do sistema, também seja questão de definições bem-feitas? A única certeza que um maior rigor linguístico pode dar é que determinada máxima pertence a determinado sistema e que tal conduta, em relação ao sistema, é lícita ou ilícita. Mas não pode me dar a única certeza que conta em moral, a certeza de que o sistema aceito seja o melhor dos sistemas possíveis.

20. A moral no *Ensaio sobre o entendimento humano*

De resto, Locke também sabia muito bem que uma ética não se constrói com boas definições. Uma ética se constrói com base, dizemos hoje, em juízos de valor: a saber, em juízos com que asseveramos ser uma coisa boa ou má. Uma ética pressupõe, respectivamente, determinado conceito de bem e determinado conceito de mal. Também Locke não se esquivou da tarefa de enunciar o que entendia por bem e por mal; e, seguindo a lógica do empirismo, redescobriu a teoria hedonista do bem, isto é, a teoria pela qual a ideia do bem e a ideia do mal são conexas aos sentimentos de prazer e de dor.

> As coisas só são boas ou más em relação ao prazer e à dor. Chamamos bem o que é capaz de produzir ou aumentar o prazer em nós, ou diminuir o sofrimento [...]. E, ao contrário, chamamos mal o que é capaz de produzir ou aumentar qualquer dor [...].[41]

---

41. *Op. cit.*, p. 306.

Não é aqui o caso de indagar como a teoria hedonista da ética podia estar de acordo com o programa de uma ética rigorosa, porque sai do nosso campo de discussão. Limitamo-nos a constatar que a esperança de uma ciência certa da moral não está bem fundamentada quando nos confiamos aos extremamente mutáveis sentimentos do prazer e da dor. Quem quiser construir uma ética objetiva enveredará por mau caminho se começar por dizer que é belo o que dá prazer.

O problema que nos interessa de perto é que esse fundamento hedonista da moral levava Locke, coerentemente, a expressar nova (digo nova em relação aos ensaios precedentes) concepção da lei e a formular nova justificação da sua obrigatoriedade.

Se é verdade que a ideia do bem e a do mal estão ligadas aos sentimentos de prazer e de dor, deve da mesma forma ser verdade que consideramos bem a observância de uma lei por nos proporcionar prazer e mal a transgressão por nos proporcionar dor. Mas o que é que nos proporciona prazer quando observamos uma lei e o que é que nos causa dor quando a violamos? Locke responde de modo explícito: a *compensação* no primeiro caso, a *pena* no segundo. Eis que desse modo a ideia da lei deve sempre ser acompanhada pela ideia de *sanção* ou, em outras palavras, só há lei onde há sanção; em suma, *a lei é um comando sancionado*. Nos ensaios juvenis, a obrigatoriedade da lei fundamentava-se no poder de quem institui a lei. Agora, ao contrário, deve-se especificar que esse poder se explicita ao premiar o observante e punir o transgressor, e, portanto, a lei é lei ao se fazer acompanhar da sanção. Locke discorre sobre esse ponto muito claramente:

> Como seria de todo vão supor uma norma imposta às livres ações dos homens, sem que lhe seja conexa uma sanção qualquer, pelo bem ou pelo mal, capaz de determinar sua vontade, onde quer que suponhamos que exista uma lei devemos supor que exista também alguma compensação ou punição conexa a essa lei.[42]

---

42. *Op. cit.*, p. 481.

Tanto é conexa a ideia de sanção à de lei que Locke expõe no *Ensaio* uma classificação de três espécies de leis, distintas entre si sobretudo com base nas diversas sanções que derivam da sua violação. Essas três espécies são: 1) a *lei divina*, cuja sanção é o prêmio ou o castigo eterno; 2) a *lei civil*, cuja sanção é constituída pelas recompensas ou pelas penas estabelecidas pelo Estado; 3) a *lei da opinião ou do costume*, cuja sanção é a aprovação ou a desaprovação dos nossos semelhantes.[43] A propósito desta última, enfatiza em particular a força do constrangimento que nasce do louvor e da censura dos outros – essas leis do costume, aparentemente mais evanescentes, são as que os homens tendem a observar com maior escrúpulo. Quanto às penas divinas, os homens sempre pensam que há tempo para se reconciliar com Deus; quanto às leis civis, contam com a impunidade:

> Mas ninguém foge à sanção da censura e da antipatia dos outros quando age contra o costume e a opinião do círculo que frequenta e no qual pretende ser estimado. E não há um só homem entre dez mil tão duro e insensível a ponto de tolerar a constante antipatia e reprovação do próprio círculo.[44]

O que importa nessa análise lockiana das leis, contida no *Ensaio* (capítulo XXVIII, §§ 5-16), não é tanto a classificação dos três tipos de lei, que é bastante tradicional (corresponde à clássica tripartição de *moral*, *direito* e *costume*), quanto as consequências que o autor expõe sobre o conceito de lei em relação ao problema do bem e do mal moral. Bem moral é a conformidade de uma ação com uma dessas três leis; mal moral é a discordância de uma ação com uma dessas três leis. Portanto, não se pode falar de bem ou de mal absoluto: bem ou mal são ideias de relação, ideias que formamos colocando em relação uma coisa (a lei) com outra coisa (uma ação determinada).[45] As palavras precisas de Locke são as seguintes:

---

43. Viano (*op. cit.*, p. 132 ss.) expõe cuidadosamente as fases por meio das quais Locke chegou a essa classificação.
44. *Op. cit.*, p. 486.
45. A quem quiser ter uma ideia mais precisa deste ponto, no qual não posso me deter mais, aconselharei ler o capítulo XXV, sobre a relação em geral, e o capítulo XXVIII, sobre os vários tipos de relações, que Locke distingue em *proporcionais*, *naturais*, *instituídas* ou *voluntárias*, *morais*;

O bem e o mal moral são apenas *a conformidade ou a discordância das nossas ações voluntárias com uma lei qualquer*; em consequência, obtemos para nós um bem ou um mal por causa da vontade e do poder do legislador.[46]

Se relacionamos uma ação a esta ou àquela lei, obtemos juízos diversos – pode ser dito hoje – de qualificação normativa. Com base na correspondência ou não com a lei divina, distinguimos as ações em *pecados* ou *deveres*; com base na sua correspondência ou não com a lei civil, em *delitos* ou *ações inocentes*; com base na correspondência ou não com a lei da reputação, em *vícios* ou *virtudes*. Daí decorre que a mesma ação pode ser qualificada diferentemente se é regulada por diferentes leis: cometer adultério, por exemplo, é pecado para a moral, delito para o direito, vício para o costume. E às vezes pode também suceder que a mesma ação seja avaliada pelas diversas leis de maneira contraditória, de modo que pode ser pecado, mas não delito, ou delito, mas não vício, e assim por diante. Locke dá o exemplo do duelo: "[...] o qual, considerado em face da lei de Deus, merecerá o nome de pecado; da lei do costume, em certos países, o de valor e virtude; e das leis civis de certos governos, o de delito capital".[47]

E o que dizer do direito natural? Observou-se muitas vezes que entre os três tipos de leis enumeradas no *Ensaio*, a lei natural, que tanto absorvera Locke nos anos da sua formação, sequer aparece. Não se trata tanto do desaparecimento do nome, porque a lei natural, de todo

---

a classificação dos três tipos de leis surge a propósito desta última espécie de relações. Deve-se notar que a ideia do bem moral como bem relativo, isto é, como juízo que nasce de cotejo entre lei e ação, pertence às teses mais antigas do *Ensaio*, estando já claramente formulada no Esboço A (§ 23) e sendo retomada no Esboço B (capítulo XII, § 6), em que Locke se expressa deste modo: "A ação do homem, que aciona o gatilho do seu fuzil, pode ser rebelião, parricídio, assassinato, homicídio ou ato obrigatório, de justiça, de valor, ou então divertimento etc., e ser, assim, variadamente diferenciada e inserida em uma daquelas diferentes classes quando todas as circunstâncias reunidas são comparadas com uma regra, se bem que a simples ação de ter o fuzil e acionar o gatilho pode ser exatamente a mesma" (ed. it. cit., p. 257).

46. *Op. cit.*, p. 480-481. Em outra parte: "Estas três leis, portanto, primeiro a de Deus, segundo a das sociedades políticas e, em terceiro lugar, a lei do costume, ou seja, a censura privada, são aquelas com que os homens de variado modo cotejam suas ações: e, sobre a conformidade destas com uma ou outra de tais leis, fazem a própria mensuração quando pretendem julgar a retidão moral dos seus atos e dizê-los bons ou maus" (*Op. cit.*, p. 486-487).

47. *Op. cit.*, p. 489.

modo, pode ser considerada como forma de lei divina. De resto, Locke tem o cuidado de advertir, ainda que sob forma de acréscimo à segunda edição do *Ensaio*, que entende por lei divina "a lei que Deus impôs às ações dos homens, tenha sido ordenada a eles pela *luz da natureza* ou pela voz da revelação".[48] Trata-se do próprio conceito de lei e, em geral, da nova doutrina moral lockiana que mal se adapta às teses jusnaturalistas. Locke, como vimos, sustenta que a lei é sempre um comando sancionado e que, definitivamente, bem e mal referem-se, ainda que por meio de juízo de conformidade com uma lei, ao prazer e à dor. Ora, tanto a ideia da lei como comando sancionado quanto a teoria hedonista da ética são estranhas à tradição jusnaturalista, a qual, por um lado, prefere definir a lei como doutrina da reta razão (e prescinde completamente do conceito de sanção) e, por outro, julga poder derivar as leis da conduta humana a partir de algo bem mais permanente, objetivamente determinável e observável, do que os sentimentos de prazer e de dor, isto é, a partir das *inclinationes* ou tendências do homem.

No entanto, não se pode de modo algum sustentar que Locke tenha esquecido completamente o problema da lei natural, que o preocupara sumamente, ou que tenha mesmo virado as costas ao jusnaturalismo. Há uma passagem muito significativa a este propósito no capítulo segundo, em que se desenvolve a refutação do inatismo. No final da crítica, Locke se apressa em informar ao leitor que o fato de negar a existência de leis inatas não deve significar que só admita leis positivas. E precisa:

> Há grande diferença entre uma lei inata e uma lei de natureza, entre uma verdade impressa originariamente na alma e uma verdade que nós ignoramos, mas cujo conhecimento todos nós podemos adquirir, servindo-nos de modo justo das faculdades que recebemos da natureza.[49]

Mas deve-se fazer uma consideração ainda mais poderosa. Vimos na seção precedente que Locke persegue obstinadamente no *Ensaio* o ideal de

---

48. *Op. cit.*, p. 482.
49. *Op. cit.*, p. 77. Cf., também, a "Carta ao leitor", em que, em resposta a um crítico que o acusava de relativismo, fala da "lei natural que é a regra constante e inalterável com base na qual os homens devem julgar a retidão moral e a gravidade das suas ações" (p. 18).

uma ética demonstrativa. Pois bem, este, somente este, é o ideal constante de todo o jusnaturalismo moderno, que aflora em Grotius, acentua-se em Hobbes e em Spinoza, põe-se à prova em Pufendorf, torna-se lugar--comum em Barbeyrac e chega à sua mais atraente experiência em Leibniz, o qual porá o direito, exatamente como Locke, de quem era adversário em tantas batalhas, entre as ciências demonstrativas. Com essa ideia da ética demonstrativa, Locke insere-se de pleno direito na corrente do jusnaturalismo moderno, aceita do jusnaturalismo moderno o problema fundamental, o da ética racional, subtraída como tal ao domínio dos teólogos e à irrisão dos céticos, ainda que, afinal, não consiga dar a ele solução adequada (mas alguma vez terá sido possível que tal problema tivesse solução?).

O *Ensaio sobre o entendimento humano*, do ponto de vista da ética, é obra de preparação, conjunto de projetos mais ou menos coerentes, de tentativas mais ou menos realizáveis. Os pontos fundamentais do pensamento ético de Locke no *Ensaio* são três: 1) é possível uma ciência moral demonstrativa; 2) os juízos de bem e de mal moral são juízos de relação que pressupõem a existência de leis; 3) a origem última das nossas ideias de bem e de mal são os sentimentos de prazer e de dor. Ora, não se consegue ver como a exigência contida no primeiro ponto concilia-se com o inevitável relativismo a que parece levar o segundo e com o subjetivismo ético decorrente do terceiro. Locke trilha vários caminhos secundários e não consegue nem conseguirá no futuro fazê-los confluir em um só caminho principal: segue várias ideias, mas não dá conta de coordená-las em um sistema coerente. Nessa fase de investigação (que jamais se concluirá e em certo ponto será até abandonada), o jusnaturalismo inicial não é traído, embora reste como tarefa cuja realização parece, em cada etapa, cada vez mais distante.

21. O jusnaturalismo dos *Dois tratados*

Locke nunca escreveu a obra, várias vezes acalentada, de ética demonstrada. Deixou-nos, no entanto, uma grande obra de política, que pouco ou nada tem a ver com as ideias de ética filosófica surgidas no *Ensaio*, mas que, bem ou mal, é uma das obras mais representativas, talvez a mais representativa, da filosofia política jusnaturalista, de uma concepção da sociedade e do Estado que pretende ser elaborada com base em escrupulosa observação da natureza só com a orientação da razão, que obtém precisamente do estudo da natureza as regras da conduta do homem. Trata-se dos *Dois tratados sobre o governo*, sobre cuja origem e redação nos deteremos na terceira parte, que está dedicada exclusivamente a eles. Os *Dois tratados* são uma obra caracteristicamente jusnaturalista, porque inspirada na ideia – sobretudo no segundo tratado, o teórico, que será objeto particular do nosso comentário – de que existe uma lei natural, de que essa lei é cognoscível e é obrigatória, e de que no mundo civil, em geral no mundo das relações de convivência dos homens, *é bom tudo o que se conforma com essa lei*, de modo que o principal ofício do filósofo político é o de descobrir, sob as falsas teorias e as práticas corruptas que dominam o mundo da política, as relações naturais que permitem exclusivamente reconstituir um estado o mais possível respeitoso da natureza e, por isso mesmo, mais livre e mais justo.

Não esperemos de Locke uma disquisição filosófica sobre a lei natural nessa nova obra. Locke se ocupara de todos os problemas inerentes à lei natural nos ensaios juvenis, já amplamente examinados. Ainda que suas ideias sobre o direito natural tenham em parte mudado – sobretudo a ideia do fundamento, que não é mais voluntarista, mas racionalista –, ele já não retorna a elas: toma-as como pressupostas. A natureza é o guia da conduta, o fundamento de toda investigação sobre o que é o bem e o que é o mal. O termo "natureza", sobretudo no segundo tratado, pode-se dizer que retorna em cada página. A natureza é verdadeiramente a grande inspiradora. A presença das leis naturais, ao longo de toda a obra, é contínua: a construção de cada instituição civil, da propriedade até a sucessão, do poder paterno ao poder político, está fundamentada na investigação das leis naturais que lhes correspondem. No entanto, Locke não se detém a examinar nem a natureza nem a lei natural. E sequer existe algum vestígio de revisão dos problemas morais, que caracterizara desde os primeiros esboços, que precedem uns bons dez anos os *Dois tratados*, a investigação que confluiria a seguir no *Ensaio sobre o entendimento humano*. Quando fala de "natureza", pretende referir-se ao modo tradicional de considerar a natureza em toda a corrente jusnaturalista: a natureza como feixe de instintos e de *inclinationes*, dos quais nomeará expressamente (por exemplo, I, 88) o instinto de conservação e o de procriação. Quando fala de leis naturais, fala do conjunto de regras de conduta que a razão deduz e propõe (não só descobre, como nos ensaios juvenis, mas indica, dita, sugere) para a melhor constituição da sociedade humana, familiar, civil, dos povos.

A respeito da lei natural, o que sabemos, a partir dos *Dois tratados*, é, antes de tudo, que ela existe, sendo ora apresentada como "escrita no coração de todos os homens" (II, 11), ora como não escrita, mas encontrável "nas mentes dos homens" (II, 136). Em segundo lugar, sabemos que é cognoscível, como se lê, além de em outros trechos, naquele em que se diz ser "evidente e inteligível para toda criatura razoável" (II, 124). E, por fim, é – e não poderia ser diferente – obrigatória: "O estado de natureza é governado pela lei de natureza, que obriga a todos" (II, 6). E, como se vê, essa obrigatoriedade diz respeito a todos os homens, o que significa que a lei natural – única entre todas as leis – é universal: "comum a todos", como dito em II, 128. Afastando-se da teoria voluntarista juvenil, segundo a qual a lei natural é estabelecida como lei pela vontade divina e descoberta, só descoberta, pela razão, Locke aqui – obedecendo à sua profunda inclinação racionalista, que o conduz a desvincular cada vez mais o conhecimento humano de pressupostos teológicos, e provavelmente, como se observou,[50] sob o influxo de Richard Hooker, teólogo racionalista, autor de um livro famoso, *Of the Laws of Ecclesiastical Polity* (escrito no final do século XVI), frequentemente citado com muito louvor nos *Dois tratados* – identifica a lei natural com a razão ("a razão, que é esta lei, ensina a todos os homens, desde que queiram consultá-la...",

---

50. Sobre esse ponto, cf. W. von Leyden. *Op. cit.*, p. 67. Sobre a relação entre Hooker e Locke, cf. o ensaio de A. Passerin d'Entrèves, "Hooker e Locke. Un contributo alla storia del contratto sociale". In: *Studi filosofico-giuridici dedicati a G. Del Vecchio*. Modena, 1931, v. II, p. 228-250.

II, 6); e faz da razão não só a descobridora, mas a instituidora da lei natural, ou seja, em última análise, a verdadeira legisladora da humanidade.

Do ponto de vista dos fundamentos, esta obra, tão celebrada, de Locke, deve-se de todo modo reconhecê-lo, é decepcionante, tanto mais se pensarmos no fato de que seu autor, quando a escrevia, já lançara as bases para uma imensa obra de análise das operações do entendimento humano. No entanto, essa obra, como veremos na parte seguinte, é célebre com toda a justiça por causa da nova formulação que dá a muitos dos mais tormentosos problemas políticos e da humana convivência em geral, porque constitui, sob muitos aspectos – não acredito usar palavra demasiadamente eloquente –, uma virada, o fim irrevogável da concepção paternalista do governo e o início triunfal da concepção liberal e democrática. Isso não exclui que, quanto aos pressupostos filosóficos, seja bem apressada e constitua uma coleção de lugares-comuns.

O problema da relação entre a concepção filosófica de Locke (tal como se manifesta no *Ensaio sobre o entendimento humano*) e a concepção política (tal como se expõe nos *Dois tratados*) foi muitas vezes discutido. A opinião agora predominante é que não existe relação de derivação. E é a opinião a que também chegamos com a leitura e comentário das duas obras. Entre os vários juízos nesse sentido, parece-me interessante recordar os dois maiores editores dos *Dois tratados*, Pareyson e Laslett. Ambos concordam significativamente. Pareyson escreve:

> Entre os *Dois tratados* e *Ensaio* não existe nenhum nexo evidente: não existe no *Ensaio* nenhuma indicação da qual a doutrina dos *Dois tratados* possa ter derivado por natural dedução lógica. O estado de natureza, os princípios da autoconservação e da conservação da espécie, que são os elementos fundamentais da doutrina política de Locke, [...] são conceitos que com os princípios do *Ensaio* só têm o nexo representado por um comum espírito racionalista, o que é certamente muito pouco para constituir o fundamento de uma derivação lógica.[51]

Laslett vai até mais longe, acentuando a ideia de que a obra política lockiana não é de modo algum aplicação ou derivação da filosófica e

---
51. *Op. cit.*, p. 30.

sustentando que, enquanto a obra política está baseada na lei natural, a obra filosófica pode ser inclusive considerada como um princípio de dissolução do jusnaturalismo. E, de fato, conclui:

> Quando lemos a obra sobre o governo, deveríamos ter em mente mais o Locke médico do que o Locke epistemólogo. Chamá-la "filosofia política", pensar em Locke como filósofo político, é impróprio. Ele foi, antes, o autor de uma obra de intuição, penetração e imaginação, quando não de profunda originalidade, e foi ao mesmo tempo teórico do conhecimento.[52]

Este juízo pode parecer até excessivo. Se a obra filosófica e a política de Locke não tiveram teorias comuns, tiveram, no entanto, inspiração comum, pertencem à mesma concepção racionalista moderada, que caracterizou toda a personalidade de Locke, são a expressão da mesma tendência para encontrar, antes de tudo, os limites da natureza humana, uma vez na esfera da inteligência, outra no domínio da vida prática. Parece-me que Viano apreende bem o elemento comum das duas obras quando escreve:

> Em sede filosófica, Locke sustenta que a tarefa da filosofia não é deduzir ou impor os conteúdos do mundo intelectual humano, mas encontrar limites de compatibilidade e legitimidade dos conteúdos mais diversos e verificar o valor das suas pretensões. Tarefa similar cabe ao pensamento político, que deve verificar pretensões e limites de legitimidade da vida pública, dos conteúdos que nela atuam e entram em conflito, buscando as linhas ao longo das quais as soluções podem ser encontradas.[53]

O que nos interessa neste curso dedicado não a toda a obra de Locke e nem mesmo a toda a obra ética e política, mas ao estudo da relação entre Locke e a corrente do jusnaturalismo, é destacar em que medida os *Dois tratados* estão enraizados na tradição jusnaturalista e o quanto sua expressão é representativa e, de certo modo, exemplar. Evoquemos por um momento o que dissemos na primeira parte sobre o jusnaturalismo, no ponto em que acreditamos poder concluir que ele

---

52. Laslett (ed.). *Op. cit.*, p. 85.
53. Viano. *John Locke. Op. cit.*, p. 273.

está caracterizado por determinada *teoria da ética* (§ 9) e por determinada *função histórica* (§ 11).

O jusnaturalismo como teoria consiste na constante e repetida (mas, no nosso modo de ver, jamais realizada) tentativa de fundamentar as supremas regras da conduta humana (morais, jurídicas, sociais) em alguns dados objetivamente constatáveis (e, portanto, não suscetíveis de variações subjetivas) da natureza humana. Pois bem, a teoria política de Locke é, nesse sentido, uma teoria objetivista da ética, ao partir da observação das inclinações e das necessidades naturais do homem, isto é, das inclinações e das necessidades que se manifestam no estado pré-social, e pretende construir sobre essa base o castelo de todas as regras em cujo âmbito a convivência social está contida.

Quanto à função histórica do jusnaturalismo, insistimos no lugar devido, sobretudo, em um ponto: o jusnaturalismo foi o caminho pelo qual passaram as várias concepções que afirmaram os limites do poder estatal. Pois bem, a construção política de Locke obedece à ideia principal de que o bom governo é o que nasce com limites insuperáveis, e esses limites são dados pelo fato de que as leis políticas vêm depois das leis naturais e estão, por assim dizer, a serviço destas. A teoria política de Locke é um monumento erguido às leis naturais que presidem a formação das principais instituições que regulam a vida do homem e de que as leis positivas são apenas reflexo. O núcleo do pensamento político de Locke está todo nesta afirmação: a força do governo consiste exclusivamente em fazer respeitar *"as leis positivas da sociedade, estabelecidas em conformidade com as leis de natureza"*.[54] O princípio e o fim do bom governo residem, portanto, no respeito às leis naturais. Como consequência, o fim último da filosofia política é descobrir a essência das leis naturais e, com base nessas leis, estabelecer as condições e os limites do poder político.

É a essa tarefa, precisamente, que Locke se propôs nos *Dois tratados*, que examinaremos mais de perto na parte seguinte.

---

54. Pareyson (ed.), p. 164.

PARTE III
O DIREITO NATURAL
E O GOVERNO CIVIL

22. Natureza dos *Dois tratados*

O propósito desta terceira parte é expor o pensamento político lockiano, tal qual resulta do exame, principalmente, do *Segundo tratado*, com referência contínua à sua matriz, que é a lei de natureza, investigada, descoberta, jamais negligenciada, verdadeiro fundamento estável de toda a construção.

Esse tratado lockiano é essencialmente o delineamento de um modelo de constituição a ser contraposto a outros modelos, recorrentemente propostos no curso do pensamento político, em particular ao modelo do governo paternalista e do governo despótico. Trata-se de obra que, não obstante se apresente, como de resto a hobbesiana, sob forma de descrição objetiva do que acontece ou aconteceu, tem intento e valor essencialmente *normativo*.

Como toda teoria ética ou política, o tratado lockiano também resolve-se na enunciação de uma finalidade (ou de várias finalidades convergentes) e na busca dos meios mais adequados para alcançá-la. Ora, uma ética ou política de feitio jusnaturalista é uma ética ou política que recorre: a) à *natureza* do homem para descobrir o fim ou os fins a alcançar; b) às condições e qualidades *naturais* do homem para estabelecer de qual modo os seres humanos, com tais condições e tais qualidades, podem alcançar o fim ou os fins estabelecidos. Sabe-se que uma lei natural, a qual estabeleça uma relação constante entre certa condição e certa consequência, pode ser transformada em regra de conduta (do tipo das normas hipotéticas: "Se queres A, deves B") quando se considera a consequência como fim e a condição como meio. A sociedade civil é condição necessária para a conservação do homem. Se se estabelece a conservação como fim (natural) do homem e a sociedade civil como meio necessário, da constatação de fato segundo a qual a sociedade civil tem por consequência a conservação extrai-se a regra suprema de uma política racional: "se queres alcançar a conservação da espécie humana, deves querer a sociedade civil". Qual sociedade civil? Podem existir variadas espécies dela: a partir daí a pergunta principal articula-se em outras mais particulares que produzem os problemas singulares que habitualmente são tratados em uma teoria política. Geralmente, procede-se antes por regras negativas (proibições) do que por regras positivas. Parte-se da constatação dos males que perturbam a convivência; buscam-se suas causas. E, a seguir, formula-se a regra de conduta: "se se quer evitar aquele mal, é preciso eliminar as condições que o produzem". Desse tipo é a investigação, de que frequentemente partiram os jusnaturalistas, sobre o estado de natureza.

O principal alvo polêmico de Locke é o *despotismo*, o governo baseado não no consentimento, mas na força. Portanto, deve-se demonstrar: 1) por que tal governo é um mal; 2) como pode ser evitado. Quanto ao primeiro ponto, trata-se de demonstrar que vai de encontro ao fim último pelo qual o homem se reúne em sociedade com os outros homens; quanto ao segundo, trata-se de encontrar técnicas de convivência (instituições) adaptadas ao alcance do fim último proposto. Certamente, toda a investigação está condicionada pela escolha do propósito último: se este é a ordem ou a paz, mesmo o governo despótico pode servir; se, ao contrário, é a liberdade ou a conservação dos próprios haveres, o governo despótico, em vez de ser garantia, pode transformar-se em contínua ameaça. A obra lockiana pode ser toda ela reescrita sob forma de regras técnicas para os cidadãos que constituem um governo: como devem comportar-se se querem viver em paz, liberdade e segurança.

Como obra essencialmente normativa, o tratado lockiano não é obra de ciência política como se poderia entender hoje – de observação e descrição de comportamentos ou fenômenos pertencentes à esfera da política. Não se propõe só a conhecer a verdade efetiva, mas a transformá-la em certa direção, segundo certas escolhas, obedecendo à inspiração de certos valores últimos. Mas, apesar de obra com intenções prescritivas, não deve ser confundida com as preceptísticas políticas, gênero literário assaz difundido no Renascimento contendo regras de conduta para o bom príncipe, o bom cortesão, o bom ministro ou governador etc. Mais do que coletânea de preceitos, essa obra de Locke é a descrição e a explicação de nexos causais ou de condicionamento entre eventos de que se podem deduzir regras de conduta. E tais regras têm por destinatário não tanto o príncipe quanto o cidadão (recordem-se, de resto, os ilustres precedentes do *De Cive*, de Hobbes, e do *De officio hominis et civis* [Os deveres do homem e do cidadão], de Pufendorf). Insere-se na literatura, copiosa na Inglaterra, relativa à teoria e à práxis de uma constituição, em que a ênfase recai mais nos problemas de reforma do que nos de interpretação de dada constituição, motivo pelo qual também se diferencia de um tratado comum de direito constitucional. Por fim, quando se fala de problemas de reforma, pretende-se destacar a diferença entre esta obra e as descrições de ótimas repúblicas ou utopias, tão frequentes nos séculos XVI e XVII. Locke não inventa um estado ideal a contrapor o real: parte da situação real inglesa com todas as suas virtudes e seus inconvenientes e tenta ajustá-la na direção percorrida naquele tempo por um dos dois partidos existentes, o partido *whig*. Sua obra, apesar da evocação de princípios supremos, é obra imediatamente política, como se verá melhor na seção seguinte.

O sentido e a natureza dessa obra ressaltam claramente, de resto, alguns trechos programáticos. Leia-se, por exemplo, o *Primeiro tratado*, no § 106:

> O grave problema, que em todos os tempos atormentou os homens e lhes ocasionou a maior parte dos flagelos que arruinaram as cidades, despovoaram os países e perturbaram a paz no mundo, não é saber *se existe um poder nem de onde provém, mas quem deve tê-lo* (*who should have it*).[1]

Bem se vê aqui que a intenção de Locke não é observar o que acontece em geral nas sociedades humanas, mas estabelecer como devem ser

---

1. *Op. cit.*, p. 176.

governadas. Existem governos e governos. Nem todos os governos são bons. Um poder, salvo nas situações extremas de anarquia, existe sempre. O que importa é saber *quem deve tê-lo*. Mesmo o governo baseado na força é *de fato* um governo. Mas será um governo correspondente à *natureza* do homem, isto é, aos fins a que o homem se propõe constituindo a sociedade civil e que se podem deduzir da observação da sua natureza? A referência à lei natural é a referência a um princípio objetivo que deve servir para distinguir o que é um bem e o que é um mal, o que deve ser aprovado e o que deve ser rechaçado. Imediatamente a seguir, Locke escreve que estabelecer quem deve governar equivale a estabelecer *quem tem o direito de governar (who has a right to have it)*, em outras palavras, qual é o *fundamento de legitimidade* do poder. E essa é a tarefa – explica Locke sempre na mesma passagem – do *reformador da política (Reformer of Politics)*. Se essa definição de reformador da política no trecho em questão é referida a Filmer, não há razão para não referi-la ao próprio Locke, que se coloca no mesmo plano do adversário para refutar sua teoria sobre o fundamento de legitimidade do poder e substituí-la por uma teoria diversa, apoiada não mais na interpretação mais ou menos correta de passagens das Sagradas Escrituras, mas em desapaixonada observação da natureza do homem. Não poderíamos definir melhor Locke a não ser usando suas próprias palavras: ele é ou se apresenta como *reformador da política*.[2]

Esse intento reformador evidencia-se nas primeiras páginas do *Segundo tratado*:

> Quem não quer promover a opinião de que todo governo no mundo é só o produto da força e da violência e de que os homens convivem com normas não diversas daquelas dos animais [...] *deve necessariamente descobrir outra fonte para o governo*, outra origem para o poder político e outro

---

2. Outras passagens no mesmo sentido: "Não se deve esquecer que o problema central é [...] quais pessoas têm direito à obediência, não saber se existe um poder que deva ser chamado paterno sem que se saiba em quem resida" (I, 122); "E por isso toda aquela azáfama em torno da paternidade de Adão [...] não contribui em nada para estabelecer o poder de quem governa ou determinar a obediência dos súditos que devem obedecer, se estes não sabem dizer a quem devem obedecer ou não se sabe quem deve governar e a quem obedecer" (I, 125).

modo para designar ou reconhecer as pessoas que o detêm sem ser o que sir Robert Filmer nos indicou.[3]

Observe-se essa tomada de posição lockiana desde as primeiras linhas contra o poder baseado na força, que é o poder despótico, o poder que tem o senhor sobre os escravos, e que deve ser distinguido tanto do poder paterno, isto é, do poder que tem o pai sobre os filhos, quanto do poder civil, que é o poder do governante sobre os governados. Como se verá no capítulo XV do *Segundo tratado* – capítulo chave dessa grande obra –, três são as formas de poder que um homem pode ter sobre os outros homens, o poder *paterno*, o poder *civil* e o poder *despótico*. Muito frequentemente se confundiu o poder civil ora com o primeiro, ora com o terceiro – reduziu-se o poder do governante ao poder do pai ou do senhor. O propósito principal de Locke é mostrar que *o poder civil deve ser distinguido tanto de um quanto de outro*, porque tem diferente fundamento de legitimidade, que é tarefa justamente do reformador da política descobrir e reconstruir. Uma antecipação da longa discussão a seguir já está apresentada no § 2, em que se afirma que "o poder do magistrado sobre o súdito pode distinguir-se daquele do pai sobre os filhos, do senhor sobre os fâmulos, do marido sobre a mulher e do nobre sobre os servos", e conclui-se com uma frase que se pode considerar de certo modo como o sumário da obra:

> Como todos estes poderes distintos se encontram às vezes juntos em uma mesma pessoa, se considerarmos essa pessoa sob tais diferentes relações, isso pode ajudar-nos a distinguir estes poderes um do outro e mostrar a diferença entre *um governante de sociedade política, um pai de família e um capitão de galera*.[4]

Dessas passagens, além disso, depreende-se que o objeto principal de uma teoria política é o problema do *poder*, das suas várias formas, da sua origem, do seu fundamento. Com base nesse objeto, podemos bem distinguir seis temas fundamentais pelos quais se desenvolverá nossa ex-

---

3. *Op. cit.*, p. 238.
4. *Ibid.*

posição. Começaremos por uma descrição do *estado de natureza*, em que surgem os *poderes naturais* do homem (os chamados direitos naturais). Analisaremos a seguir o poder que o homem tem sobre as coisas, que dá origem ao *direito de propriedade*. Trataremos ainda dos três diferentes poderes típicos que o homem pode ter sobre os outros homens: o *poder familiar*, o *poder despótico* e o *poder civil*. Terminaremos com o exame dos direitos dos cidadãos que se encontram sujeitos a um governo, por uma razão ou outra, despótico: do *direito de resistência* ou de *desobediência civil*, que é em parte um retorno ao estado de natureza, fechando o ciclo.

23. Quando foram escritos os *Dois tratados*

Por um longo tempo, os *Dois tratados*, publicados, como já se disse, em 1690, no retorno de Locke à Inglaterra, depois da temporada holandesa, foram considerados como justificação póstuma da gloriosa e pacífica revolução de 1688, que levou ao fim da dinastia dos Stuarts, à ascensão ao trono de Guilherme de Orange, ao início da nova forma de convivência entre Rei e Parlamento, que constituiria a seguir o célebre e afortunado modelo da monarquia constitucional. A revolução de 1688 definitiva e finalmente inclina o fiel da balança em favor do Parlamento: certamente um dos traços salientes do *Segundo tratado* é a afirmação da subordinação do poder executivo ao poder legislativo e a repetida consideração do poder legislativo como o poder supremo do Estado. Para corroborar a tese de um Locke filósofo póstumo da segunda revolução contribui o próprio Locke, o qual, desde as primeiras linhas do "Prefácio" (este, sim, escrito no momento da publicação), expressa a esperança de que sua obra servisse:

> [...] para estabelecer o trono do nosso grande renovador e atual rei Guilherme, fundamentar a validade do seu título no consentimento do povo, que é o único título de todos os governos legítimos [...], e justificar diante do mundo o povo inglês, cujo amor pelos seus próprios justos e naturais

direitos, junto com a decisão de conservá-los, salvou a nação quando já estava prestes a precipitar na escravidão e na ruína.[5]

Antes ainda de um exame textual mais cuidadoso da obra, assim como da descoberta e da leitura atenta dos papéis inéditos, que induziam a se rever a opinião tradicional, era em geral pouco crível que um homem tão lento e circunspecto em colocar no papel de modo definitivo o próprio pensamento, tão temeroso do público a ponto de chegar ao limiar da velhice sem ter mandado imprimir nenhuma das suas obras, escritas em segredo, comunicadas aos amigos, discutidas em pequenos cenáculos de especialistas, pudesse ter redigido em poucos meses, de volta do exílio (recordemos que voltara à Inglaterra em fevereiro de 1689), em um ano agitado por causa dos acontecimentos externos e das dificuldades de adaptação à nova vida na pátria depois de longa ausência, enquanto estava às voltas com a publicação de uma obra de dimensão imponente como o *Ensaio* (que sai também em 1690), os dois tratados sobre o governo, tal como os temos agora. Acrescente-se que no mesmo "Prefácio" Locke apresenta sua obra como a primeira e a última parte de uma obra mais ampla, cujas partes intermediárias foram perdidas por destino adverso. Se era pouco crível que Locke tivesse escrito uma obra como a que temos diante dos olhos em poucos meses, era ainda menos crível que em poucos meses tivesse tido o tempo de escrever outra ainda mais ampla e, também, de perdê-la em boa parte.

Nestes últimos anos de crítica lockiana, dúvidas sobre a data de redação dos *Dois tratados* foram levantadas, novas conjecturas propostas. Mas só Laslett, na "Introdução", já recordada à edição crítica da obra, desembaraça-se em definitivo do que já se pode chamar de lenda de um Locke teórico da revolução de 1688, e, com um exame crítico de todas as teses até agora defendidas e dos argumentos aduzidos para sustentá-las, prova que os *Dois tratados* devem ter sido escritos uma dezena de anos antes da publicação.

As primeiras dúvidas foram levantadas em relação à escrita do *Primeiro tratado*, que é uma refutação minuciosa do livro primeiro do

---

5. *Op. cit.*, p. 63.

Patriarcha, de Filmer. O *Patriarcha* foi publicado em 1680, póstumo (Filmer morrera em 1653), em duas edições; e suscitou na época do seu aparecimento grande rumor, não tanto pelo valor da tese e a validade dos argumentos quanto pelo significado político que essa exumação naquele momento particular assumia. Era um lance do jogo político que os grupos mais conservadores, ligados à monarquia, tentaram realizar mais ou menos habilmente para afirmar o próprio lado contra o dos adeptos do parlamento, em particular contra os seguidores de Shaftesbury, de que Locke também fazia parte. O propósito de Filmer era demonstrar que não havia outro governo legítimo a não ser o monárquico: o argumento principal para sustentar essa tese estava na estranha afirmação de que o poder soberano fora transmitido por Adão aos seus descendentes e, portanto, aos patriarcas, e de que, em última análise, o poder do monarca era apenas uma forma do poder paterno. A melhor prova de que a publicação póstuma do *Patriarcha* teve seu efeito de ruptura ou de escândalo é dada pelo fato de que os adversários se preocuparam em demoli-la: no § 13 mencionamos as obras de Tyrrell e de Sydney.

Mas passados dez anos, afastada a monarquia, cujos adeptos mais reacionários acreditaram poder servir-se de um ponto de apoio tão pouco sólido quanto a teoria paternalista da soberania, qual ressonância ainda podia ter uma obra como a de Filmer, cuja labareda ardeu pelo tempo da ocasião histórica que lhe forneceu a fagulha? Enquanto podia haver boas razões para que um amigo de Shaftesbury, como Locke, tomasse da pena para refutar as teses de Filmer quando estas foram postas em circulação, não havia propriamente mais nenhuma para perder tempo em um período da sua vida em que o tempo devia ser muito precioso para demolir uma ruína. Em suma, que o *Primeiro tratado* não tivesse sido escrito quando foi publicado, mas muitos anos antes, provavelmente no momento da publicação do *Patriarcha*, já estava claro aos mais recentes estudiosos de Locke. Entre outras coisas, só considerando essa obra polêmica como um escrito ocasional era possível explicar o fato, de outro modo pouco justificável, de que, querendo tomar posição contra a teoria absolutista do poder, Locke houvesse enfrentado um pigmeu, como Filmer, e não combatido de igual para igual o gigante que era Hobbes. É provável que Locke, se o escolhesse, teria sido medido com o autor do *Leviatã*: a verdade é que o adversário lhe foi imposto pelas circunstâncias. Mas, exatamente, as circunstâncias que o impuseram apresentaram-se em torno de 1680 e não dez anos depois.

Admitida a retrodatação do *Primeiro tratado*, restava por estabelecer a redação do *Segundo*. É nesse ponto que a crítica de Laslett exerceu-se com extrema sutileza e levou a resultados em parte novos e dificilmente contestáveis. Entre as observações novas de Laslett, a mais importante é a seguinte: também o *Segundo tratado*, que habitualmente se considerava como refutação de Hobbes (ainda que Hobbes não seja nunca nomeado), está dirigido contra Filmer. Laslett nos faz perceber sensivelmente, em muitos pontos, que as frequentes alusões polêmicas contra a teoria oposta só se tornam mais claras quando, por trás dessa teoria, veem-se antes os argumentos de Filmer do que os de Hobbes. Efetivamente, como acabamos de dizer, o alvo polêmico do *Segundo tratado* é a teoria paternalista e despótica do governo. E a teoria paternalista ou despótica do governo era a teoria filmeriana: Hobbes defendera o poder absoluto, sim, mas com outros meios. Era por demais moderno, audacioso e racionalista para repescar argumentos em favor de uma tese, fosse qual fosse, no ferro-velho da interpretação baseada nas Escrituras. Hobbes fundamenta o poder absoluto valendo-se do argumento mais coerente com um discurso racional, o único argumento que poderia lançar contra os adversários: o contrato social. Locke sabia disso muito bem: suas relações com Hobbes remontam à juventude, quando, como dissemos ao comentar os dois primeiros escritos sobre o magistrado civil, imitava o autor do *Leviatã*. Em seguida, não o citará mais e até negará tê-lo alguma vez lido. Mas, não obstante a passagem da teoria da obediência para a oposta, jamais o repudiará inteiramente. Também no *Segundo tratado*, como veremos, existem elementos hobbesianos. Enquanto Filmer é o adversário a quem se combate, ou melhor, o bode expiatório, Hobbes é o adversário com quem se debate, com quem, recorrentemente, ainda quando se combate, é preciso estabelecer compromissos.

À parte as circunstâncias, Filmer era o adversário a combater também por outra razão: os partidários do absolutismo monárquico escolheram Filmer como seu advogado de defesa, como vimos; mas jamais aceitariam colocar-se nas mãos de um advogado como Hobbes, certamente não em odor de santidade. A amizade com Hobbes era pouco vantajosa e até perigosa. Antes de mais nada, Hobbes sustenta, decerto, a teoria do poder absoluto, mas não identifica o poder absoluto com o poder do rei. Para Hobbes, qualquer poder, fosse do rei ou de uma assembleia, devia ser absoluto: se não fosse absoluto, não era poder. Que este poder absoluto fosse mais bem exercido por um rei do que por uma assembleia era, para Hobbes, que escrevera um livro de teoria política e não um libelo a favor dos realistas, argumento secundário. Secundário a ponto de não se poder resolver com argumentos demonstrativos e, portanto, imperiosos, mas só com argumentos de oportunidade. E, afinal, tão pouco decisivo a ponto de ele mesmo não esperar a restauração monárquica para voltar à pátria, mas a esta voltar sob as asas protetoras do governo de Cromwell. Em segundo lugar, Hobbes cometera o erro, diante do partido realista, de casar uma teoria absolutista do poder com uma teoria racionalista e, pior do que racionalista, materialista em teoria do conhecimento e da realidade, determinista em ética e ateísta ou inclinada para o ateísmo em metafísica. Como se escreveu recentemente, Hobbes foi a besta negra na sociedade inglesa do seu tempo[6] (como Maquiavel no século precedente), ora instigador dos libertinos, ora corruptor dos costumes, ora perverso subversor da religião, verdadeiro *diabolus incarnatus* [diabo encarnado]. Justamente durante a restauração monárquica, por volta de 1666, já velho e inofensivo, esteve prestes a ser atingido por uma acusação de ateísmo, da qual se defendeu escrevendo uma das suas últimas obras. Como se vê, não era companheiro bem-vindo nem entre os partidários do rei, os quais tinham como aliado natural o clero e estavam fadados a se apoiar, mesmo então (como sempre),

---

6. S. I. Mintz. *The Hunting of Leviathan*. Cambridge University Press, 1962, p. VII.

na igreja constituída. Não havia razão, propriamente não havia razão, para que Locke se empenhasse em refutar um autor cujas doutrinas queimavam a mão de quem quer que tentasse empunhá-las como uma espada e que se pusera por si mesmo à margem da sociedade da gente de bem.

Se, pois, o *Segundo tratado* se dirigia contra Filmer, tudo levava a crer que tivesse sido escrito junto com o primeiro. Seria verdadeiramente estranho que Locke escrevesse uma refutação de Filmer por volta de 1680 e, dez anos depois, expondo sua teoria política, temperasse-a com alusões filmerianas de fato pouco pertinentes e atuais. E assim, uma vez retrodatado o *Primeiro*, Laslett se viu forçado a também retrodatar o *Segundo*. Essa tese é corroborada também por argumentos textuais, dois dos quais, que me parecem mais interessantes, reproduzo: a) na primeira edição do *Segundo tratado*, Locke cita duas vezes "Rei Jaime" (§§ 133 e 200) sem nenhum acréscimo, querendo referir-se a Jaime I. Ora, a citação, por si mesma clara se feita em torno de 1680, quando Jaime II ainda não subira ao trono (subirá em 1685), seria ambígua se o *Segundo tratado* tivesse sido escrito em 1689, tanto é verdade que as duas passagens foram em seguida corrigidas na segunda edição de 1694; b) um dos problemas que mais preocupam Locke é o relativo à convocação e à dissolução do Parlamento: ora – observa Laslett –, esse problema era particularmente vivo nos anos entre 1678 e 1681, ao passo que não o era nos anos de Jaime II.

Depois de esclarecer que os dois tratados foram escritos em conjunto, e em torno de 1680 e não de 1690, Laslett dá mais um passo à frente na demolição da lenda, mas esse último passo me parece um tanto imprudente. Sustenta que os dois tratados foram escritos em conjunto, sim, mas não na ordem em que Locke os fez publicar, mas na inversa: o *Segundo tratado* antes do *Primeiro*. Em apoio a essa tese aduz um argumento lógico e outro textual. O argumento lógico consiste em dizer que, para escrever a crítica de um texto, é preciso antes ter elaborado a própria doutrina; mas esse argumento vale pouco, uma vez que Locke podia muito bem ter em mente as linhas principais da sua teoria de governo baseado no consentimento e na subordinação do poder executivo ao poder legislativo (linhas programáticas, de resto, que eram comuns no ambiente político por ele frequentado), quando se pusera a criticar Filmer, sem por isso tê-las exposto por escrito. O segundo argumento consiste na observação de que, enquanto no *Primeiro tratado* as citações de Filmer são todas extraídas do *Patriarcha* de 1680 e dos outros escritos filmerianos publicados no mesmo ano, na única vez em que Filmer é citado no *Segundo* (§ 22), a citação do número da página só é exata se se refere a uma edição das *Observations on Aristotle* de 1679. Isso pretenderia provar que, quando Locke escrevia o futuro *Segundo tratado*, servia-se da edição de uma obra de Filmer precedente à utilizada na parte crítica, que se tornará o *Primeiro tratado*. O argumento é sutil. Mas será suficiente? Limito-me a observar que essa passagem se encontra em uma das primeiras seções do *Segundo tratado*: como tal não constitui prova para o resto da obra.

Seja qual for a solução que se queira dar ao problema da relação recíproca entre os dois tratados, resta já assentado que foram escritos simultaneamente e não, certamente, no retorno de Locke do exílio holandês, mas aproximadamente nos anos que vão do retorno da França à partida para a Holanda (1679-1683). De tal modo, desaparecida a lenda de um Locke teórico da segunda revolução, é preciso encontrar outras razões para a obra. Vimos que os anos em torno de 1680 foram aqueles em que Shaftesbury realizou as últimas e desesperadas tentativas de retomar a fortuna política que o abandonara e de revigorar o partido dos *whigs*, derrotado em 1683. Mais uma vez na Inglaterra, a grande batalha política explodia entre partidários da supremacia do rei e partidários da supremacia do parlamento. Apesar da audácia política de Shaftesbury, o partido *whig* sofre naqueles anos dura derrota, tanto que de 1681 até 1685 o parlamento não mais será convocado. O programa do partido *whig* girava em torno da defesa dos direitos do parlamento, da subordinação do poder executivo ao poder legislativo, de maior defesa dos direitos de liberdade religiosa em face do Estado e da igreja oficial. Essas linhas programáticas constituem o núcleo da teoria política de Locke, como veremos. Empenhado ativamente na luta política daqueles anos, sentiu evidentemente a necessidade de dar à vitória da sua parte a contribuição mais adequada ao seu engenho. Não diferentemente de outros escritores do seu círculo, como Tyrrell e Sydney, mas com mais ordem e completude, com fundamentos mais sólidos, construiu, sob a inspiração daquele programa, toda uma teoria de governo que deveria constituir ponto de referência, talvez, para uma obra de reforma imediata ou para uma batalha política iminente (mas não daria importância demasiada ao resultado político que Locke podia esperar do seu escrito) e que se tornou, no entanto, separada da ocasião que a produzira (separada a ponto de se acreditar até pouco tempo atrás que a ocasião fosse outra), o modelo mais ilustre, mais discutido e seguido, do Estado liberal e democrático, a obra mais completa e afortunada do constitucionalismo moderno.

Cranston escreve:

> Dizer que os *Dois tratados* foram originariamente escritos em torno de 1681 não significa negar que tenham sido *pièce d'occasion*, mas sustentar que foram *pièce* de ocasião diferente: uma obra escrita não depois do evento para justificar uma revolução, mas antes do evento para promover uma revolução.[7]

Isso não exclui que agora tenham validade para nós, independentemente da ocasião para a qual foram escritos: têm validade por causa do modo e dos argumentos com que é elaborada uma teoria de governo que teve ilustre descendência e ainda está presente, por alguns dos seus elementos essenciais, nas nossas constituições.

À exposição dessa teoria de governo serão dedicadas as seções seguintes.

24. Sobre a noção de estado de natureza

A teoria política de Locke começa com a descrição do estado de natureza (capítulo II do *Segundo tratado*); um início claramente hobbesiano.

---

7. M. Cranston. *John Locke. Op. cit.*, p. 208.

De fato, Hobbes também partira do estado de natureza (capítulo I do *De Cive*); e fora em seguida imitado por Pufendorf (Livro II, capítulo 2 do *De iure naturae et gentium* [O direito de natureza e dos povos], e Livro II, capítulo 1 do *De officio hominis et civis* [Os deveres do Homem e do Cidadão]). O conceito de estado de natureza não era de modo algum desconhecido antes de Hobbes; mas só Hobbes dele fizera elemento essencial do sistema. Do ponto de vista do procedimento construtivo, a imitação lockiana de Hobbes me parece evidente. E, como veremos, mesmo na substância Locke é mais hobbesiano do que ele gostaria que se acreditasse.

Por estado de natureza compreendia-se o estado em que o homem se encontrara ou se teria encontrado em determinadas circunstâncias sem o socorro de um poder civil, sem nenhuma outra orientação a não ser a das leis naturais. Estado de natureza e lei natural eram conceitos estreitamente ligados: como se contrapunha a lei natural às leis civis, assim também se contrapunha o estado de natureza ao estado civil. A variedade das teorias políticas inspiradas no jusnaturalismo decorre em grande parte do modo diverso por que se resolve o contraste entre estado de natureza e estado civil.

Essa noção jurídico-política de estado de natureza deve ser distinguida da noção teológica, pela qual estado de natureza se contrapõe não a estado civil, mas a estado de graça. Mas, por mais profundamente distintas que sejam as duas noções e as implicações que delas derivam, têm em comum a designação de um estado do homem que é, por si só, insuficiente para abraçar na sua complexidade toda a condição humana e requer um remédio, uma complementação ou um aperfeiçoamento tanto para quem põe além do estado de natureza o estado de graça quanto para quem põe além do estado de natureza o estado civil. O homem não se esgota todo na natureza; deixado só a si mesmo, abandonado à sua natureza, está destinado a se perder. A graça redime-o do pecado, o Estado, da violência. Nas condições mais radicalmente laicas do estado de natureza, em que inexiste qualquer referência à salvação pela graça, a sociedade civil, em que o homem se refugia para escapar da insegurança do estado de natureza, *substitui a graça*: o homem só se salva no Estado e por meio do

Estado. (Essa concepção radical das relações entre estado de natureza e estado civil é a matriz do hodierno totalitarismo, cuja raiz filosófica está na ideia de que o indivíduo é nada, o Estado é tudo, por isso o indivíduo, só ao resolver-se totalmente no Estado, supera a desordem das paixões e da violência).

Quanto à noção jurídico-política do estado de natureza, a única que aqui nos interessa, repete-se habitualmente que a grande distinção deve ser feita entre concepções otimistas – segundo as quais o estado de natureza é um estado de paz, liberdade, bem-estar etc. – e concepções pessimistas – segundo as quais o estado de natureza é um estado de guerra, opressão, miséria etc. Hobbes seria o protótipo destas; para encontrar um protótipo igualmente característico daquelas será preciso esperar Rousseau. Mas a ideia de um estado de natureza era bastante mais complexa porque implicava, e até exigia, simultânea presença e contraposição entre estado de natureza boa e estado de natureza má, segundo se entendesse por natureza uma regra ideal sempre buscada, mas jamais plenamente alcançada, da conduta humana, ou uma situação real, historicamente verificável. Por sua vez, a distinção e a contraposição tão frequentes nos escritos dos jusnaturalistas entre estado de natureza bom e estado de natureza mau eram a laicização da distinção teológica entre *status naturae integrae* [estado de natureza íntegra] e *status naturae lapsae* [estado de natureza decaída], o primeiro próprio do homem antes do pecado original, o segundo, depois da queda. Partindo dessa distinção, não fazia muito sentido propor o problema de saber se a natureza era boa ou má antes de responder a uma pergunta preliminar: qual natureza?

Hobbes, por certo, só conhecera uma, aquela dominada pelas paixões, pelos instintos, pelo egoísmo, isto é, a má, e acreditara poder indicar como única salvação para o homem o Estado. Mas a maior parte dos escritores, menos radicais do que o brusco e logicamente consequente autor do *Leviatã*, enquanto perscrutavam a natureza segunda (a real), não perdiam de vista a natureza primeira (a ideal). Se os homens fossem como deveriam ser, o estado de natureza seria o estado perfeito e não haveria necessidade de outro. Como os homens são o que são, o estado de natureza degenera em estado de convivência miserável e precária, e é preciso, quando não eliminá-lo, pelo menos corrigi-lo. Mesmo quem já prescindia, de modo racionalista, da concepção teológica da dupla natureza, antes do pecado e depois do pecado, não podia esquecer que a situação histórica que habitualmente se chamava "estado de natureza" – por exemplo, o estado em que se encontravam os povos primitivos contrapostos aos povos civilizados, ou aquele em que se encontravam permanentemente os Estados nas suas relações recíprocas, ou aquele em que se encontrassem excepcionalmente os indivíduos de um Estado em período de guerra civil – não era nada feliz e de maneira nenhuma digna da "natureza" do homem, isto é, do que os homens deveriam e poderiam ser se tivessem seguido sua vocação de seres racionais.

Se não se leva em conta esse duplo conceito de natureza – natureza, repito, como ideia reguladora e natureza como realidade efetiva da condição humana –, não se consegue bem compreender a ambiguidade da teoria lockiana do estado de natureza, que, à diferença da hobbesiana, toda negativa, é ao mesmo tempo positiva e negativa. Só tendo bem presente essa duplicidade da ideia de natureza consegue-se compreender o significado da passagem do estado de natureza para o estado civil, como o entende Locke: essa passagem não implica total eliminação do estado de natureza, como acontece claramente em Hobbes, mas sua recuperação, pelo menos nos limites em que isso é possível ao homem histórico. O significado da teoria lockiana do governo reside justamente na demonstração de que o poder civil é o único modo não certamente de instaurar o estado de natureza ideal, mas de permitir a sobrevivência das leis naturais, tal como compatível com a natureza real do homem. Não diferente será o problema de Rousseau, ainda que o governo civil seja para ele não tanto a recuperação do estado de natureza quanto um novo estado que recompõe a natureza humana corrompida pela civilização.

Resumindo: de uma concepção inteiramente pessimista do estado de natureza, como a de Hobbes, só podia derivar uma exaltação do *homo artificialis* [homem artificial], isto é, do poder político, em que o indivíduo se resolvia todo, quase sem resíduo, no súdito. De uma concepção inteiramente otimista não se poderia extrair nenhuma conclusão política, em palavras simples, nenhuma justificação do Estado: de fato, se o homem fosse capaz de viver pacificamente no estado de natureza, que necessidade teria de instituir a sociedade civil? Voltando ainda por um momento à tradição teológica, Adão e seus descendentes no Paraíso terrestre teriam talvez necessidade de um Estado? Finalmente, de uma concepção ao mesmo tempo positiva e negativa, como a lockiana, podia extrair-se – considerando o aspecto negativo do estado de natureza – uma justificação do estado civil e – considerando o aspecto positivo – uma teoria do Estado que, à diferença da hobbesiana, não fosse a antítese do estado de natureza, mas sua parcial realização, a única humanamente possível.

Uma das características do pensamento hobbesiano era a de combater seus adversários valendo-se dos seus argumentos e voltando-os contra eles. Típico o uso que fez do contrato social, de que se valeu como instrumento do absolutismo. Mas também a manipulação do estado de natureza não foi feita com menos habilidade. O estado de natureza será um estado de liberdade e igualdade, à diferença do estado civil, que é um estado de domínio e desigualdade? Hobbes não o nega. Pois bem, precisamente porque é um estado de liberdade e igualdade, o estado de natureza, segundo Hobbes, é um estado intolerável e deve ser suprimido. O que significa dizer que os homens, exatamente por serem o que são, só podem viver acorrentados. Veja-se o que diz Hobbes da igualdade natural justamente em uma das primeiras seções do *De Cive*: a igualdade de natureza é considerada, junto com o desejo mútuo de se fazer mal, uma das causas do temor recíproco que torna tão instável e tão pouco satisfatório o estado de natureza. Hobbes define iguais "os que podem realizar, um contra o outro, os mesmos atos; e quem pode realizar em relação ao seu semelhante a ação extrema, isto é, matar, pode tudo o que os outros podem" (I, 3). Que os homens sejam iguais por natureza, portanto, não é sorte, mas desgraça: sentindo-se iguais, não encontram freio para sua perversidade e são induzidos a se prejudicarem. Só a desigualdade, pondo alguns em cima e outros embaixo, consegue domesticá-los, permite-lhes viver juntos sem se dilacerarem como animais ferozes. Não diferente é o discurso que se deve fazer quanto à liberdade, se não for ainda pior. Por liberdade em sentido jurídico Hobbes entende, aliás corretamente, a faculdade de fazer tudo o que não é comandado ou proibido pelas leis (a esfera das coisas indiferentes, segundo o que dissemos ao explicar os dois primeiros escritos juvenis de Locke): *libertas* [liberdade] é para Hobbes sinônimo de *ius* [direito], contraposto a *lex* [lei]. "O direito" – diz – "é precisamente a liberdade natural, não contemplada pelas leis e, portanto, não regulada" (XIV, 3). Ora, em que consiste a *libertas* ou o *ius*, próprio do estado de natureza? Hobbes responde que o homem, todo homem, tem no estado de natureza um *ius in omnia*, um direito (potencial) sobre todas as coisas. Imediatamente, parece condição estupenda; o que é que se pode querer mais? Mas, considerando as coisas com um pouco mais de atenção, percebemos que a condição dessa liberdade ilimitada é menos desejável do que pode parecer à primeira vista. No estado de natureza, como vimos, todos os homens são iguais. Não só fisicamente, mas também juridicamente. Daí se segue que o direito sobre todas as coisas pertence não só a mim, mas a todos os outros. Portanto, todos têm direito sobre tudo! Mas, se é assim, não posso apoderar-me de uma coisa sem que outro, todos os outros, se sintam lesados no seu direito igual sobre a mesma coisa. Uma situação verdadeiramente paradoxal e intolerável: o exercício de um direito meu é sempre, ao mesmo tempo, a lesão de um direito alheio. Não é difícil compreender que um estado desse tipo, em que não é possível fazer nenhuma distinção entre o lícito e o ilícito, uma vez que todo ato lícito é também ilícito e vice-versa, seja um estado de guerra perpétua. Hobbes estava a tal ponto convencido disso que pôs sob os olhos do seu protetor, o conde de Devonshire, esta amarga conclusão já nas páginas da "Epístola dedicatória" com que abre o *De Cive*: "Observei que do fato de ser tudo em comum devia por necessidade seguir-se a guerra, e, desta, toda espécie de desgraça, dado que os homens disputavam entre si, com violência, o uso de toda e qualquer coisa".[8]

---

8. *De Cive. Op. cit.*, p. 61.

Da premissa de que o estado de natureza é um estado de guerra Hobbes conclui que deve ser abandonado, para que se construa sobre ele o estado civil, no qual tudo o que o homem é no estado de natureza deverá ser definitivamente sepultado.

Entre as outras críticas que uma concepção do estado de natureza como a hobbesiana podia suscitar, havia também a de não ser teologicamente ortodoxa. Deste *bellum omnium contra omnes* em que se teria encontrado a humanidade, segundo Hobbes, antes de entrar no estado civil, não havia nenhum traço das *Escrituras*. Um século mais tarde, por muito menos, nosso Vico seria atormentado devido à sua famosa teoria do chamado "estado ferino", ou seja, por acusar o gênero humano, como sustentaria em seguida seu severo censor, o padre Gian Francesco Finetti, "de ter tido um passado animal". A preocupação de não cutucar um vespeiro pode explicar, pelo menos em parte, as atenuações que a doutrina hobbesiana do estado de natureza teve nos escritores sucessivos; e não deve ter sido estranha nem a Locke, o qual, precisamente no capítulo sobre o estado de natureza, põe-se ao abrigo de todo ataque malévolo citando duas vezes longamente um teólogo tranquilizador como o "judicioso" Hooker.

Dessas preocupações teológicas se sente claramente o eco em Pufendorf, o qual dedica ao tema um capítulo extremamente interessante, que vale a pena expor, ainda que brevemente, como o mais notável precedente da teoria lockiana. Antes de mais nada, Pufendorf define o estado de natureza como aquele:

> [...] em que se concebe o homem tal como é constituído pelo seu próprio nascimento, fazendo abstração, pois, das invenções e das instituições, quer humanas, quer inspiradas ao homem pela divindade, que deram à vida dos mortais um novo e diverso aspecto. Entre estas compreendemos não só as diferentes artes e todo o refinamento do homem, mas também e sobretudo as sociedades civis, que com seu surgimento compuseram o gênero humano em uma ordem harmoniosa.[9]

---

9. Esta passagem encontra-se na obra *De iure naturae et gentium*, Livro II, capítulo 2, § 1. Mas cito da antologia pufendorfiana, *Principi di diritto naturale*. N. Bobbio (org.), 2. ed. Turim:

Certamente, segundo Pufendorf, esse estado primitivo da humanidade só pode ser concebido como "miserabilíssimo, seja porque se suponha infante o homem, ao despontar deste modo por todo lugar, seja porque se imagine esse homem dotado de estatura e força normais". Mas tal estado de natureza terá alguma vez existido? Pufendorf põe-se a investigar, distinguindo um *estado de natureza puro*, em que todos os homens teriam se encontrado simultaneamente no estado de natureza, e um *estado de natureza limitado*, que só existe em situações bem determinadas e de todo modo historicamente circunscritas, como a que é própria das relações entre grupos humanos. Pois bem – afirma –, o estado de natureza puro jamais existiu. E jamais existiu – precisa, acenando aos teólogos que o vigiam e não lhe pouparão perseguições – "pelo fato de que, com base nas *Sagradas Escrituras*, acreditamos firmemente que a humanidade tenha se originado de um só casal de cônjuges".[10] E se certas horrendas descrições do estado primitivo da humanidade foram legadas pelos escritores pagãos (aludia sobretudo a um trecho de Lucrécio, *De rerum natura* [Sobre a natureza das coisas], Livro V, v. 295 ss., e a outro de Horácio, *Sat.*, Livro I, sat. 3, v. 99 ss.), isso decorria unicamente do fato de que "não conheciam as verdadeiras origens do gênero humano tal como se depreendiam das *Sagradas Escrituras*".[11] O estado de natureza limitado, o único que existiu historicamente e ainda existe (nas relações entre os Estados), que é um estado moderado e parcial, não se faz acompanhar de todos os inconvenientes que seriam próprios do estado natural puro. E, afinal, o estado de natureza, puro ou limitado, será de fato, necessariamente, um estado de guerra, como pretende Hobbes? Também nesse ponto a resposta de Pufendorf, que se detém a criticar ponto por ponto a tese hobbesiana, é tranquilizadora: o estado de natureza, por mais que se possa imaginar miserável por causa da falta das vantagens que trazem as artes e as instituições civis, não é por si só

Paravia, 1960, p. 62. Na obra precedente, *Elementorum jurisprudentiae universalis libri duo* (1660), Pufendorf distinguira o *status naturalis* do *status adventitius* (Livro I, Def. 3).
10. *Op. cit.*, p. 67.
11. *Op. cit.*, p. 65.

um estado de guerra. Certificam-no, em primeiro lugar, as *Sagradas Escrituras*, que "nos apresentam o estado natural dos homens como um estado mais pacífico do que belicoso, e os homens, nas suas relações recíprocas, mais amigos do que inimigos".[12] E, ademais, há o fato de que o homem é um ser racional "que, mesmo no estado natural, possui um critério de avaliação comum, seguro e constante, isto é, a natureza das coisas, que se apresenta do modo mais fácil e acessível, indicando os preceitos gerais da vida e a lei natural".[13] Daí a conclusão:

> O estado natural dos homens, considerados fora de qualquer instituição civil, não é um estado de guerra, mas de paz, que se baseia mais ou menos nestas leis: "Ninguém deve ofender o outro se não for a tanto provocado"; "A cada qual deve ser permitido desfrutar os próprios bens"; "Cada qual deve manter as promessas feitas e promover, com boa disposição, a vantagem dos outros nos limites em que o possibilitem as obrigações mais rigorosas que lhe incumbem".[14]

25. O estado de natureza em Locke

A concepção lockiana do estado de natureza é bastante ambígua. E essa ambiguidade, reestudada recentemente com particular escrúpulo por Cox na obra recordada no § 12, consiste resumidamente no fato de que, por um lado, Locke tenta demonstrar, para contrapor-se a Hobbes (embora Hobbes não seja nunca nomeado), que o estado de natureza nada tem a ver com o estado de guerra; e, como conclusão do seu raciocínio (para não dar lugar à dúvida, trata do estado de natureza e do estado de guerra em dois capítulos diversos), chega a ponto de fazer a seguinte declaração:

> [...] aqui temos clara a diferença entre o estado de natureza e o estado de guerra, os quais, por mais que confundidos por alguns, são tão distantes

---

12. *Op. cit.*, p. 75.
13. *Op. cit.*, p. 79.
14. *Op. cit.*, p. 80.

como o são entre si um estado de paz, benevolência, assistência e conservação recíproca, e um estado de hostilidade, crueldade, violência e recíproca destruição (II, 19);

e, por outro lado, a descrição que faz do estado de natureza leva-o (como veremos daqui a pouco) a reconhecer, e não poderá deixar de reconhecê-lo se quiser ser consequente, que no estado de natureza, "por falta de leis positivas e de juízes dotados de autoridade a quem recorrer, *o estado de guerra, uma vez começado, permanece*" (II, 20).[15]

À medida que se distanciam os capítulos iniciais, quase a mostrar que a contraposição do estado de natureza ao estado de guerra era afirmação só declarada, mas não intimamente aceita, a noção de estado de natureza passa a se identificar cada vez mais com a de estado de guerra. No início do capítulo 9 (§ 123), em que Locke expõe mais uma vez as razões por que o homem decide abandonar o estado de natureza, este é descrito, em termos resolutamente hobbesianos, como estado em que o gozo dos direitos é "muito incerto e continuamente exposto à violação por parte dos outros", como condição "plena de temores e contínuos perigos".[16] E o que é ainda mais grave, no final da obra (§ 225) encontra-se esta expressão: "estado de natureza ou da pura anarquia". Mas o que se pode imaginar de mais hobbesiano? Qual contraposição mais direta entre estado de natureza e estado civil do que a que contrapõe o estado de anarquia ao Estado?[17] E mais: pouco depois (§ 226), indicando a situação para a qual conduzem o Estado os que governam despoticamente, fala em "estado de guerra". Mas o que se verifica com a ruptura do contrato social não é o retorno ao estado de natureza? E, assim, o estado de natureza é o estado de guerra?

Não tão convincente me parece a explicação dada por Cox dessa ambiguidade lockiana, de que oferece uma interpretação em chave meramente psicológica. Tudo se explica, para Cox, com o fato de Locke ser homem cauteloso, circunspecto, extremamente temeroso: não queria

---

15. A seção seguinte (II, 21) começa com estas palavras: "A necessidade de evitar este estado de guerra [...]". Mas este estado de guerra não é nada mais do que o estado de natureza.
16. *Op. cit.*, p. 339.
17. Uma identificação do estado de natureza com a anarquia encontra-se também no final do § 94.

aborrecimentos. Acreditava na concepção hobbesiana do estado de natureza, mas sabia que não era oportuno gritar isso aos quatro ventos. A ambiguidade da sua teoria do estado de natureza deriva exclusivamente, segundo Cox, da sobreposição da doutrina ortodoxa, extraída do judicioso Hooker, à doutrina hobbesiana, que é a doutrina de fundo e deste modo se dissimula. Como, no entanto, apresentando à moda de para-raios a tese ortodoxa, tem em mente a tese contrária, o contraste entre o que diz e o que pensa emerge algumas vezes – e claramente no final da obra, quando se esquece de dizer o que pretende e diz o que pensa. Para Cox, pois, na teoria do estado de natureza Locke seria um Hobbes disfarçado (e ainda por cima mal disfarçado).

Pode ser que o temperamento de Locke tenha tido um papel na origem desse conceito equívoco de estado de natureza. Mas não me parece que se possa esquecer a dificuldade objetiva do problema que Locke devia resolver: certa ambiguidade era inerente à própria noção de estado de natureza e ao uso que dela se podia fazer em uma teoria política. Locke encontrou-se diante de duas soluções típicas: por um lado, a hobbesiana, para a qual o estado de natureza é um estado de guerra, por outro, a pufendorfiana, para a qual, ao contrário, o estado de natureza é um estado de paz, ainda que miserável. Pois bem, a teoria hobbesiana, além de não tolerada pelos teólogos, era também pouco crível para quem, como Locke (veremos daqui a pouco), não considerava o estado de natureza como mera premissa hipotética de um sistema de política racional, mas como estado que realmente existiu. A teoria pufendorfiana, por outro lado, admitindo-se que fosse digna de crédito, não podia ser utilizada: de fato, se o estado de natureza era um estado de paz, por que os homens deveriam mudá-lo? Parece-me bastante natural pensar que Locke, posto diante dessa dificuldade real, se visse induzido a tentar uma solução de compromisso, que pode ser formulada deste modo: o estado de natureza não é por si só um estado de guerra, mas pode vir a ser, não é atualmente, mas potencialmente; ou não é originariamente, mas pode transformar-se em um estado de guerra e depois é difícil reconduzi-lo ao primitivo estado de paz. No fundo, encontra-se em Locke a tradicional dicotomia entre natureza ideal e natureza real, e ela age na representação do estado de natureza. Se os homens fossem sempre e por toda parte racionais, bastar-lhes-ia as leis de natureza. Mas, como não são racionais sempre e por toda parte, o estado de natureza perfeito em teoria é menos perfeito na prática. Em suma, o estado de natureza não é essencialmente mau: apresenta inconvenientes. E, como se percebe em certo ponto que as desvantagens superam as vantagens, é preciso abandoná-lo. Se se examina um pouco mais de perto quais são os inconvenientes do estado de natureza, segundo Locke, observa-se que o diagnóstico lockiano dessa condição primitiva do homem é diferente do hobbesiano. E, de resto, só porque o diagnóstico inicial é diferente, as consequências que se seguirão quanto à concepção do Estado também serão completamente diferentes. Partindo da hipótese de Cox, segundo a qual Locke seria um Hobbes disfarçado, não se consegue compreender por que, em última análise, sua teoria do Estado seja a de um Hobbes de cabeça para baixo.

Também Locke parte, como Hobbes, do pressuposto de que o estado de natureza é um estado de liberdade e igualdade. Leia-se § 4. Mas liberdade e igualdade têm no contexto lockiano significado bem diverso do que tinham no contexto hobbesiano. Liberdade não significa mais o ilimitado *ius in omnia* [direito sobre todas as coisas], mas o direito "de regular as próprias ações e dispor das próprias posses e das próprias pessoas como melhor se acredita, *nos limites da lei de natureza*, sem pedir permissão ou depender da vontade de nenhum outro".[18] Trata-se da clássica noção de *liberdade negativa*, isto é, de liberdade entendida como ausência de vínculos, de que se encontra definição ainda mais explícita no § 220, ao se falar de "liberdade de seguir minha própria vontade em tudo aquilo para que a norma não dá preceitos".[19] Analogamente, a igualdade de que fala Locke não é a igualdade de força, física ou material, de que falava Hobbes, mas é essencialmente *igualdade jurídica*, o estado "em que todo poder e jurisdição são recíprocos, poder

---

18. *Op. cit.*, p. 239.
19. *Op. cit.*, p. 255.

que ninguém tem mais do que qualquer outro",[20] e em que não existe "subordinação ou sujeição" de um indivíduo a outro. Onde não existe soberano comum, todos são igualmente soberanos: é a regra que vigora ainda hoje na comunidade internacional.

O inconveniente do estado de natureza assim concebido está no fato de que, se uma lei natural for violada – se um indivíduo abusar da sua *liberdade* (a liberdade consistindo em fazer tudo o que for permitido pelas leis naturais) –, a falta de subordinação, isto é, a *igualdade*, implicará que o indivíduo atingido pela violação alheia *deve fazer justiça por si*. Mas quem faz justiça por si dificilmente consegue ser imparcial; muitas vezes, ao responder à ofensa, excede-se e por sua vez ofende. Daí o surgimento de um conflito que traz o risco de arrastar-se no tempo e pode fazer degenerar o estado de natureza, tendencialmente pacífico, em estado de guerra. Em substância, o raciocínio de Locke procede por meio destas quatro afirmações: 1) as leis naturais podem ser violadas; 2) as violações da lei natural devem ser punidas (e os danos daí derivados, reparados); 3) o poder de punir e pedir reparação cabe, no estado de natureza, à própria pessoa ofendida; 4) quem é juiz em causa própria normalmente não é imparcial e, ao contrário, tende antes a vingar-se do que a punir. Em conclusão, o inconveniente maior do estado de natureza é que falta um *juiz imparcial* das controvérsias que nascem, e não podem deixar de nascer, entre os indivíduos que convivem em sociedade.

A diferença em relação à concepção hobbesiana fica agora bastante clara: enquanto para Hobbes o inconveniente do estado de natureza consiste na *inexistência de uma lei* (como dissemos no § 6, no estado de natureza hobbesiano a validade das leis naturais está suspensa), o inconveniente para Locke é a *inexistência do juiz*. O que torna inaceitável o estado de natureza, para Locke, não é o fato de que não haja leis (o estado de natureza é o estado em que vigem as leis naturais), mas o fato de que, se uma lei natural for violada, falta o órgão capaz de fazer com que seja respeitada ou de punir o culpado. Um jurista de hoje diria que no estado de natureza lockiano existem as normas primárias,

---

20. *Op. cit.*, p. 239.

isto é, as que estabelecem o que se deve fazer ou não fazer, e faltam, ao contrário, as normas secundárias, as que instituem o poder de julgar as ofensas contra as leis primárias e de punir os culpados. Em comparação com a teoria hobbesiana do estado de natureza, é certo que a lockiana é menos pessimista: o estado de natureza hobbesiano é um estado sem leis e, portanto, desde o início, quase diria por essência, um estado de total anarquia; o lockiano é um estado sem juízes imparciais e, portanto, um estado que corre continuamente o perigo de degenerar em estado de anarquia, mas não é anárquico por princípio. Em outras palavras, o estado de natureza de Hobbes é um estado de guerra total, o lockiano é um estado de guerra parcial ou intermitente. Para retomar frase já citada, enquanto para Hobbes a guerra no estado de natureza é *ab initio* [desde o início], para Locke *continua, uma vez começada* (II, 20).

Essa diferença tem consequências extremamente relevantes para a ideia que Hobbes e Locke fazem do estado civil, da sua função e dos seus fins. Como o estado civil é o remédio para os inconvenientes do estado de natureza, para tais inconvenientes, tal remédio. Para Hobbes, o estado civil deve prover aos indivíduos, que fogem do estado de natureza, uma lei; para Locke, a rigor, só um juiz, porque a lei, que afinal é a lei natural, preexiste e continua a vigorar no novo estado. Isso explica, entre outras coisas, por que Hobbes elabora a teoria de um Estado absoluto (*legibus solutus* [liberado das leis, isto é, não sujeito às leis]) e Locke, de um Estado limitado: o de Hobbes deve cancelar até o último traço do estado de natureza, é uma *restauratio ab imis fundamentis* [restauração desde os alicerces]; o de Locke é pura e simplesmente uma instituição que tem o propósito de possibilitar a *convivência natural* entre os homens. Como o mal, na concepção hobbesiana, do estado de natureza é radical, também o remédio deve sê-lo: o estado de natureza deve ser suprimido e no lugar da lei natural deve valer a lei positiva; na concepção lockiana, ao contrário, o estado de natureza deve ser pura e simplesmente corrigido e posto em condições de reviver no estado civil, com todas as suas vantagens, pela instituição de um aparelho executivo que seja capaz de fazer serem respeitadas as leis naturais.

Uma última questão em torno do estado de natureza é a relativa à sua historicidade. Esses jusnaturalistas, quando falam de estado de natureza, pretendem falar de um estado que realmente existiu ou só hipotético e imaginário? Para dizer a verdade, a questão já fora resolvida corretamente por Pufendorf, com a distinção, que já mencionamos, entre *estado de natureza puro* e *estado de natureza limitado*. Um estado de natureza puro, entendido como situação em que os homens viveram todos juntos e ao mesmo tempo no estado natural, jamais existiu. Nesse sentido, o *bellum omnium contra omnes* de Hobbes é uma hipótese. O que existiu e ainda existe é o estado de natureza em determinadas circunstâncias, porque, se é verdade que jamais todos os homens viveram conjuntamente em estado de natureza, também é verdade que *jamais todos os homens viveram até agora em conjunto em estado civil*. Em geral, pode-se dizer que os homens vivem no estado civil no interior dos seus grupos sociais (da tribo ao Estado); vivem no estado natural nas relações normais desses grupos sociais entre si e nas circunstâncias excepcionais em que o grupo social se dissolve (guerra civil e anarquia). Além disso, os escritores dos séculos XVII e XVIII consideraram muitas vezes, ainda que de modo errado, os povos primitivos e bárbaros como a viver no estado de natureza.

Locke ocupa-se do problema no *Segundo tratado*, § 14. Perguntando-se se alguma vez houve homens no estado de natureza e onde estão, responde referindo-se explicitamente aos soberanos dos governos independentes que vivem entre si no estado de natureza, e daí conclui, reiterando a tese da historicidade do estado de natureza limitado, no sentido pufendorfiano, que "o mundo nunca esteve nem nunca estará privado de certo número de homens naquele estado".[21] Além disso, particulariza que não basta um poder qualquer que vincule dois homens com promessas recíprocas para escapar ao estado de natureza. É preciso o poder particular com que os homens concordam em "entrar em uma única comunidade e formar um único corpo político",[22] isto é, o contrato social, de que falare-

---

21. *Op. cit.*, p. 248.
22. *Op. cit.*, p. 249.

mos mais adiante. Deve-se acrescentar que, para Locke, como veremos, não é qualquer forma de sujeição entre governantes e governados que constitui um governo civil, mas só a baseada no consentimento. Um governo despótico não é, para Locke, um governo civil, porque, enquanto o governo civil é um remédio para os inconvenientes do estado de natureza, o governo despótico é a instituição de um estado pior do que o de natureza (§§ 13 e 137).

A descrição da passagem do estado de natureza para o estado civil é, *in nuce* [em suma], e sob forma um pouco rudimentar, uma filosofia da história – uma reconstrução racional, se bem que reduzida a categorias extremamente simples, a esquemas demasiado rígidos, do curso histórico da humanidade. O último e mais perfeito exemplar dessa racionalização da história será a obra de Rousseau, que abrirá caminho para Hegel, em que a antítese jusnaturalista entre estado de natureza e estado civil (ou político) se transformará na antítese entre sociedade burguesa (ou civil) e Estado (não sem influência, ainda que indireta, como veremos, de Locke, cujo estado de natureza já é claramente a prefiguração da *bürgerliche Gesellschaft* [sociedade civil burguesa] de Hegel). Se, como se diz, nosso Vico é o precursor da filosofia da história de Hegel, as categorias não são de origem viquiana, mas jusnaturalista. Direi mais: na antítese entre estado de natureza – estado civil (um como a negação do outro) há antecipação de uma concepção dialética da história, isto é, de uma concepção da história como movimento não por certo retilíneo (ou em sentido ascendente de contínua evolução, ou descendente de contínua degeneração), mas em zigue-zague, a proceder por afirmação e negação. Esse movimento dialético pode ser *diádico*, ou seja, constituído puramente de afirmação e negação, ou *triádico*, constituído de afirmação, negação e negação da negação, embora, por causa da importância assumida pela "negação da negação" na obra de Hegel e de Marx, tenda-se a identificar o movimento dialético com o triádico. A diferença entre o movimento diádico e o triádico é que só o segundo serve para interpretar o curso histórico como *processo*. Partindo de uma concepção diádica, o curso histórico da humanidade é representado como contínua, monótona, extenuante e vã alternância de quedas e ascensões.

O que dissemos sobre as diferentes concepções do estado de natureza (e consequentemente do estado civil) em Hobbes e Locke permite-nos distinguir a teoria hobbesiana e a lockiana também quanto à implícita filosofia da história de ambas: a hobbesiana é diádica, a de Locke, tendencialmente triádica (como será, ainda mais claramente, a de Rousseau, que também por isso antecipa Hegel). De acordo com Hobbes, não existe outra condição possível para o homem a não ser ou o estado de natureza ou o estado civil, ou a guerra ou a paz: *aut aut* [ou... ou...]. Toda a história humana é uma alternância de desregramento e obediência, de licenciosidade e autoridade: *Behemoth* contra *Leviatã*. A ambiguidade da noção de estado de natureza em Locke deixa entrever (ainda que Locke esteja bem longe de ter consciência disso) um desenvolvimento triádico, já que os momentos ou fases de desenvolvimento não mais são dois, mas três: o estado de natureza ideal (o estado segundo a natureza), o estado de natureza como é de fato, e o estado civil. Se as fases do desenvolvimento histórico são duas, a afirmação e a negação são perfeitamente intercambiáveis (o ritmo pode começar indiferentemente de uma ou de outra). Se, ao contrário, são três, a primeira é sempre a afirmação, a segunda, a negação. e a terceira só pode ser a negação da negação, isto é, a nova afirmação, a síntese, que é ao mesmo tempo supressão e conservação. Enquanto em Hobbes, como vimos, o estado civil é pura e simplesmente a negação do estado de natureza (e assim todo e qualquer processo histórico está bloqueado), em Locke é a negação do estado de natureza, como é de fato, em vista de uma reafirmação, ou de uma recuperação, do estado de natureza ideal – decididamente é uma síntese que ao mesmo tempo suprime o elemento negativo do estado de natureza real (o elemento negativo é a falta do juiz imparcial) e conserva o elemento positivo (o elemento positivo são os direitos naturais, como a liberdade e a igualdade): na condição de síntese, justifica o contínuo progresso rumo ao melhor. Deve-se ter presente que Locke considera como momento da negação a ser superado pela instituição do governo civil não só o estado de natureza atual, mas também o estado despótico, que constitui não um modo de sair do estado de natureza, mas um modo de agravar seus inconvenientes. Daí que o processo histórico, segundo Locke, pode ser reconstruído deste modo: 1) estado segundo a natureza, de que nascem os direitos fundamentais do homem, tais como a liberdade, a igualdade e, como veremos daqui a pouco, a propriedade (*tese*); 2) estado de natureza real (a que é equiparado o estado despótico), em que os direitos naturais não são garantidos (ou são garantidos apenas para o déspota) (*antítese*); 3) estado civil, em que o estado de natureza não é suprimido, mas restabelecido (*síntese*).

26. O fundamento da propriedade

A seção precedente nos fez ver que o estado civil é, por assim dizer, o espelho do estado de natureza, no sentido de que terminamos por reencontrar no estado civil, se bem que com imagem invertida, o que colocamos no estado de natureza. Locke fizera do estado de natureza uma mescla de bem e de mal. A função do estado civil era a de conservar o bem e eliminar o mal. O bem eram os direitos naturais, como a liberdade e a igualdade, o mal era a falta do juiz imparcial que ameaçava o exercício pacífico desses direitos: o estado civil, portanto, devia proteger o seguro exercício dos direitos naturais, instituindo um poder que não deixasse o juízo sobre eles à mercê dos próprios interessados. De todo modo, a descrição do estado de natureza não será completa se não for complementada com a descrição de outro direito natural que Locke descobre no estado de natureza ao lado dos direitos de liberdade e de igualdade, o *direito de propriedade*.

É certo que um dos maiores esforços que realiza Locke na sua teoria do governo é o de demonstrar que a propriedade é um direito natural, no sentido específico de que *nasce e se aperfeiçoa no estado de natureza*, antes que seja instituído o Estado, independentemente do Estado. Só se tivermos presente esse ponto não nos surpreenderemos ao ler a todo passo que um dos fins pelos quais os homens se reúnem em um corpo político é a conservação da propriedade. Locke já o dissera no *Ensaio so-*

bre a tolerância, de 1667, a primeira obra política que assinala a passagem do autoritarismo juvenil ao liberalismo da maturidade: "O magistrado não deve fazer nada a não ser com o fim único de assegurar a paz civil e *a propriedade dos seus súditos*".[23]

Confirma-o na *Carta acerca da tolerância*:

> [...] parece-me que o Estado é uma sociedade de homens constituída para conservar e promover só os bens civis. Chamo de bens civis a vida, a liberdade, a integridade do corpo, sua imunidade à dor, *a posse das coisas externas, como a terra, o dinheiro, os objetos* etc.[24]

Em uma passagem do *Ensaio sobre o entendimento humano*, fala da comunidade (entendida precisamente como sociedade civil ou corpo político): "[...] comprometida em proteger a vida, a liberdade e os bens de quem vive segundo suas leis".[25]

Passando aos *Dois tratados*, topamos frequentemente com trechos em que a conservação da propriedade torna-se mesmo o único fim do governo civil. A começar no § 3: "Por poder político [...] entendo o direito de fazer leis com pena de morte e, por consequência, com qualquer penalidade menor, para *o regulamento e a conservação da propriedade*".[26]

E, em outra parte, como no § 134: "[...] o fim principal de entrarem os homens em sociedade é o gozo da sua propriedade em paz e tranquilidade".[27]

Não se deve pensar, porém, que Locke tenha mudado de ideia e queira fazer crer que não há outro direito natural a não ser o de propriedade. No seu discurso, o termo "propriedade" ora tem um significado restrito, em que designa o particular direito que consiste no poder sobre as coisas, ora tem também um significado mais amplo, em que está a indicar o direito natural por excelência, que reúne todos os outros, como se vê claramente por outros trechos, como o seguinte no § 87: "O ho-

---

23. Viano (ed.), p. 220. Grifo meu.
24. *Ibid.*, p. 113. Grifo meu.
25. *Op. cit.*, p. 482.
26. *Op. cit.*, p. 238. Grifo meu.
27. *Op. cit.*, p. 346. Assim também nos §§ 124 e 222.

mem [...] tem por natureza o poder não só de conservar *sua propriedade, a saber, a própria vida, liberdade e fortuna etc.* [...]".[28]

E ainda mais explicitamente no § 123:

[...] não é sem razão que o homem busca e deseja unir-se em sociedade com outros que já estão reunidos, ou têm a intenção de se reunirem, para a mútua conservação da sua *vida, liberdade e haveres, coisas que denomino, com termo genérico, propriedade.*[29]

Não há dúvida de que o direito de propriedade em sentido estrito não é o único direito natural. Apesar disso, é surpreendente (e revelador) que Locke eleve-o a direito natural por excelência a ponto de nele resumir todos os outros e de escolhê-lo entre todos quando quer citar só um. Além disso, ele despendeu o maior esforço intelectual em busca dos fundamentos mais do direito de propriedade do que dos outros direitos. Já se disse infinitas vezes, e é preciso repetir, que a teoria da propriedade é a parte mais original da filosofia política lockiana.

Locke se encontrava diante de duas doutrinas sobre o fundamento da propriedade, cuja aceitação implicava negar ou pôr em perigo a naturalidade do direito de propriedade. Eram a doutrina de Hobbes e a de Pufendorf. Ainda que estes dois autores não sejam nunca citados, está claro que a teoria lockiana da propriedade é uma refutação indireta das suas doutrinas. Hobbes *negara que o direito de propriedade fosse um direito natural* – que o direito de propriedade entendido como direito de gozar e dispor livremente de uma coisa com o consentimento de todos os outros tivesse nascido no estado de natureza. Nesse estado, como vimos, o indivíduo só tinha como direito o *ius in omnia*, que consistia no direito de apropriar-se de qualquer coisa segundo o próprio poder, e não estava garantido contra o igual direito dos outros de se apropriarem da mesma coisa segundo poder diverso e oposto. Para Hobbes, a propriedade, entendida como direito garantido *contra omnes* [contra todos], nascia exclusivamente em decorrência da instituição do Estado e mediante a

---

28. *Op. cit.*, p. 304. Grifo meu.
29. *Op. cit.*, p. 339. Grifo meu.

proteção do Estado: isso significava que a propriedade era instituto *não de direito natural, mas de direito positivo*. Hobbes chega até a colocar entre as teorias sediciosas aquela pela qual os indivíduos em um Estado têm a propriedade absoluta das coisas em seu poder. E para explicar sua aversão a essa doutrina, raciocina deste modo (com a habitual dureza e lucidez):

> Antes de se submeter à autoridade estatal, ninguém possuía nada pessoalmente, mas tudo era comum a todos. Portanto, digam: de onde surgiu esta propriedade individual? Do Estado. E de onde a tirou o Estado? Do fato de que cada qual transferiu a ele o próprio direito.[30]

Naturalmente, se a propriedade estava destinada a nascer só no Estado, o indivíduo não podia gabar-se de nenhum direito para defender a propriedade contra o Estado. O Estado dava a propriedade e podia tomá-la. O Estado hobbesiano não fora instituído para a conservação da propriedade, mas unicamente para a conservação da vida. Só a vida era, para Hobbes, um direito natural, ou seja, um direito que o indivíduo tinha *por natureza*, independentemente da vontade do soberano. A concepção hobbesiana da propriedade era justamente o oposto da que convinha a Locke e aos seus amigos políticos, os quais lutavam para pôr os proprietários ao abrigo da expoliação arbitrária do soberano.

Também a teoria de Pufendorf, embora menos drástica do que a hobbesiana, tinha seus inconvenientes, talvez de ordem mais teórica do que política. Pufendorf acolhera de Grotius e depois aperfeiçoara em doutrina coerente a tese do *fundamento contratualista da propriedade*. Grotius se expressa deste modo:

> As coisas não começaram a se tornar propriedade mediante simples ato interior do espírito, porque os outros não podiam adivinhar aquilo de que alguém quer se apropriar para se absterem eles mesmos [...]; isso se fez *mediante convenção*, ou expressa, como quando se distribuem coisas que antes eram comuns, ou tácita, como quando alguém se apodera delas. Porque, uma vez que não se quis mais deixar as coisas em comum, considerou-se, e era forçoso considerar, que todos os homens *consentiram*

---

30. *De Cive*, XII, 7. Veja-se também VI, 15.

que cada qual se apropriasse – por direito do primeiro ocupante – daquilo que não seria dividido.³¹

E, deste outro modo, Pufendorf:

A propriedade, na medida em que tem eficácia em relação aos outros homens, não deriva diretamente de Deus, vale dizer, não se origina da concessão mediante a qual Deus deixou aos homens o uso dos bens da Terra. A melhor prova disso é o fato de que também os animais, com o consentimento de Deus, usam os bens e os consomem: no entanto, entre os animais não vigora nenhum direito de propriedade. A verdade é que a propriedade pressupõe um fato humano, vale dizer, uma convenção, tácita ou expressa.³²

A teoria convencionalista da propriedade era solução intermediária entre a que descobria a propriedade diretamente no estado de natureza e a que a fazia derivar unicamente do Estado. Para dar origem à propriedade, segundo essa perspectiva, não era necessário o Estado; no entanto, não bastava a natureza. Era necessária a livre vontade dos indivíduos em convívio. Pufendorf cria a categoria do *direito natural convencional*, que não devia ser confundido com o direito positivo – por ser ainda produto da sociedade natural – nem com o direito natural propriamente dito – por ser seu fundamento não mais a natureza, mas a vontade. O instituto típico desse direito natural convencional era precisamente a propriedade. No estado de natureza, originariamente todas as coisas eram comuns (em comunhão negativa, não positiva): desconhecia-se a propriedade individual. Constituído o Estado, a propriedade individual já nascera, e as leis positivas tinham a missão não de criá-la, mas só de reconhecê-la e protegê-la. Portanto, o momento de emergência da propriedade devia ser colocado entre o estado de natureza e o estado civil, e era o momento do direito natural convencional, o direito nascido de acordos recíprocos.

A doutrina convencionalista da propriedade não era muito satisfatória: para que meu direito de propriedade esteja garantido, é preciso que os outros se obriguem a respeitá-lo. Mas, como no estado de na-

---

31. *De iure belli ac pacis*, Livro II, capítulo 2, § 10.
32. *De iure naturae et gentium*, Livro IV, capítulo 4, § 4. Cf. *Principi di diritto naturale. Op. cit.*, p. 137.

tureza os outros são todos os homens, a rigor, para garantir meu direito de propriedade no estado de natureza, deveria entrar em acordo com todos. Mas *isso não é de fato possível*. Um acordo só é de fato possível com meus vizinhos. Mas que obrigação terão de respeitar meu direito os que não são parte do acordo? Em suma, dada a natureza da propriedade como direito *erga omnes* [em face a todos], o acordo só institui o direito de propriedade se é universal: mas no estado de natureza o acordo universal é impossível. Só é possível, reitere-se, no estado civil, entre os membros do corpo político: mas eis que dessa forma a teoria convencionalista desliza rumo à estatal. Locke percebe perfeitamente a dificuldade e, mesmo sem atacar diretamente a teoria convencionalista, faz aqui e ali algumas observações críticas muito pertinentes. No § 28, depois de expor a própria teoria (que veremos daqui a pouco), comenta:

> Dir-se-á talvez que ele [o homem no estado de natureza] não tinha direito às glandes ou às maçãs de que se apropria deste modo [isto é, com o trabalho] pelo fato de não ter o consentimento de todos os homens para torná-las suas? Será talvez furto tomar desse modo para si o que cabia a todos em comum? *Se tivesse sido necessário um consentimento desse tipo, teria morrido de fome*, não obstante a abundância que Deus lhe proporcionou.[33]

Descartada a teoria política de Hobbes e a convencionalista de Pufendorf, era preciso remontar diretamente à natureza original do homem – à condição natural do homem antes do surgimento da sociedade civil e antes ainda da rudimentar forma de associação que se estabelece pelo acordo recíproco – para dar à propriedade individual um fundamento que a colocasse ao abrigo da ingerência do soberano e dos outros estranhos ao acordo. Dar fundamento originário e natural à propriedade significava atribuir à vontade do soberano (teoria política) ou de todos os outros (teoria convencionalista) um valor não *constitutivo* do direito de propriedade, mas só *declarativo*, o valor de reconhecimento sucessivo de um direito já constituído.

---

33. *Op. cit.*, p. 261. Grifo meu.

Para encontrar um título de aquisição original da propriedade, a doutrina jurídica tradicional oferecia principalmente duas soluções: a *ocupação*, como tomada de posse de *res nullius* [coisa de ninguém, coisa sem dono] com a intenção de dela se apropriar, e a *especificação*, isto é, a transformação mediante o trabalho pessoal de um objeto com o propósito de daí extrair um produto substancialmente diverso (como quando se faz com o bronze ou o mármore uma estátua, com a lã, uma roupa, com a uva, o vinho). Locke não acolhe a doutrina da ocupação. Ainda que não se detenha em refutá-la, podemos reconstruir os motivos pelos quais não poderia aceitá-la. Havia um motivo, diremos assim, de técnica jurídica: a ocupação era um modo de aquisição originário de *res nullius*. Mas, para Locke, que seguia os escritores jusnaturalistas precedentes, as coisas do mundo externo eram, no estado de natureza, *res communes*: pertenciam não a ninguém, mas a todos. A situação originária no estado de natureza estava caracterizada não pela ausência de propriedade, mas pela extensão universal da propriedade. A passagem para um regime de propriedade individual acontecia, pois, não por meio de um processo de apropriação, mas essencialmente pelo processo de individuação. O fato de Locke partir de uma consideração das coisas no estado de natureza como *res communes* e não *nullius* depreende-se de várias alusões. Já no fim da primeira seção do capítulo V, "Da propriedade": "Tentarei mostrar como os homens podem chegar a ter a propriedade de algumas partes do que Deus concedeu à humanidade em comum, e isso sem contrato expresso entre os membros da comunidade".[34]

A ocupação, isto é, a mera tomada de posse, que no caso da terra (o bem por excelência) podia ser expressa com o simples cercamento, se valia para transformar uma coisa de *ninguém* em coisa de *alguém*, não parecia valer igualmente bem para transformar uma coisa de *todos* em coisa de *um*. Era preciso – para esse tipo de transformação, que era, como se disse, uma individuação – algo mais intenso, mais pessoal e, até diria,

---

34. *Op. cit.*, p. 259. Da mesma forma, logo depois: "Deus, que deu o mundo aos homens em comum..." (p. 260). E pouco adiante: "Se bem que a terra e todas as criaturas inferiores sejam comuns a todos os homens..." (p. 260). Cf., também, §§ 32, 44, 45.

mais meritório. A outra razão (a razão principal) por que Locke descarta a teoria da ocupação era que esta correspondia a um modelo de sociedade agrícola e estática, que estava fora do seu horizonte mental e dos seus propósitos de reforma política a serem realizados em uma sociedade como a inglesa, caracterizada por uma burguesia ativa em luta contra a aristocracia fundiária tradicional e em contínua expansão para além dos oceanos rumo a terras *ocupadas, mas não cultivadas*, dos nativos.

Descartada a teoria da ocupação, Locke, mesmo sem nenhuma referência explícita ao instituto da especificação, sustenta que o fundamento da propriedade individual devia ser buscado no *trabalho* que é empregado para apropriar-se de uma coisa ou para transformá-la e valorizá-la economicamente. Leia no § 27:

> Se bem que a terra e todas as criaturas inferiores sejam comuns a todos os homens, cada qual tem a propriedade da própria pessoa, à qual ninguém além dele tem direito. O trabalho do seu corpo e a obra das suas mãos podemos dizer que são propriamente seus. A todas as coisas, portanto, que extrai do estado em que a natureza as produziu e deixou, ele associa o próprio trabalho, isto é, une algo que lhe é próprio e, com isso, torna-as propriedade sua.[35]

A razão aqui aduzida é muito clara: considerada a aquisição originária da propriedade individual como processo de individualização, Locke busca a justificativa desta na aplicação à coisa do que é inconfundivelmente individual, a energia despendida em determinada coisa para dela se apropriar ou valorizá-la economicamente. Segundo a teoria da ocupação, a glande que recolho na terra, a água que tiro do rio com o balde, os peixes que pesco, a lebre que caço tornam-se meus ao deles me apossar e a partir do momento em que se concretizar minha posse. Os exemplos que Locke dá não são diferentes; mas, partindo da teoria do trabalho, todas essas coisas tornam-se minhas pelo *esforço* que me custou sua apropriação, pela energia pessoal, grande ou pequena (em alguns casos, mínima), que despendi para delas tomar posse. Como se vê, não mudam tanto as consequências quanto o modo de justificá-las. E se trata

---

35. *Op. cit.*, p. 260-261.

de um modo que pretende mostrar nexo mais estreito, individualmente mais caracterizado, mais laborioso e vinculante, entre o homem e a coisa.

Mas há outra razão, ainda mais séria e decisiva, para pôr o trabalho como fundamento da propriedade. *É o trabalho que dá valor à coisa.* Aqui Locke revela seus antigos interesses de economista e sugere o princípio do valor-trabalho que deverá afirmar-se no pensamento político e econômico dos séculos subsequentes.[36] Referindo-nos mais uma vez à teoria da ocupação, poderemos dizer que, para se adquirir a propriedade sobre uma coisa de ninguém, basta dela tomar posse, mas, para "superar a comunidade da terra", como diz o próprio Locke, é necessário algo mais: *é necessário valorizá-la com o próprio trabalho*. Leia-se esta passagem do § 40: "E não é estranho, como talvez possa parecer à primeira vista, que a propriedade do trabalho consiga superar a comunidade da terra, *porque é justamente o trabalho que põe em toda coisa a diferença de valor*".[37]

Locke detém-se em explicar esse conceito com muitos exemplos e não esconde o interesse político da doutrina em favor da expansão colonial inglesa ao dizer que as nações da América, mesmo sendo ricas territorialmente, são pobres de todos os confortos da vida "por falta do incremento do trabalho", razão por que "o rei de amplo e fértil território na América come, mora e veste pior do que um operário jornaleiro na Inglaterra",[38] e repete pouco mais adiante que um acre de terra na Inglaterra e outro na América têm o mesmo valor material, mas a vantagem econômica que os homens dele retiram é bem diferente por causa da diferente quantidade de trabalho aplicada (§ 43). No entanto, é muito vago em relação à determinação da medida de incremento de valor produzido pelo trabalho: ora fala de "maior parte do valor" (§ 43), ora da "parte decididamente maior" (§ 42); no § 40, tendo falado da "parte maior do valor", logo em seguida especifica, de modo sumário, que "os produtos da terra úteis para a vida humana por *nove décimos* são efeitos

---

36. Se Locke deve ser considerado precursor do princípio do valor-trabalho foi discutido (e negado) por G. Pietranera. "La teoria del valore di Locke e Petty". *Società*, XIII, 1957, p. 1.021-1.060.
37. *Op. cit.*, p. 270.
38. *Op. cit.*, p. 271.

do trabalho", mas pouco mais adiante se corrige, afirmando que, para ser mais preciso, na maior parte dos casos "*noventa e nove por cento* devem ser inteiramente postos na conta do trabalho".[39]

Mas o que conta não é tanto a teoria econômica que Locke sugere quanto o uso que dela faz para pôr em novas bases a justificação da propriedade individual, para demonstrar, em última instância, o pressuposto, muito bem expresso no § 44, de que o homem, "ainda que as coisas de natureza sejam dadas em comum [...], sempre teve *em si o primeiro fundamento da propriedade*". Em si: na constituição da própria natureza e na capacidade de transformar o mundo externo com a própria energia pessoal para vantagem sua. Não se pode deixar de pensar na analogia que existe entre o conhecimento entendido como investigação empírico-racional, e, portanto, como esforço individual que deve escapar às seduções do dogmatismo e do conformismo – objeto principal do *Ensaio sobre o entendimento humano* –, e a propriedade entendida como fruto do esforço individual, não como gracioso dom divino nem como expressão de atávicas potências. A recusa da doutrina da doação divina em favor daquela do trabalho pessoal caminha paralelamente com a recusa do cômodo princípio de autoridade em favor daquele da busca individual.

27. Os limites da propriedade

A novidade da teoria lockiana da propriedade estava fadada a suscitar infinitas discussões e dar origem às mais diversas e contraditórias interpretações. Se o fundamento da propriedade era o trabalho, não se devia pressupor a consequência de que a titularidade do direito de propriedade devesse caber não a quem possuía a terra sem trabalhá-la, mas a quem a trabalhava mesmo sem ser formalmente seu proprietário?

---

39. Cf., também, § 37, em que diz: "Aqui avaliei muito por baixo a terra cultivada ao supor que produza na proporção de dez para um, quando, ao contrário, está muito mais perto da proporção de cem para um" (p. 268).

Muitas vezes interpretou-se a teoria lockiana abusivamente como precursora de correntes socialistas (por exemplo, por parte de Mondolfo) e a ela se atribuiu uma carga revolucionária que não tinha na intenção de Locke. Laslett decide de modo demasiadamente salomônico que Locke não foi "nem socialista nem capitalista".[40] As análises mais atentas sobre o significado histórico da teoria lockiana da propriedade encontram-se em Viano, sobre os precedentes, em Polin, sobre a interpretação, em Gough e em Macpherson.[41] Mas foi sobretudo este último que evidenciou, de maneira que me parece irrefutável, o extremo individualismo da teoria econômica de Locke (nada de socialismo!) e mostrou que no pensamento jurídico e econômico de Locke, precisamente em referência ao problema da propriedade, faz sua triunfal aparição a teoria da ilimitada acumulação capitalista e a defesa da sociedade burguesa que vive e prospera com base no trabalho alienado. A análise de Macpherson gira muito habilmente sobre o contraste evidente, na teoria lockiana da propriedade, entre os limites da propriedade (ou, melhor dizendo, da acumulação) – que deveriam ser inerentes à instituição mesma da propriedade e, com mais razão, de uma propriedade que encontra seu próprio fundamento no trabalho – e a superação desses limites que de fato ocorre na sociedade real descrita por Locke, em que se abre passagem efetivamente, apesar das aparências, à sociedade capitalista baseada na acumulação ilimitada da riqueza.

O primeiro limite inerente ao próprio instituto da propriedade que nega ou supera o *ius in omnia* hobbesiano e instaura um regime de convivência recíproca – limite *natural* e não convencional – é o reconhecido pelo próprio Locke, consistente no fato de que, seja como for, quem adquire mediante a própria capacidade de trabalho a propriedade sobre a terra (ou sobre qualquer outro bem) deve deixar aos outros o suficiente para que possam também conservar-se e sobreviver. Leia-se este trecho no § 27:

---

40. *Op. cit.*, p. 105.
41. Para a indicação das obras destes autores, cf. § 12. Sobre o problema da propriedade, veja-se também um autor não citado no § 12: L. R. Garotti. *Locke e i suoi problemi*. Urbino, 1961, p. 67-81.

Como este trabalho é propriedade incontestável do trabalhador, ninguém além deste pode ter direito ao que se obteve mediante tal trabalho, *pelo menos quando se deixaram em comum para os outros coisas suficientes e igualmente boas*.[42]

À parte o fato de que esse limite natural está fundamentado exclusivamente em obrigação moral derivada de lei natural implícita, a qual impõe exercer os próprios direitos de modo a não tornar impossível aos outros o exercício dos seus direitos, deve-se observar que esse limite de fato não tem grande importância na economia geral de uma sociedade de proprietários, uma vez que Locke constata, e não se cansa de repetir, que há terra em abundância para todos e, assim, não se deve temer que a apropriação por parte de um possa prejudicar todos os outros. Se se quer ler trecho significativo sobre esse ponto, tome-se o final do § 36:

> O que ouso afirmar é que a mesma norma da propriedade, vale dizer, que cada qual possua tanto quanto possa usar, pode sempre valer no mundo sem prejudicar ninguém, *já que há terra suficiente no mundo que baste ao dobro de habitantes*.[43]

O segundo limite decorre não mais do fato natural da coexistência e do obrigatório respeito pelos outros, mas da finalidade mesma do instituto: a propriedade serve para o sustento próprio e da própria família. Tudo o que não me serve para esse fim e, portanto, não sendo usado, degradar-se-ia, exorbita do meu direito. Em outras palavras, só tenho direito de propriedade sobre as coisas que posso efetivamente desfrutar: as que sou obrigado a abandonar porque não tenho condições de utilizar podem ser licitamente tomadas por outros. Locke é explícito também nesse ponto. Veja-se o § 31:

> A mesma lei de natureza que nos confere [...] a propriedade também no-la limita. "Deus nos deu abundantemente todas as coisas" (I *Tim*., VI, 17): esta é a voz da razão confirmada pela revelação. Mas com que limitação Deus nos deu todas as coisas? "Para delas gozar." De tudo quanto se

---

42. *Op. cit.*, p. 261. Cf. também § 34.
43. *Op. cit.*, p. 267.

possa, *antes que se perca*, fazer uso em vantagem da própria vida *pode-se com o próprio trabalho instituir a propriedade*: o que ultrapassa esse limite excede a parte de cada qual e cabe a outros.[44]

Mas também esse limite não tem valor absoluto: só vale em uma sociedade primitiva em que ainda não tenha surgido a moeda. Uma das funções da moeda – como reconhece Locke – é justamente a de tornar inoperante o limite que deriva da perecibilidade dos produtos. A essência da moeda é, para Locke, ser um bem imperecível e, portanto, conservável indefinidamente: posso acumular tantas moedas quantas puder e for capaz de obter sem que haja o perigo de se deteriorarem e, em consequência da sua deterioração, de que outros reclamem sua parte. Em palavras simples: acumulando mais grãos do que posso consumir, defraudo todos os outros da parte que deixo apodrecer; acumulando moedas, não tiro nada de ninguém. Por mais estranha que pareça a doutrina, Locke diz exatamente assim: a moeda é definida como "algo *durável* que se pode ter *sem que se perca* e que, por mútuo consentimento, pode-se tomar em troca dos meios de subsistência para a vida que são úteis, decerto, mas corruptíveis" (§ 47). E essa concepção da moeda oferece ocasião para a sequência do § 46, em que aparece o homem natural que, recolhendo maçãs, deve cuidar de comê-las todas, senão rouba os outros; mas, se trocar ameixas que duram uma semana por nozes que duram um ano, estenderá seu direito pelo período em que as nozes se conservarem. Se depois decide trocar as nozes por uma barra de metal e mantê-la por toda a vida, pode fazê-lo sem nenhum limite e sem violar o direito alheio, "uma vez que" – eis a conclusão – "exceder os limites da justa propriedade não decorre de estender a posse, mas de arruinar-se algo, inutilizado, na posse de alguém".[45] Em seguida, Locke não hesita em reconhecer que com a introdução da moeda "os homens concordaram com a posse desproporcional e desigual da terra",[46] isto é, acrescentamos nós, com uma

---

44. *Op. cit.*, p. 263. Cf. também §§ 38 e 46.
45. *Op. cit.*, p. 275.
46. *Op. cit.*, p. 277.

acumulação potencialmente sem limites, o que é uma das características determinantes da concepção capitalista da propriedade.

O terceiro limite parece mais grave porque é inerente à própria natureza da propriedade como fruto do trabalho. Meu trabalho, a quantidade de energia que posso aplicar à transformação das coisas de modo a me apropriar delas, é naturalmente limitado. Se a propriedade é fruto do trabalho, não devo, a rigor, possuir mais terra do que a que posso trabalhar. Mas o trabalho de que fala Locke é meu trabalho ou é também *o trabalho dos outros que trabalham para mim*? Essa é a questão. Se é só meu trabalho, o limite se mantém; mas, se é também o trabalho dos outros, o limite não existe mais. Em princípio não há nenhuma razão para excluir da concepção lockiana da sociedade e, em especial, da propriedade a *alienação do trabalho*: desde as primeiras linhas do capítulo que estamos comentando, Locke diz que a primeira propriedade de que é titular o indivíduo é a da própria pessoa, razão pela qual "podemos dizer que o trabalho do seu corpo e a obra das suas mãos são propriamente seus."[47] Ora, pertence à essência do direito de propriedade a livre disposição da coisa: uma das manifestações mais normais dessa livre disposição consiste em transmiti-la a outros, *aliená-la*. Portanto, não há dúvida de que está na lógica do sistema lockiano que o indivíduo tenha o direito de alienar o próprio trabalho por este lhe pertencer junto com o próprio corpo. De resto, à relação de trabalho, considerada da maneira tradicional como relação entre senhor e servo, o mesmo Locke refere-se explicitamente no § 85 ao falar do homem livre "que pode fazer-se servo de outro, vendendo-lhe por certo tempo o serviço que se encarrega de prestar, em troca de um pagamento que recebe", e distingue tal estado daquele do escravo (a que se reduz o prisioneiro feito em guerra justa). Para além do que se pode deduzir dos princípios lockianos, há uma passagem, indicada por Macpherson, que, apesar da sua colocação incidental no contexto, constitui prova bastante segura do que Locke pensava. Naquela mesma seção há pouco citada em que

---

47. *Op. cit.*, p. 260.

toma posição, com o dito sobre "morrer de fome", contra o fundamento convencionalista da propriedade (§ 28), Locke conclui:

> E tomar esta ou aquela parte não depende do consentimento explícito de todos os membros da comunidade: assim, a grama que meu cavalo comeu, *a turfa que meu servo cortou*, o mineral que retirei em um lugar em que a ele tenho direito em comum com outros tornam-se minha propriedade sem a atribuição ou o consentimento de ninguém.[48]

A turfa que meu servo cortou? Mas então é pacífico que Locke, quando fala de trabalho, entende também o trabalho alienado, tão pacífico que em alguns trechos não faz nenhuma diferença, quanto aos resultados, entre meu trabalho e o dos meus servos. Assim, todo limite à propriedade derivado dos limites das minhas forças está superado: quem tem mais servos mais propriedades tem. E, como o trabalho dos servos pode ser adquirido com o dinheiro, e a posse do dinheiro, como vimos, não tem limites, podemos também acrescentar: quem tem mais dinheiro mais servos tem.

Macpherson não menciona um quarto limite superado. No entanto, não pode ser ignorado. Reflitamos um pouco: o trabalho é produto estritamente pessoal, ligado intimamente à pessoa que o exerce. Se tivessem de ser minha propriedade só os bens que transformo com meu trabalho, a consequência lógica disso seria que, como a propriedade nasce com o esforço do trabalho, está destinada a acabar quando o esforço desaparece – com a morte do proprietário-trabalhador. Está claro que, se o trabalho, e só o trabalho, é o fundamento da propriedade, o direito de propriedade deve durar o quanto dura o esforço empregado no trabalho. O que acontece, então, quando da morte do indivíduo? Logicamente, os bens adquiridos com o trabalho pessoal deveriam voltar à comunidade, deveriam voltar a ser *res communes*, como eram antes do processo de individuação que é o produto do meu trabalho. Se o trabalho, e só o trabalho, constitui título de aquisição da propriedade, como é possível que esse direito se transmita na morte do proprietário para outros, que

---

48. *Op. cit.*, p. 262. Grifo meu.

não podem evidentemente ostentar o mesmo título? Tocamos com essa pergunta no grande problema da sucessão hereditária. É um problema de que Locke se ocupa particularmente no *Primeiro tratado*, no capítulo IX, em que refuta as ideias de Filmer, o qual, identificando o poder político com o poder paterno, fazendo do Estado uma família ampliada, defendia que se transmitisse de pai para filho também o poder político.[49]

O problema do fundamento do instituto da sucessão era, como o da propriedade, um dos mais controvertidos entre os jusnaturalistas. Abstratamente, as possíveis soluções são três. Na morte do titular de um bem, este: 1) retorna à comunidade (no estado de natureza) ou ao Estado (no estado civil); 2) ou permanece na sociedade familiar de que faz parte o morto, seja com o privilégio do primogênito, seja com a igualdade de todos os filhos (e outras possíveis soluções); 3) ou é atribuído a quem tiver sido designado herdeiro pela livre disposição do titular. Os jusnaturalistas bateram-se em torno da questão de saber qual das três soluções seria de direito natural, vale dizer, mais coerente com a natureza. O fato de que se podiam defender com argumentos igualmente sólidos todas as três soluções é uma nova comprovação de que a natureza, como os textos, só fala se instada convenientemente e dá variadas respostas segundo as variadas instâncias. Aliás, tão pouco uma solução exclui a outra que nos nossos ordenamentos positivos o instituto da sucessão é uma mistura de todas as três; ora prevalece a solução societária (por meio de impostos de sucessão fortemente progressivos), ora a familiar (pelo instituto da legítima), ora a individualista (pelo instituto do testamento), segundo predomine esta ou aquela ideologia; mas nenhuma é totalmente excluída.

Locke descarta completamente a primeira solução. Põe-se explicitamente o problema nestes termos: "O que pertence pessoalmente aos genitores, quando morrerem sem de fato transmitir a outros o próprio direito, por que não deveria retornar ao fundo comum do gênero humano?".[50]

---

49. Sobre este aspecto particular do pensamento político de Locke, cf. G. Solari. "Il fondamento naturale del diritto successorio in Giovanni Locke". *Atti R. Acc. Scienze di Torino*, LIX, 1924, p. 745-774.

50. *Primo trattato*, § 88. *Op. cit.*, p. 155.

Responde que isso não ocorre porque, junto com o instinto de autoconservação, existe também nos homens "o forte instinto de propagar seu gênero e perpetuar-se na própria descendência". Mais uma vez Locke procura na natureza, mais particularmente nas *inclinationes* naturais, o fundamento dos institutos jurídicos. Do instinto de propagação nasce "nos filhos o direito de participar da propriedade dos genitores e herdar suas posses". Assim, também o limite pessoal do título de aquisição originário da propriedade como produto do trabalho é superado: não é preciso ter trabalhado o próprio campo para se tornar proprietário. Basta ser descendente legítimo de quem trabalhou por ele. Quanto à designação dos descendentes legítimos, Locke, refutando, como veremos melhor na seção seguinte, a identificação do poder paterno com o poder político, refuta o instituto do morgadio: sendo o poder político indivisível, pode-se e até se deve legar a um só, se não se quer que a força do Estado enfraqueça, mas, como a propriedade tem uma função econômica principal, que é a de prover o sustento da família, não há razão para beneficiar só um. Descendentes *naturais* do patrimônio paterno e materno são, portanto, todos os filhos em partes iguais, e não só o primogênito. De fato, "os filhos mais novos têm direito igual ao do primogênito, baseado tão só no direito que todos os filhos têm à manutenção, ao sustento e ao conforto por parte dos genitores" (I, 93).

Locke não descarta sequer a terceira solução, a favorável à livre disposição dos bens na previsão da morte (sucessão testamentária); e coordena-a com a segunda. Todavia, as relações entre sucessão familiar e sucessão testamentária podem ser de duas espécies: pode-se considerar a primeira como complementação da segunda ou a segunda como complementação da primeira. No primeiro caso, o titular dos bens deles dispõe como quer, e o que resta, se resta, é atribuído aos descendentes; no segundo caso, o patrimônio paterno é primeiro dividido, segundo repartição preestabelecida, entre os descendentes, e em relação ao restante permite-se a livre disposição do morto (dado que de algum modo se tenha manifestado). Locke parece favorável à primeira alternativa, ainda que não se ocupe expressamente do problema. Duas passagens a isso se referem, no § 87 do *Primeiro tratado* ("esta coisa, esta posse, *se ele não dispôs de outro modo com concessão positiva*, é transmitida naturalmente aos seus filhos", p. 159) e no § 72 do *Segundo* ("É este o poder que universalmente os homens têm de deixar seus haveres a quem preferem", p. 293).[51] É como dizer que os filhos não têm *direito exclusivo* aos bens paternos, mas direito de precedência sobre os bens que não foram objeto de livre disposição. Uma curiosa e extravagante seção do *Segundo tratado* apresenta-se deste modo:

> Cada qual nasce com duplo direito: em primeiro lugar, o direito de liberdade da própria pessoa, sobre a qual ninguém tem poder, porque desta só ele pode dispor livremente; em segundo lugar, o direito de precedência para herdar os bens do pai com os próprios irmãos.[52]

Tudo o que descrevemos até agora a propósito do poder do homem sobre as coisas, da origem desse poder à sua transmissão além da vida do titular, ocorre no estado de natureza, isto é, independentemente da intervenção do Estado e antes que a sociedade política seja instituída. O abstrato estado de natureza de teólogos e jusnaturalistas preenche-se em Locke de conteúdo concreto, torna-se o lugar das relações econômicas entre os indivíduos e representa bastante bem a descoberta de um *plano econômico* das relações humanas distinto do *plano político* ou, se se quiser, a individuação do momento econômico como momento que precede e determina o político; a sociedade natural, a sociedade em que os homens vivem seguindo leis naturais (não estabelecidas mais ou menos arbitrariamente por uma autoridade), transforma-se em sociedade dominada pelas leis, também naturais, da livre concorrência econômica. Passa-se a delinear uma contraposição, que será plena de consequências, entre a sociedade econômica como sociedade natural e a sociedade política como sociedade artificial. Esta se sobrepõe à primeira, mas isso só é correto e aceitável se àquela se sobrepõe não para deformá-la, mas para regulá-la. Nessa redução da sociedade de natureza a sociedade das

---

51. Veja-se também a frase final do § 116 (do *Segundo tratado*).
52. *Op. cit.*, p. 395.

relações econômicas, a economia faz o papel de estrutura, e a política, de superestrutura. Não há dúvida de que em Locke, como veremos melhor na seção seguinte, a política deve estar a serviço da economia. E nesse primado do *econômico*, que é também o *natural*, é que residem a característica e também a modernidade do jusnaturalismo lockiano.

28. O poder paterno

Nas duas seções precedentes vimos como se forma e em que consiste o poder sobre as coisas. Daqui por diante devemos considerar os modos e as formas do poder sobre as pessoas. A tradição, que Locke substancialmente aceita, distinguia três formas desse poder: o poder do pai sobre os filhos (ou *paterno*), do soberano sobre os súditos (ou *civil*), do proprietário sobre os escravos (ou *despótico*). A essas três formas de poder sobre as pessoas se poderiam fazer corresponder, *grosso modo*, três títulos diversos de aquisição do poder sobre as pessoas, que Grotius – só para nos referirmos ao mais ilustre dos tratadistas do direito natural – assim distinguira: *geração*, *consentimento* e *delito*. Mas, enquanto era indubitável que o poder paterno nascia *ex generatione* (à imagem e semelhança daquele de Deus sobre os homens, que era *ex creatione* [pela criação]) e o poder despótico, *ex delicto* [pelo crime cometido] (a submissão do escravo era justificada, inclusive por Locke, por exemplo, no caso do prisioneiro do vencedor de guerra justa, como sanção de ato criminoso), ambígua era a derivação do poder civil, uma vez que, junto com sua derivação *ex consensu* (teorias contratualistas), encontrava-se nos escritores recorrentemente uma identificação do poder civil com o poder paterno ou com o poder despótico, conforme se fundamentasse na geração, como queria Filmer, ou na força, segundo as antigas doutrinas sofistas, como a de Trasímaco: o próprio Hobbes reconhecera que, ao lado do estado baseado no consentimento, existia o fundamentado na *potência natural*, isto é, no mero fato da submissão do mais fraco ao mais forte, e dissera com clareza: "Daí [isto é, da submissão natural ou convencional] provém a existência de duas espécies de estado: o estado natural, tal como o estado paterno e o despótico; o estado convencional que também se pode dizer político."[53]

Do ponto de vista polêmico, toda a teoria política de Locke é uma tentativa de distinguir nitidamente o poder civil do poder paterno e do despótico, mostrando que ao poder civil compete um fundamento próprio, que é o *consentimento*, distinto tanto do fundamento do poder paterno, que é a *natureza*, quanto do fundamento do poder despótico, que é o *castigo* por uma prevaricação qualquer. Em relação ao poder paterno, a crítica lockiana consiste em mostrar a falsidade e a inconsistência da doutrina que confunde o poder do soberano com o poder do pai (é o núcleo central e, ao mesmo tempo, a razão de ser da sua crítica a Filmer); em relação ao poder despótico, no entanto, a crítica lockiana dedica-se a mostrar que o governo despótico, onde existe (e a monarquia absolutista para Locke é sempre poder despótico), não é verdadeiro poder civil, porque é um *mau* modo de governar que não satisfaz a exigência máxima dos homens que vivem em estado de natureza, que é a de sair, exatamente, desse estado. Em síntese: a confusão entre poder paterno e poder civil é pura e simplesmente um erro *teórico*; aquela entre poder civil e poder despótico é um erro *prático*.

Do poder paterno Locke se ocupa no capítulo VI do *Segundo tratado*. O que ele diz em torno da família em geral e, em especial, do poder dos genitores, tem indiretamente o objetivo de mostrar que a confusão entre poder civil e poder paterno é um erro. E como esse erro derivava, por sua vez, de uma dupla confusão, do poder paterno com o poder político (motivo por que se fazia do pai um rei) e do poder político com o poder paterno (motivo por que se fazia do rei um pai), a crítica lockiana visa a separar nítida e essencialmente o poder paterno do poder régio, de modo a mostrar ao mesmo tempo a falsidade da dupla confusão.

Haveria muito o que dizer sobre a contínua (e antiga) confusão entre família e Estado: dela surgiram tanto uma concepção política da

---

53. *De Cive*, V, § 12.

família quanto uma concepção familiar do Estado. Como a concepção política do poder paterno objetivava aumentar o prestígio desse poder, assim também a concepção paternalista do monarca tendia a apresentar sob formas mais benévolas e bem acolhidas pelos subordinados o poder do rei. O adversário que Locke tinha diante de si não era tanto a concepção política da família quanto a concepção familiar do Estado: mas, para abatê-lo, devia mostrar que sociedade familiar e sociedade política eram duas coisas bem diversas, a que se adaptavam duas diferentes formas de poder absolutamente inconfundíveis.

A demonstração dessa diversidade é conduzida por Locke sobretudo com dois bons argumentos, dificilmente refutáveis, um referido à natureza e o outro à finalidade do poder sobre os filhos: 1) enquanto o poder sobre os súditos do monarca é de um só, o poder sobre os filhos é simultaneamente do pai e da mãe, e, portanto, é um poder de duas pessoas, tanto que se deveria falar mais propriamente, em vez de poder paterno, de *poder dos genitores* (§ 52); 2) a finalidade do poder dos genitores é essencialmente criar e educar a prole até o momento em que a prole, atingida a idade da razão, é capaz de governar-se por si mesma, e, portanto, enquanto o poder do soberano é durável, o dos genitores é, pela sua própria natureza, *temporário* (§§ 55, 57, 64, 65), só dura enquanto os filhos forem menores de idade. Considerar os súditos como filhos e o soberano como pai conduz a considerar os súditos como eternas crianças, que jamais atingem, como cidadãos, a idade da razão. Observe-se como aqui Locke apreende essencialmente o vício fundamental da concepção paternalista do poder, que é, justamente, transformar os súditos em crianças sempre necessitadas de tutela, ao passo que, de modo oposto, os filhos, atingida a maioridade, deixam de estar submetidos aos genitores. Isso não significa que desapareça toda e qualquer obrigação em relação a estes, mas as obrigações que sobrevivem na idade da razão reduzem-se, todas, à obrigação de *respeito* ou de *reverência* por aqueles a quem devem a vida, obrigação que consiste, negativamente, em não realizar ação que possa ofender ou turvar sua felicidade, positivamente, em defendê-los e assisti-los (§§ 66, 67 e 68). A diferença fundamental entre obrigação de submissão, durante a menoridade, e obrigação de respeito pelo resto da vida consiste no fato de que só a primeira pressupõe *poder de comando* por parte dos genitores. Cessada a menoridade, cessa o poder de comando.

O problema mais interessante enfrentado por Locke nesse capítulo – e resolvido, como o da propriedade, em sentido contrário à tradição – é o do fundamento do poder dos genitores. Os escritores precedentes deram soluções diferentes ao problema. Grotius acolhe a teoria tradicional, que via a *geração* como o fundamento do poder paterno e materno sobre os filhos.[54] Hobbes, no entanto, recusando explicitamente o fundamento da geração, sustenta uma tese que podia parecer extensão analógica da teoria da *ocupação* das coisas às pessoas. Escreve audazmente no *De Cive* que, assim como o vencedor é dono do vencido, "o domínio sobre a criança pertence ao primeiro que a tem sob seu poder" (IX, 2), isto é, atribui a origem do poder materno e depois paterno a uma espécie de direito do primeiro ocupante. Hobbes não estava inteiramente errado em não acolher a doutrina da geração: basta gerar a prole para ter o direito de comandá-la? E se, depois de gerá-la, eu a abandono? Conservo ainda meu direito? Ou não é verdade, ao contrário, que o direito passa para quem acolhe a prole abandonada, nutrindo-a e educando-a? Mas, então, não se deveria concluir que o fundamento do direito de comandar as crianças não deriva tanto de tê-las gerado quanto de *tê-las sob o próprio poder*? Por fim, Pufendorf, criticando tanto a teoria da geração quanto aquela de Hobbes, que poderia parecer demasiadamente brutal, põe na base do poder sobre os filhos por parte dos genitores, mais uma vez, uma *convenção*, sustentando que esse poder repousa em consentimento tácito dos filhos, já que se deve presumir que estes, em seu nascimento, se pudessem refletir racionalmente, entenderiam que não seria possível se salvar sem a ajuda dos genitores; de bom grado se submeteriam, com a condição de serem bem tratados (Pufendorf menciona, ainda que fugazmente, uma analogia com a *negotiorum gestio* [administração de

---

54. *De iure belli ac pacis*. Livro II, capítulo 5, § 1.

negócios]).⁵⁵ De todas as teorias precedentes, a de Pufendorf era a mais frágil: o contrato, expresso ou tácito, é na obra deste jusnaturalista douto (muitas vezes agudo, mas raramente original), uma espécie de gazua destinada a abrir todas as portas. Mas atribuir às crianças um pedido aos seus genitores – mais ou menos com o seguinte teor: "estou disposto a obedecê-los se me derem o que comer" – era exagerar um pouco no exercício da imaginação jurídica.

Insatisfeito com as doutrinas precedentes, e inspirando-se na ideia de diminuir o poder paterno que, elevado a poder político, em seguida servira para mascarar o poder político como poder paterno, Locke decidiu inverter a rota, com uma reviravolta de pontos de vista que pode ser considerada como nova confirmação da passagem que realizava de uma concepção autoritária para outra, liberal, das relações humanas. Os escritores precedentes partiram do direito dos genitores; em vez disso, Locke parte do *direito dos filhos*. Quem nasce, só pelo fato de nascer, tem o direito de viver. O que é verdadeiramente o *prius* [o que vem primeiro, questão anterior] em toda essa questão de pais e filhos é o *direito à vida*. Como não pode haver direito sem dever, ao direito à vida dos nascidos corresponde o dever, por parte de quem os gerou ou os acolheu, de nutri-los e educá-los. A esse propósito há um trecho a meu ver significativo: falando do poder de comandar que cabe aos genitores durante a menoridade, distinto do direito ao respeito que surge mais tarde, Locke tem o cuidado de precisar que, "para falar com propriedade, o primeiro deles é antes *o privilégio dos filhos e o dever dos genitores* do que uma prerrogativa de poder paterno" (§ 67). E já no princípio do capítulo dissera explicitamente (§ 58):

> Cultivar sua mente [dos filhos] e governar as ações da sua menoridade ainda insciente, até que a razão ocupe o lugar e os livre [aos genitores] de tal preocupação: é disso que precisam as crianças e *a isso são obrigados os genitores*.⁵⁶

---

55. *De iure naturae et gentium*. Livro IV, capítulo 2, § 4.
56. *Op. cit.*, p. 282.

Uma vez estabelecido que existe um dever de educar, próprio dos genitores, correlativo ao direito dos filhos de serem educados, logo se encontra também o fundamento do poder que têm os genitores de comando sobre os filhos e que fizera escorrer tanta tinta entre os predecessores: esse poder é *a necessária consequência do cumprimento daquele dever*. Para educar os filhos, deve-se guiá-los, corrigi-los, comandá-los e, se necessário, puni-los. Os genitores têm um *poder* por terem um *dever*: só o exercício de tal poder torna possível o cumprimento de tal dever. Locke o diz muito explicitamente com estas palavras (§ 58): "Portanto, o *poder* que os genitores têm sobre os filhos deriva do *dever*, que lhes incumbe, de cuidar da sua prole durante o imperfeito estado da infância".[57]

O poder dos genitores sobre os filhos é derivado do dever de nutrir e educar a prole; por sua vez, esse dever dos genitores corresponde ao direito à vida dos filhos. O poder dos genitores não é mais um *prius*, mas um *posterius* [o que vem depois, questão posterior]. Observamos, no princípio do curso, no § 7, que uma das características do jusnaturalismo moderno em relação ao antigo era ter partido dos *direitos naturais* em lugar dos *deveres naturais*. O modo como Locke formula o problema do fundamento do poder dos genitores é uma comprovação dessa inversão.

Ele ocupa-se, no capítulo VII, também da sociedade conjugal, isto é, das relações entre marido e mulher. Nessa análise, de resto breve, devem-se sublinhar três pontos: 1) a sociedade conjugal tem fundamento contratual (é sociedade voluntária e não natural), que tem o propósito de procriar e educar a prole (§ 78); 2) sendo destinada a um fim bem preciso; quando alcançado, pode ser dissolvida – Locke, para dizer a verdade, não diz as coisas tão claramente, mas oculta-se atrás de uma hipótese, perguntando-se se porventura não seria o caso de investigar por que o contrato conjugal "não pode ser dissolvido [...], não havendo nem na natureza da coisa nem nas suas finalidades a necessidade de que deva sempre durar toda a vida", § 8; e 3) o poder do marido sobre a mulher não é um poder despótico; não cabe ao marido o poder absoluto de vida e de morte, que é próprio dos soberanos absolutos (§ 83).

---

57. *Ibid*. Grifos meus.

29. O poder despótico

Enquanto o poder dos genitores nasce de um *direito* natural daqueles a quem esse poder está dirigido, o poder despótico nasce de um *delito*, de um fato ilícito, daquele ou daqueles que deverão sofrê-lo, o que explica sua maior intensidade. Por sua vez, o poder civil distingue-se tanto de um quanto de outro, porque não nasce de um direito nem de um delito, mas do consentimento dos próprios submetidos.

Vimos na seção precedente como Locke esforçou-se por evidenciar a diferença entre poder paterno e poder político com o propósito de combater a concepção paternalista da soberania. Mas com igual firmeza quis mostrar como eram distantes um do outro o poder civil e o poder despótico com o propósito de combater outra teoria, talvez ainda mais insidiosa – a defendida, por exemplo, por Hobbes –, segundo a qual não seria possível estabelecer diferença substancial entre os dois poderes, antes de tudo porque o poder civil, qualquer que fosse sua proveniência, era sempre um poder absoluto, sem que pudesse haver outro maior; em segundo lugar, porque também o poder do senhor sobre o escravo, o poder despótico, tinha fundamento contratualista, isto é, baseava-se no consentimento do escravo. Sem tirar nem pôr, Hobbes, no *De Cive*, escrevera com todas as letras que não havia nenhuma diferença entre poder civil e poder senhorial porque ambos derivavam de uma promessa, em um caso de indivíduos que se põem sob o domínio de um soberano por amor à paz, no outro, de vencidos que prometem servir ao vencedor, desde que poupadas suas vidas;[58] e no *Leviatã* reiterara brevemente a concepção, afirmando que "não é a vitória que dá direito de domínio sobre o vencido, mas seu assentimento: e este não é obrigado porque foi vencido [...], mas porque se entrega e se submete ao vencedor".[59] Pufendorf, por sua vez, retoma e confirma a teoria hobbesiana, determinando que era de origem consensual não só a escravidão do prisioneiro de guerra,

---

58. *De Cive*. VIII, 1.
59. *Leviatã*. Ed. Laterza, I, p. 166.

mas também a doméstica, descrevendo idilicamente como acontecera que homens *hebetiores et tenuiores*, vale dizer, de cérebro limitado e vil condição, tivessem se adaptado livremente a servir a quem era mais capaz do que eles e mais rico (*solertiores et paulo locupletiores*).[60]

Enquanto a confusão interessada entre poder civil e poder paterno era feita por Filmer, atribuindo ao primeiro o mesmo fundamento do segundo (isto é, a *geração*), a confusão igualmente interessada entre poder civil e poder despótico era feita por Hobbes (e por Pufendorf), atribuindo ao segundo o mesmo fundamento do primeiro (o *consentimento*). A concepção paternalista do poder era redução do poder civil ao paterno; a concepção despótica do poder, ao contrário, era adequação do poder despótico ao poder civil. Como se disse, Locke tentou evitar ambos, tornando bem claro que nem o poder paterno nem o despótico podiam ser baseados no consentimento. Quanto ao fundamento do poder despótico, voltou substancialmente à tese tradicional, acolhida por Grotius, do fundamento *ex delicto*,[61] ainda que a tenha exposto de forma original que habitualmente não se comenta.

É preciso referirmo-nos ao capítulo XV, que é de singular força sintética e de extraordinária clareza: é um capítulo em que Locke expõe sinteticamente o problema da distinção entre as formas de poder, antes de passar à última parte dedicada à patologia das formas políticas (para usar moderna expressão aproximativa, mas bastante perspicaz). Começando pela *pars destruens* [parte destrutiva de uma argumentação], Locke declara abertamente que o poder despótico não pode ser derivado do consentimento precisamente no ponto em que, começando a falar desta terceira forma de poder, diz que o poder despótico não é um poder *natural*, como o paterno, nem um poder *convencional*, como o civil, e apoia essa afirmação com argumento jurídico irrefutável: "[...] o homem, não tendo, nem mesmo ele, este poder absoluto sobre a própria vida, não pode conferi-lo a outros".[62]

---

60. *De iure ratione et gentium*. Livro VI, capítulo 3, §§ 4 e 6.
61. Para Grotius, cf. *De iure belli ac pacis*. Livro II, capítulo 5, § 22.
62. *Op. cit.*, p. 381.

Aperfeiçoa esse argumento observando que, "tão logo intervém um contrato, a escravidão cessa", razão pela qual "quem entra em tratativas com seu prisioneiro [esta era a situação aventada por Hobbes] abandona por isso mesmo seu poder absoluto e põe fim ao estado de guerra".[63] Mas, se esse poder despótico não deriva da natureza, como o paterno, nem de convenção, como o civil, de onde deriva? Deriva, como se disse, de fato delituoso de quem, violando a lei natural em detrimento de terceiro, expõe-se à punição do ofendido. Só que Locke expressa indiretamente essa ideia dizendo textualmente que o poder despótico "só pode ser o efeito do *confisco* a que o agressor expõe a própria vida quando se põe em estado de guerra com outro".[64] Traduzo por *confisco* a palavra inglesa usada por Locke, *forfeiture*, que Pareyson traduz mais genericamente como *risco*, Polin como *forfaiture*,[65] e a tradução italiana de 1925 não traduz em absoluto,[66] ainda que: a) *confisco*, no seu uso técnico, refira-se à privação de bens patrimoniais, e não da vida ou da liberdade;[67] b) no contexto lockiano e no uso que faz em outros trechos análogos do termo *to forfeit*, haja o sentido de "expor, colocar em risco, arruinar, arriscar" (daí a tradução de Pareyson) a própria vida.[68] O que Locke quer dizer nesse trecho, ainda que a tradução seja difícil, é bastante claro: a perda da liberdade e de outros direitos naturais que ocorre em decorrência de conflito, por parte de quem o inicia e nele sucumbe, deriva do fato de que o agressor, violando o pacto que o liga ao agredido ou, mais em geral ainda, a lei natural que impõe o respeito ao direito alheio, age de modo

---

63. *Op. cit.*, p. 382.
64. *Op. cit.*, p. 381.
65. R. Polin. *La politique morale de John Locke*. Paris: Presses Universitaires de France, 1960, p. 182.
66. *Saggio sul governo civile*. Turim: Bocca, 1925, p. 213.
67. De J. A. H. Murray (ed.). *New English Dicitionary*, transcrevo a seguinte definição lata: "The fact of losing or becoming liable to deprivation of (an estate, goods, life, or office, right etc.) in consequence of a crime, offence, or breach of engagement". Mas em Blackstone o uso técnico do termo já está restrito à privação de bens patrimoniais: "F. is punishment annexed by law to some illegal act, or intelligence, in the owner of lands, tenements, or hereditaments, whereby he loses all his interest therein" (Comm., II, 267).
68. Cf. §§ 23 ("...having, by this fault, forfeited his own Life"), 182, 183; 222 (referido a *Power*).

arriscado e perigoso para si mesmo, isto é, expõe a própria vida à vingança do vencedor; portanto, libera o agredido do dever de respeitá-lo, oferece-se a si mesmo, e oferece os próprios direitos e bens, à reparação que deverá se seguir ao fim do conflito.

Que o poder despótico possa ser de algum modo justificado, que possa ter em alguns casos uma *iusta causa* [justa causa] (assim como existem as *iustae causae* [justas causas] das guerras e, portanto, guerras justificadas e justas), não deve acarretar, porém, a consequência, da qual Locke se esquiva, de confundir o poder despótico com o poder civil. Jamais, em caso algum, um poder despótico, ainda que justificado, pode ser confundido com o poder civil. Entre as muitas considerações dispersas aqui e ali sobre o governo despótico e a monarquia absolutista, que é a ele assimilada, emergem duas razões fundamentais que não permitem estabelecer essa confusão e de que Locke extrai confirmação da sua polêmica antiabsolutista: "a monarquia absolutista, que por alguns é considerada o único governo no mundo [Filmer], é, na realidade, incompatível com a sociedade civil, logo, não pode ser, em absoluto, uma forma de governo civil".[69] A primeira razão é que, na forma de governo despótico que é a monarquia absolutista, a superação do estado de natureza, que é o propósito principal do governo civil, não é completa: não estão mais em estado de natureza entre si os súditos, porque são submetidos às leis impostas pelo soberano; mas permanece uma relação de estado de natureza entre os súditos, por um lado, e o soberano, o qual não se submete às leis que estabelece para os outros (nesse sentido, é *legibus solutus*) e, portanto, subtrai-se ao juízo do juiz imparcial, cuja constituição é o fim principal do governo civil. De fato, explica Locke, antecipando o princípio constitucional da separação dos poderes:

> [...] uma vez que se supõe ter ele, em si só, todo o poder, tanto o legislativo quanto o executivo, não se pode encontrar nenhum juiz nem é possível nenhuma instância que decida com equidade e imparcialidade, e com au-

---

69. *Op. cit.*, p. 306.

toridade, e de cuja decisão se possa esperar socorro e reparação das ofensas e dos danos eventualmente recebidos do príncipe ou por ordem sua.[70]

A antítese em relação à solução hobbesiana é patente: para Hobbes, a constituição da sociedade civil representa a cessação da desordem do estado de natureza para os indivíduos que se transformam em súditos, não certamente para o soberano, o qual continua no estado de natureza diante dos seus súditos e dos outros soberanos. A segunda razão pela qual o Estado despótico não pode ser confundido com o estado civil é mencionada por Locke no final do capítulo XV: se o fim primário do estado civil é, como se viu, a conservação da propriedade, o Estado despótico não pode ser considerado um estado civil porque nele a propriedade, como ocorre na relação entre escravo e senhor, não está garantida. Estado despótico poderia também ser definido como o Estado em que, por efeito do confisco que é justa reparação por injusta agressão, os bens do cidadão estão à mercê do soberano. Diz Locke sintética e incisivamente:

> O poder paterno só subsiste quando a menoridade torna o filho incapaz de administrar sua propriedade; o político, quando os homens podem dispor da sua propriedade; e *o despótico, sobre os que não têm propriedade nenhuma*.[71]

De todo modo, a relação entre poder despótico e direito de propriedade é controvertida. E a atitude de Locke diante desse problema não parece unívoca.

30. A formação do poder civil

Ao problema do poder civil Locke dedica parte conspícua do *Segundo tratado*: oito capítulos entre dezenove. Não é minha intenção expor aqui toda a matéria, tanto mais que alguns temas, como o da prerroga-

---

70. *Op. cit.*, p. 308.
71. *Op. cit.*, p. 383. Grifo meu.

tiva, são interessantes apenas se referidos à história institucional inglesa. Limito-me a expor os pontos essenciais, distribuindo-os em dois temas: a *formação* e a *organização* do poder civil.

À diferença do poder dos genitores e do despótico, o poder civil nasce do consentimento. Leia-se o início do capítulo VIII, § 95: "Como os homens são [...] por natureza todos livres, iguais e independentes, nenhum pode ser retirado dessa condição e submetido ao poder político de outro *sem seu consentimento*".[72]

Esse consentimento manifesta-se em acordo ou convenção estipulada entre todos os membros da comunidade, os quais decidem, desse modo, sair do estado de natureza. De fato, Locke continua: "O único modo pelo qual alguém se despoja da sua liberdade natural e assimila os vínculos da sociedade civil consiste *em acordar-se* com os outros homens para se associarem e se reunirem em comunidade".[73]

Com essas palavras Locke só repete a tradicional teoria que estabelece como fundamento do poder político o chamado *contrato social* ou *pactum societatis*.

Estreitamente relacionado ao tema do consentimento é o da *regra da maioria*. Uma vez constituído o corpo político, consideram-se deliberações de todo o corpo aquelas da maioria dos seus componentes. A aceitação da regra da maioria está a indicar que os indivíduos, entrando na sociedade política, renunciaram à sua independência natural e se reconhecem como partes de um todo. Onde vigora a regra da unanimidade significa que ou não existe um todo, mas só partes ainda desarticuladas, ou, no extremo oposto, que a integração ou fusão no todo tornou-se tão completa que não mais existem partes que concorram simultaneamente: ou *desorganização* (como nas relações internacionais, em que cada Estado é soberano), ou *massificação* – seja-me permitida essa feia palavra –, como nos Estados totalitários. O princípio da maioria decerto não foi descoberto por Locke, mas ele imaginou

---

72. *Op. cit.*, p. 315. Grifo meu.

73. *Ibid.* Grifo meu.

um argumento não digo novo (*nihil sub sole novi*! [nada de novo sob o sol!]), mas, acredito, pouco comum. Enquanto o argumento tradicional transmitido pelos juristas romanos recorria a uma *ficção* (recorde-se, entre outros, a passagem de Cévola: "Quod maior pars curiae efficit, pro eo habetur ac si omnes egerint" ["A decisão tomada pela maioria dos senadores é válida na medida em que seria aprovada por todos"]), Locke recorre a uma analogia extraída da ciência da mecânica: "[...] e sendo necessário àquilo que é um só corpo mover-se em um só sentido, é necessário que o corpo se mova *no sentido em que o leva a força maior, que é o consentimento da maioria*".[74]

Com isso, entre outras coisas, Locke contrapunha a uma justificação de tipo convencionalista do instituto da maioria, como era aquela acolhida por Filmer,[75] uma justificação de tipo jusnaturalista, de modo que a regra da maioria tornava-se regra natural, válida não porque acordada ou imposta, mas porque correspondente à natureza das coisas. Esse esforço de remeter à natureza uma das regras sociais que parece mais artificial, mais ditada por motivos de oportunidade, era mais uma vez bela prova de confiança em uma ética natural!

Para caracterizar a natureza de uma relação jurídica, deve-se especificar seus *sujeitos* e seu *objeto*. Sujeitos do contrato social são todos os indivíduos que aspiram a compor em conjunto o corpo político; o objeto é constituído pela transferência de alguns direitos naturais para o corpo político a fim de usá-los em favor de todos, bem como pelo dever que daí se segue de obedecer ao que o soberano comanda para exercer o próprio poder. Ora, o que caracteriza o contrato social de Locke, em comparação com o de Hobbes, é que a renúncia aos direitos naturais, em vez de ser *quase total* (todos os direitos menos um, o direito à vida), é *parcial*, compreendendo só o direito de fazer justiça por si, que, como se viu no § 25, era o principal motivo da degeneração do estado de natureza em estado de guerra: *em vez de renunciar a todos os direitos menos um*, os sócios de Locke *conservam-nos a todos menos um*. A consequência dessa

---

74. *Op. cit.*, p. 316.
75. *Patriarcha*, II, 6.

formulação é evidente: o Estado de Locke surge com poderes bem mais limitados do que o de Hobbes. A parte mais importante da vida do homem desenrola-se antes e fora do Estado: as instituições econômicas e o instituto familiar. Não falemos da vida religiosa e, portanto, da igreja ou das igrejas, porque o discurso nos levaria longe demais: bastará dizer que mesmo parte da vida religiosa desenvolve-se, para Locke, fora do Estado, o que explica, entre outras coisas, a defesa da tolerância. Toda essa parte da vida do homem que se realiza fora do Estado não deve ser sufocada pela instituição do poder civil, ao qual cabe, a rigor, a única função a que os indivíduos renunciaram – ser o juiz imparcial nas controvérsias que podem surgir no desenrolar da vida econômica, familiar, religiosa. O Estado assim concebido não deve preocupar-se em tornar mais ricos seus cidadãos, isso cabe aos próprios cidadãos, na observância das leis naturais que regulam a vida econômica; não deve preocupar-se em educá-los, porque isso cabe à família, nem em levar-lhes a salvação eterna, porque cabe às igrejas. O Estado lockiano tem sobretudo a tarefa de controlador, não de estimulador, das atividades dos súditos, as quais restam, mesmo depois da constituição do poder civil, principalmente reguladas (a não ser na esfera das coisas indiferentes) pelas leis naturais. A sociedade civil (ou política) não é supressão-superação, mas conservação- -aperfeiçoamento da sociedade natural. É inútil acrescentar que essa configuração do Estado é a que deu corpo à tradição do Estado liberal, entendido como Estado negativo, como Estado-guardião, como Estado limitado etc. etc., em suma, à concepção das relações entre indivíduo e Estado que foi definida com a fórmula *liberdade em face do Estado*. E mais: da ideia de um Estado cuja tarefa principal é atuar como juiz imparcial nasce a figura do *Estado de direito*, contraposta à do Estado patrimonial de então ou do Estado ético posterior, ainda que essa noção, que será elaborada por Kant, seja de fabricação alemã, ao passo que os ingleses preferiram empregar, para indicar o Estado que age no âmbito do direito e com respeito aos direitos naturais, a fórmula *rule of law*.

Importa observar ainda como a atitude de Locke em relação ao poder político é oposta à assumida em relação à propriedade: com o mesmo rigor com que tenta agora refrear o primeiro, tentara desvincular a segunda. O poder econômico deve ser, na medida do possível, estimulado; o político, ao contrário, freado. Ao ultrapassar os limites da propriedade, fez do poder econômico um poder praticamente sem limite, pelo menos quanto à extensão da capacidade de acumular bens por parte de um só proprietário; ao contrário, não há limite que ele não imponha ao poder político para controlar e enfraquecer sua capacidade de domínio. Toda a concepção lockiana do Estado poderia ser resumida em uma fórmula: *o poder político a serviço do poder econômico*.

Locke expõe genericamente no § 131 e, mais especificamente, no capítulo XI, dedicado exatamente à extensão do poder legislativo, quais são os limites a que deve submeter-se o poder civil. Eles são expostos sob forma de proibições dirigidas ao poder legislativo, de ações que o poder legislativo não pode realizar. São quatro.

O primeiro desses limites é constituído pelo fato de que os homens transmitem ao poder civil essencialmente o poder de conservar e proteger seus bens, e não outros direitos irrenunciáveis, como aquele à liberdade, à vida e aos próprios bens, razão pela qual o poder civil não pode ter mais direitos do que os que lhe foram transmitidos. Esse limite é o limite de fundo de um Estado liberal: é o limite que deriva da existência de *direitos naturais* inalienáveis e invioláveis, de que o indivíduo não pode ser despojado pelo poder civil. Falando dessa primeira limitação do poder civil, Locke faz a importante afirmação de que *as obrigações da lei de natureza não cessam na sociedade, mas em muitos casos tornam-se mais coativas*.[76] É a afirmação que nos permite colocar a filosofia política de Locke entre as formas mais típicas e radicais de jusnaturalismo, ou seja, naquele modo de conceber o jusnaturalismo segundo o qual as leis naturais oferecem a matéria da regulamentação, não sendo as leis positivas nada além de normas secundárias ou de organização voltadas a garantir o cumprimento das leis naturais.

---

76. *Op. cit.*, p. 349.

O segundo limite é dado pela afirmação do *princípio de legalidade*, que veda à autoridade suprema governar com atos extemporâneos e arbitrários, isto é, com *decretos* promulgados de modo casuísta, segundo as circunstâncias e as pessoas. O poder supremo deve regular a conduta dos cidadãos com *leis*, normas gerais e abstratas, de sorte que seja garantida a igualdade de todos os cidadãos diante da lei (mediante a generalidade) e a certeza do direito (por meio da abstratividade).

O terceiro limite sanciona solenemente o princípio da *liberdade econômica*, que inspira a ideologia lockiana. O poder supremo nada pode fazer que prive um cidadão da sua propriedade. É o caso de dizer que a propriedade, para Locke, é "inviolável e sagrada", como se lerá no art. 17 da Declaração de 1789. Para que o poder supremo possa privar os cidadãos de parte da sua propriedade (o que ocorre, por exemplo, na imposição fiscal), é preciso *seu consentimento*. Para dar prova irrefutável desse limite absoluto do poder civil diante do poder do proprietário, Locke chega a dizer que mesmo no exército, onde a disciplina é mais severa, o comandante pode impor aos seus soldados o sacrifício da vida, mas não pode lhes tirar, sem cometer abuso de poder, sequer um centavo dos seus bolsos.

Com o quarto limite, Locke afirma o princípio geral de que *o delegado não pode, por sua vez, delegar a outros o poder de que foi investido*, de sorte que o poder legislativo não pode delegar ao poder executivo a faculdade de fazer leis. Quando essa delegação ocorre, os direitos naturais do povo estão em perigo e a sociedade civil corre o risco de transformar-se em uma sociedade despótica.

Nesse ponto, surge um ulterior problema: quem estabelece esses limites? Na doutrina política tradicional, os limites de exercício do poder soberano são estabelecidos depois de o *pactum societatis* instituir o corpo social e de a *multitudo* [multidão] dispersa dos indivíduos, que viviam no estado de natureza, dar origem a um *populus* [povo] (para usar terminologia hobbesiana, de que, no entanto, não há vestígio em Locke). São estabelecidos com um segundo pacto, que se estipula entre o corpo social como unidade e os futuros governantes, e se chama *pactum subiectionis* [acordo de submissão]. Com esse segundo pacto os homens associados deferem a um ou mais indivíduos o poder de governo e estabelecem as *condições* nas quais o poder deverá ser exercido. Se essa atribuição de poderes ocorre sem condições, tem lugar um Estado de soberania absoluta; se existem condições que o futuro soberano deverá respeitar sob pena de ser destituído, tem lugar uma soberania limitada. Do ponto de vista jurídico, a primeira forma de transmissão de poder era representada tradicionalmente como *translatio imperii* [transmissão de poder], a segunda como *concessio imperii* [cessão de poder]; a primeira, irrevogável, a segunda, revogável se o concessionário do poder soberano exorbita dos limites pactuados.

Em nenhum ponto da sua obra Locke fala explicitamente desse segundo pacto, ao passo que dele falara explicitamente Pufendorf, que frequentemente vimos ser uma das suas fontes. Quanto a Hobbes, sua construção girava em torno da redução dos dois pactos a um só, que era ao mesmo tempo de sociedade e de sujeição (uma espécie, como tive oportunidade de dizer em outro lugar, de contrato em favor de terceiros). O silêncio sobre o segundo contrato não significa que Locke desconhecia a distinção dos dois momentos, o da formação do corpo social e o mais propriamente político da formação do governo. Um reconhecimento explícito dessa distinção encontra-se no último capítulo (de que falaremos na última seção), em que Locke distingue a *dissolução da sociedade* da *dissolução do governo* (§ 211). Quando se dissolve a sociedade, por exemplo, por obra de conquista estrangeira, também decerto é dissolvido o governo; mas se pode dissolver o governo sem que se dissolva a sociedade. Isso significa que a constituição da sociedade e a constituição do governo são duas coisas diversas e representam dois momentos distintos da formação do Estado. Existem, ademais, muitas passagens em que Locke usa uma expressão característica da linguagem política (característica, mas não muito rigorosa) para indicar a particular relação entre o povo e os detentores do poder político: *confiança* (*trust*).[77] O que indica que Locke não pode deixar de especificar um segundo momento na formação do

---

77. Por exemplo, em relação ao poder legislativo, vejam-se §§ 134, 142 e 149; em relação ao poder executivo, §§ 153, 156 e 222.

poder, ainda que não vá se deter expressamente nisso e passe por cima da definição. Entre os recentes estudiosos de Locke, quem dedicou maior atenção a esse conceito de confiança foi Gough, que mostrou, com rica seleção de exemplos, seu uso frequentíssimo na linguagem política do tempo para designar o tipo de relação jurídica que liga o povo tanto ao legislativo quanto ao executivo.[78]

Talvez seja bom observar que Locke também usa, além da palavra "confiança", outras expressões inglesas para indicar a mesma relação, ao falar em um trecho de *grant and institution* [concessão e criação] (§ 141), em outro de *grant and commission* [concessão e comissão] (§ 153), expressões que parecem mais vizinhas da fórmula tradicional *concessio imperii*. Resta ainda observar que o termo *confiança*, como destacaram Gough e Laslett, não indica propriamente um tipo de contrato e, portanto, tecnicamente a fórmula lockiana não pode ser referida à fórmula tradicional do *pactum subiectionis*, ainda que cumpra a mesma função. Mas acrescentemos imediatamente que o problema da qualificação jurídica da relação entre governantes e governados não tem muito interesse na análise do pensamento lockiano: Locke não era jurista, como Pufendorf, nem apaixonado estudioso do direito, como Hobbes. Muitas de suas fórmulas jurídicas são vagas ou tecnicamente imprecisas.

Outra questão relativa ao contrato social era aquela voltada a constatar sua *historicidade* (vimos questão análoga a propósito do estado de natureza). Os adversários da teoria contratualista sustentavam que um contrato social, tal como o imaginado pelos contratualistas, jamais existira. Locke bate-se para defender a tese contrária: para ele, existem bons argumentos para poder afirmar que o contrato social é uma realidade histórica. Os argumentos de Locke em favor dessa tese são substancialmente dois: a) existem exemplos na história, conhecidos de todos, que não deixam lugar a dúvidas sobre o fato de que alguns Estados surgiram de acordo inicial dos seus membros, como Veneza e Roma (§ 102), ou os espartanos que abandonaram a cidade com Palanto, os quais "eram homens livres, independentes uns dos outros, e estabeleceram um go-

---

78. Gough. *Op. cit.*, capítulo VII.

verno por consentimento próprio" (§ 103); embora seja verdade que muitos Estados, ou talvez a maior parte, surgiram por conquista, não é menos veraz que surgiram por acordo voluntário os *Estados pacíficos* (§§ 104 e 112); b) em seguida, quanto aos homens que nascem em Estado já estabelecido e para os quais não é possível sustentar que deram origem voluntariamente ao Estado de que fazem parte, Locke responde que o vínculo do pai com determinado Estado não se transmite ao filho, o qual "não nasce súdito de nenhum país e de nenhum governo" (§ 118); e, como tal, chegado à maioridade, está livre para escolher o pertencimento ao país do pai ou a outro. Se aceita a posse de bens que lhe são transmitidos pelo pai, essa aceitação é sinal suficiente do seu *consentimento tácito* ao pertencimento como cidadão do país em que se encontram tais bens (§ 119). Mas fique bem claro – precisa Locke – que a submissão a um governo, se nasce com o gozo dos bens naquele território, termina com o fim desse gozo. O pensamento de Locke nesse ponto está expresso muito claramente com estas palavras (§ 121):

> Um proprietário que só tenha dado este tácito consentimento ao governo, quando se desfaz da dita posse por doação, venda ou outro modo, vê-se livre para vir a incorporar-se em outra sociedade política ou entrar em acordo com outros para dar origem a nova sociedade política, em *vacuis locis*, em uma parte do mundo que possa encontrar-se livre e desabitada.[79]

Em síntese, a submissão a um governo institui-se com o consentimento expresso, dura enquanto durar o consentimento tácito, dissolve-se quando o consentimento tácito desaparece e forma-se novo consentimento expresso em favor de outra submissão.

31. A organização do poder civil

Quando se fala de poder civil, indica-se um conjunto de atividades e de fins que se articula em organismos distintos, cada qual com

---

79. *Op. cit.*, p. 337.

suas próprias funções. Para Locke, o poder civil articula-se em dois poderes distintos, o *poder legislativo* e o *poder executivo*, cujas relações constituem o principal objeto da discussão em torno da organização do poder político. Diz-se habitualmente que os poderes do Estado são três (o legislativo, o judiciário, o executivo). Mas, para Locke, que muitas vezes é considerado, erradamente, como o pai da teoria da separação dos três poderes, os três poderes... são dois.

Para dizer a verdade, também nesse ponto Locke nem sempre é claro. No capítulo IX, sobre os fins da sociedade política e do governo, explica as funções do Estado como remédios para as insuficiências do estado de natureza. E essas insuficiências são três: 1) a falta de uma lei estabelecida, fixa e conhecida; 2) a falta de um juiz imparcial; 3) a falta de uma força organizada capaz de executar a sentença do juiz contra o recalcitrante. De acordo com essa análise, parece que deveriam ser conferidas ao Estado, para suprir as falhas do estado de natureza, três tarefas: fazer leis (e dá-las a conhecer), julgar os conflitos entre os membros da comunidade e coagir os transgressores à obediência. E a estas correspondem os três poderes: legislativo, judiciário, executivo. No entanto, pouco depois, no § 128, Locke acrescenta (e precisa) que o homem tem no estado de natureza dois poderes: o primeiro é o de fazer tudo o que é permitido pela lei natural; o segundo é o de punir os delitos contra tal lei. Ora, como o poder civil é poder *derivado* (à diferença do poder sobre as coisas, que é um poder *originário*), não pode conter nada mais do que o que está contido nos poderes naturais do homem que vive no estado de natureza. Por consequência, como resultante da renúncia aos poderes naturais, o poder civil torna-se a confluência dos dois poderes naturais transferidos pelo indivíduo para o corpo político. Mais precisamente: da renúncia ao primeiro poder, deriva o poder do Estado de fazer leis para garantir a conservação dos indivíduos em convivência (em particular dos seus bens) (§ 129); da renúncia ao segundo poder, deriva a força conjunta do Estado capaz de punir os recalcitrantes (§ 130).

E o poder judiciário? A partir dessa análise, de fato, parece que os dois poderes típicos do Estado, correspondentes aos naturais a que se renuncia para entrar na sociedade civil, são o legislativo e o executivo. Efetivamente o poder judiciário, segundo o genuíno pensamento de Locke, não constitui poder autônomo. Mas não era exatamente a falta do juiz imparcial que tinha induzido os homens a sair do estado de natureza? Não deveria ser o poder judiciário o poder fundamental da sociedade política – por ser esta diferente da sociedade natural e remédio para ela? Acredito que o caminho para dar uma resposta justa a essa pergunta consiste em observar que, no pensamento de Locke, a tarefa do juiz imparcial é desempenhada na sociedade política eminentemente por quem faz as leis, porque um juiz imparcial só pode existir se houver leis gerais e estabelecidas de modo constante e uniforme para todos. Portanto, o poder judiciário não se distingue, não tem razão particular para distinguir-se, na tarefa de estabelecer quem tem razão e quem não tem, do poder legislativo. Legisladores e juízes têm a mesma função: estabelecer o direito, isto é, as regras da convivência. Pouco importa que os primeiros as estabeleçam de modo abstrato e os segundos, nos casos concretos. Qualitativa, ao contrário, é a diferença entre legisladores e juízes, por um lado, e executores, por outro: os primeiros discriminam o justo e o injusto, os segundos empregam a força para obter a observância das regras do justo e do injusto, decididas, previamente, pelos legisladores, em caso de conflito pelos juízes. É curioso como habitualmente se acredita que Locke reduziu os três poderes tradicionais a dois, resolvendo o judiciário no legislativo. Na realidade, essa redução deriva do fato de que, para ele, entre legislativo e judiciário não há diferença essencial, e que, portanto, representam dois aspectos diversos do mesmo poder.

Em favor dessa tese, podem-se aduzir também provas textuais, das quais a mais apropriada me parece a que se pode tirar do § 89; aí, precisamente nas primeiras páginas em que enfrenta o problema do modo e dos fins com que surge a sociedade política, Locke diz que a passagem do estado de natureza para o estado político ocorre mediante "a instituição de um juiz na Terra, investido da autoridade de decidir todas as controvérsias e reparar as ofensas que tenham sido dirigidas a um membro da própria sociedade política, *o qual juiz é o legislativo ou o magistrado designado por ele*".[80] Como confirmação, pode-se também recordar o § 136, em que se lê:

> A autoridade legislativa ou suprema não pode assumir o poder de governar com decretos extemporâneos e arbitrários, mas é obrigada a dispensar a justiça e a decidir sobre os direitos dos súditos *com leis promulgadas e estabelecidas, bem como com juízes autorizados e conhecidos*.[81]

Parece-me indiscutível que este trecho deva ser interpretado no sentido de que o fim da autoridade legislativa, que é "dispensar a justiça e decidir sobre os direitos dos súditos", requer simultaneamente duas atividades diversas, a de quem faça as leis e a de quem as aplique no momento oportuno; portanto, legisladores e juízes colaboram para o mesmo fim. Pode-se acrescentar que o atributo característico do juiz, a *imparcialidade* (cuja falta no estado de natureza é uma das razões do seu abandono), às vezes é referido também às leis, como, por exemplo, no § 87, em que se diz que, "excluído todo juízo privado de cada membro particular, a comunidade torna-se *árbitro* [umpire] com base em normas fixas e determinadas, *imparciais* [indifferent] e idênticas para todas as suas partes";[82] ou no § 212, em que se lê que "a sociedade civil é um estado de paz entre os que a ela pertencem, dos quais o estado de guerra está excluído em virtude da *arbitragem* [umpirage] que concederam o seu legislativo."[83]

Depois do que dissemos sobre os três poderes que são dois, pode-se ficar surpreso ao ler que esses poderes, no título do capítulo XII, tornaram-se de novo três; mas a surpresa dura pouco, bastando considerar que o terceiro poder, além do legislativo e do executivo, não é o poder judiciário, como se esperaria, mas o *poder federativo*, o qual é precisamente "o poder de guerra e de paz, de ligas, alianças e qualquer outro acordo [federativo, de *foedus*] com todas as pessoas e comunidades estranhas à

---

80. *Op. cit.*, p. 306. Grifo meu.
81. *Op. cit.*, p. 350. Grifo meu.
82. *Op. cit.*, p. 304.
83. *Op. cit.*, p. 412.

sociedade política".[84] Esse poder federativo, de modo evidente, é uma parte do poder executivo, isto é, é o poder coativo do Estado voltado não mais para o interior, mas para o exterior, segundo a clássica distinção entre ordem interna e ordem externa, entre paz social e paz internacional etc. etc. E está tão indissoluvelmente ligado ao poder executivo, de que é um aspecto, que não se consegue compreender por que Locke quis fazer dele um poder distinto e com qual objetivo. Ou melhor, compreende-se o propósito, que era meramente político e fazia referência à particular situação das relações entre Rei e Parlamento na Inglaterra; mas não se vê claramente o motivo pelo qual Locke não preferiu abster-se de introduzir na sua teoria política este corpo estranho – o poder federativo –, que, além do mais, aparece nesse capítulo para depois desaparecer e não deixar nenhum vestígio. Tanto mais que nesse mesmo capítulo, depois de declarar, em princípio, que poder executivo e federativo são *distintos em si*, Locke é obrigado a reconhecer que *de fato* "estão quase sempre unidos" (§ 147) e é "difícil separá-los e colocá-los simultaneamente nas mãos de pessoas distintas" (§ 148).

Não basta considerar os distintos poderes em que se articula o poder político. É preciso, em um segundo momento, considerar quais são suas relações recíprocas. Geralmente fala-se, também com referência a Locke, de *separação* dos poderes. Mas o termo "separação" é genérico e deve ser ulteriormente determinado. Para resumir brevemente uma teoria muito complexa e já sufocada por montanhas de papel impresso, é preciso dizer que invocar a separação de poderes significa, pura e simplesmente, opor-se à teoria – defendida energicamente, por exemplo, nas ideias de Hobbes – de que o *poder é indivisível* e dividir o poder é dissolvê-lo.[85] E sustentar, ao contrário, que os principais poderes do Estado podem ou devem ser *divididos*. Os dois termos opostos do contraste são *separação* dos poderes e *concentração* dos poderes.

Mas, uma vez dissolvida a unidade do poder indivisível e instituídos mais poderes distintos, surge o problema das relações recíprocas.

---

84. *Op. cit.*, p. 359.
85. *De Cive.* VII, 4; XII, 5; *Leviatã. Op. cit.*, I, p. 149.

Separar não estabelece precisão: representa puramente um momento negativo. Se verdadeiramente os poderes fossem separados, o Estado não poderia funcionar e se arruinaria, como pretendia Hobbes. Da separação nascem duas possíveis soluções profundamente diversas entre si: ou a *coordenação* dos poderes ou a *subordinação* de um a outro. Em seguida, essa segunda solução poder-se-ia por sua vez distinguir, pelo menos abstratamente, segundo se considere poder supremo o legislativo, o judiciário ou o executivo. A solução que visa à coordenação dos poderes é a que foi elaborada por Montesquieu e será acolhida pela Constituição dos Estados Unidos: a ideia inspiradora segundo a qual só quando os poderes máximos do Estado forem postos no mesmo plano é que poderão controlar-se reciprocamente, e dessa reciprocidade, ao produzir uma situação de *equilíbrio* de poderes, deriva o maior bloqueio ao despotismo e, portanto, a maior garantia da liberdade dos cidadãos. A solução lockiana nada tem a ver com a teoria do equilíbrio dos poderes, porque decerto sustenta a separação entre poder legislativo e poder executivo, no sentido preciso de que as funções de fazer leis e executá-las devem ser atribuídas a órgãos distintos, o parlamento e o rei, mas de modo algum a coordenação. Locke sustenta que os dois poderes, uma vez separados, devem ser subordinados um ao outro; precisamente, *o poder executivo deve ser subordinado ao poder legislativo*. Em suma, a teoria lockiana não é uma teoria de separação e equilíbrio dos poderes, mas de separação e subordinação dos poderes; em última instância, uma teoria da supremacia do legislativo (que, afinal, é a doutrina constitucional que estará na base dos modernos Estados parlamentares).

Não serão necessárias muitas citações para confirmar o que se disse. Já o capítulo XIII intitula-se: "Da subordinação dos poderes na sociedade política". Quanto à supremacia do poder legislativo, leia-se o § 150: "Em todo caso, enquanto subsistir o governo, o poder supremo é o legislativo, porque o que pode dar leis a outros deve necessariamente ser-lhes superior".[86]

---

86. *Op. cit.*, p. 362; cf. também §§ 132 e 134.

Quanto à inferioridade do executivo, veja-se o § 152: "O poder executivo, quando não colocado em uma pessoa que também tenha parte no legislativo, evidentemente subordina-se e responde a este, e pode ser mudado e transferido à vontade".[87]

Quanto à específica situação inglesa, em que o executivo também participa do legislativo (situação particularmente examinada por Locke no capítulo sobre a *prerrogativa*), ela torna mais complexa a questão das relações entre os dois poderes, mas não muda o princípio da superioridade do legislativo, a qual deriva do fato de que esse poder desempenha a função principal por que os homens se reúnem em sociedade, que é a função de estabelecer leis fixas e iguais para todos, e de que ele, e só ele, repousa diretamente no consentimento do povo e responde diante do povo pela confiança nele depositada.

Locke não se detém de modo particular nas consequências constitucionais dessa subordinação do executivo ao legislativo. Elas, porém, resultam da orientação geral do ensaio: o poder executivo deve desempenhar a própria função para assegurar a observância das leis e deve desempenhá-la no limite das leis. Locke só toma em consideração o caso particular em que o poder executivo se sirva da sua força não em detrimento dos cidadãos, mas do poder legislativo mesmo (§ 155). Responde sem meio-termo que:

> [...] quem faz uso da força contra o povo sem autoridade e contra a confiança nele depositada – ele, que assim age, está em estado de guerra com o povo, que tem o direito de restabelecer o legislativo no exercício do seu poder.[88]

E expõe nessa ocasião uma máxima que veremos mais bem aplicada na seção seguinte, porque é o fundamento do direito de resistência: "[...] em qualquer situação e condição, o verdadeiro remédio contra a força destituída de autoridade é opor-lhe a força".[89]

---

87. *Op. cit.*, p. 364.
88. *Op. cit.*, p. 367.
89. *Op. cit.*, p. 367.

É claro que o titular do poder executivo responde diante do poder legislativo, que é o poder supremo. Mas o poder legislativo, que também é poder fiduciário – ainda por cima, como se viu, limitado pelos direitos naturais individuais –, diante de quem é responsável? A resposta de Locke é clara: diante do *povo*, no qual reside em última instância o poder originário da comunidade. Aqui estamos verdadeiramente na raiz da concepção democrática do Estado:

> Como o legislativo é só um poder fiduciário para deliberar em vista de determinados fins, permanece sempre no povo o poder supremo de remover ou alterar o legislativo, quando vê que o legislativo delibera contra a confiança nele depositada. De fato, como todo poder, conferido com confiança para a consecução de um fim, está limitado por este fim mesmo, toda vez que o fim é manifestamente negligenciado ou contrariado, a confiança deve necessariamente cessar e o poder retornar às mãos daqueles que o conferiram, os quais podem novamente colocá-lo onde julgarem melhor para sua tranquilidade e segurança.[90]

32. O direito de resistência

O retorno do poder ao povo abre a crise do governo. Os últimos capítulos do *Segundo tratado* estão dedicados a uma descrição dos vários modos pelos quais se pode manifestar essa crise e às consequências que daí derivam para a obrigação política, ou para a obrigação que tem o cidadão de obedecer às leis civis. Assim como a sociedade civil nasce de uma crise do estado de natureza, também a crise da sociedade civil torna possível o retorno ao estado de natureza. Nem estado de natureza nem estado civil são momentos definitivos da história humana: a história não conhece momentos definitivos. O colapso do estado de natureza dá origem ao estado civil; o colapso do estado civil faz o homem recair no estado de natureza. Estado de natureza e estado civil estão intimamen-

---

90. *Op. cit.*, p. 361-362.

te entrelaçados: um é o remédio do outro. Se os homens fossem todos razoáveis, bastaria o estado de natureza, mas os mesmos vícios que tornam precário o estado de natureza tornam às vezes precário também o estado civil. E, assim, o círculo perpétuo entre estado de natureza e estado civil se fecha. Os mesmos homens que escolhem o estado civil como garantia contra a degeneração do estado de natureza são forçados, em casos extremos, a invocar o retorno ao estado de natureza como a última garantia contra a degeneração do estado civil. Retorno ao estado de natureza significa retorno à situação em que só há a lei natural, só há obrigação perante a própria consciência, só há responsabilidade perante si mesmo. É a situação que Locke chama, recorrendo a uma passagem bíblica (*Juízes*, XI, 27), "apelo ao céu".[91]

Locke examina, em quatro capítulos distintos (XVI, XVII, XVIII e XIX), quatro formas de degeneração da sociedade civil: a *conquista*, a *usurpação*, a *tirania*, a *dissolução do governo*. Alude às relações entre uma e outra, mas não as aprofunda. Poder-se-ia dizer que, enquanto a conquista é certamente uma forma de dissolução da sociedade e não do governo (segundo a distinção já registrada no § 30), e a dissolução do governo é, como diz a própria expressão, a forma diametralmente oposta, a usurpação, como conquista interna,[92] avizinha-se da conquista, e a tirania, como "exercício do poder além do direito",[93] avizinha-se da dissolução do governo (poder-se-ia considerar a dissolução de um governo monárquico ou despótico, isto é, de um governo em que não vigora a separação dos poderes). A dificuldade de sistematizar essas categorias lockianas deriva do fato de que Locke não ressalta devidamente a partição tradicional entre *conquista*, ou dissolução provocada de fora, e *tirania*, ou dissolução provocada de dentro, e a ulterior subdistinção da conquista em *conquista injusta*, em decorrência de guerra sem *iusta causa*, e em *conquista justa*, em decorrência de guerra com *iusta causa*, e da tirania em tirania *ex defectu tituli* [por falta de título legal] (usurpa-

---

91. *Op. cit.*, III, 21, p. 254; XVI, 176, p. 385; XIX, 242, p. 440.
92. É como a chama o próprio Locke, § 197.
93. *Op. cit.*, p. 401.

ção) e tirania *quoad exercitium* [quanto ao exercício] (que é aquela para a qual Locke reserva o nome de tirania).

O que nos interessa aqui não é tanto a nomenclatura e a classificação das formas degeneradas de sociedade civil quanto as consequências que daí derivam com referência ao dever de obediência dos cidadãos.

Conquista injusta: o cidadão do Estado conquistado injustamente não é obrigado em nenhum caso à obediência, assim como não se é obrigado a obedecer aos ladrões ou aos piratas (§ 176). A esse propósito Locke fala pela primeira vez em "apelo ao céu".

Conquista justa: o poder do conquistador justo é poder não civil, mas despótico. Mas também o poder despótico tem limites. De fato, ele não pode ser exercido: a) sobre os companheiros de armas; b) sobre os que não participaram diretamente da guerra (hoje, diríamos, sobre a população civil); c) sobre os haveres dos que dela participaram, exercendo-se o poder despótico exclusivamente sobre a vida, à diferença do que deixa entrever o trecho citado no final do § 29. A propósito desse último limite, Locke detém-se mais uma vez a defender o próprio ponto de vista, segundo o qual a propriedade, transmitindo-se do pai aos filhos, e sendo essa transmissão de direito natural e não positivo, ninguém a ela tem direito salvo os herdeiros. O pai pode colocar em risco, combatendo uma guerra injusta, a própria vida, mas não os próprios bens, e o conquistador não pode tomar mais do que o vencido comprometeu. Se atenta contra a propriedade, torna-se um conquistador injusto e, então, cessa em relação a ele o dever da obediência (leia-se a conclusão no § 196).

Usurpação: é o caso simétrico ao da conquista injusta, com a única diferença de que se trata de conquista do poder realizada internamente, não em decorrência de guerra, mas de agitação interna (revolução ou golpe de Estado). Como no caso de conquista injusta, não se deve obediência ao usurpador.

Tirania: tirano em sentido estrito, segundo o uso lockiano, é quem obteve o poder legitimamente (e, portanto, não é usurpador), mas exerce-o não para o bem comum do povo e, sim, para a própria vantagem pessoal. Também diante do tirano é legítima a resistência. Como esse era um dos casos mais controvertidos em que se dividiam os adeptos da teoria da obediência e os adeptos da teoria da resistência, vale a pena transcrever as palavras precisas de Locke:

> Todo aquele que, investido de autoridade, exceda o poder que lhe foi conferido pela lei e faça uso da força que tem sob seu comando para realizar, em relação aos súditos, o que a lei não permite, *cessa com isso de ser magistrado*; e, por deliberar sem autoridade, *pode-se-lhe fazer oposição assim como se faz oposição a quem quer que, com a força, viole o direito alheio*.[94]

Se a resistência individual é legítima, torna-se afinal de fato inevitável quando a injustiça atinge a maioria do povo ou ameaça atingir todos os cidadãos. "Nesse caso" – declara Locke –, "não saberia dizer como se possa impedir aos cidadãos que resistam à força ilegal usada contra eles".[95]

Dissolução do governo: com essa expressão Locke pretende indicar uma espécie particular de tirania, ou seja, uma dissolução interna que, como a da tirania, golpeia não toda a sociedade, mas só o poder constituído, ou, em outras palavras, não desobriga os cidadãos do contrato social, mas limita-se a revogar a confiança nos governantes. Distingue-se da tirania porque é a forma particular de dissolução que nasce em um governo cujos dois poderes fundamentais, o legislativo e o executivo, estejam separados, e o segundo subordinado ao primeiro. Uma vez que para Locke o governo baseado na separação e subordinação dos poderes é a única forma de governo civil, o caso de "dissolução do governo civil", a que dedica o último e longo capítulo do *Segundo tratado*, é o mais atentamente examinado: e é também, para os fins da teoria da resistência ou da desobediência civil em Locke, o mais importante e historicamente decisivo.

A dissolução do governo pode ocorrer por duas razões, conforme a responsabilidade recaia em ação ilegítima do executivo ou em ação ilegítima do legislativo:

---

94. *Op. cit.*, § 202, p. 403. Grifos meus.
95. *Op. cit.*, § 209, p. 408.

1) *por alteração do legislativo*, quando o poder executivo, substituindo o legislativo ou impedindo-o de funcionar, destrói o princípio da subordinação dos poderes. Locke distingue cinco casos. O príncipe: a) substitui a vontade das leis pela sua vontade arbitrária; b) impede a assembleia legislativa de reunir-se; c) altera as modalidades de eleição; d) entrega o povo subjugado a um poder estrangeiro; e) negligencia a execução das leis aprovadas pelo poder legislativo.

2) *por quebra da confiança*, isto é, quando o poder legislativo ultrapassa um dos limites postos à sua ação em todo governo civil, examinados no § 30, substancialmente quando viola os direitos naturais dos indivíduos, *in primis* [principalmente], o direito de propriedade. Textualmente: "O legislativo age contra a confiança nele depositada quando tenta violar a *propriedade* dos súditos e tornar-se a si ou a uma parte da comunidade dono ou senhor arbitrário das *vidas, liberdades e haveres do povo*".[96]

Nas duas situações de dissolução, Locke afirma que o poder deve voltar ao povo, o qual tem o direito de retomar sua liberdade originária e instituir novo legislativo.[97]

Contra os defensores do poder constituído, Locke sustenta sua tese com insólito fervor. Rebate energicamente os argumentos dos adversários, de todos os que estejam a murmurar que afirmar o retorno do poder ao povo nos casos de mau governo seja uma barreira rompida para a rebelião e a anarquia. Antes de tudo – diz Locke –, não são as teorias que induzem os povos à revolta, mas os maus governantes: um povo bem governado não se rebela só por ser provocado por teorias que justificam a desobediência (aqui eu veria uma alusão ao temor obsessivo de Hobbes em relação às teorias sediciosas). Em segundo lugar, os povos, contrariamente ao que temem os defensores da autoridade, não se rebelam em cada ocasião menor, mas só quando são dura e longamente provocados: os povos, infelizmente, são

---

96. *Op. cit.*, § 221, p. 418. Grifos meus.
97. Veja-se § 220 para a primeira situação, § 222 para a segunda.

muito mais inclinados à paciência e à resignação do que à sedição. Em terceiro lugar, nos casos anteriormente expostos, rebelde não é o povo, mas os governantes que abusam do seu poder, e a resistência a eles não é rebelião e, sim, resposta de uma força justa contra uma força injusta e, portanto, obra de justiça. Quem perturba a paz não é o oprimido que se rebela, mas o opressor que falta à própria tarefa de governar nos limites da constituição. O que objetar a quem dissesse que homens honestos não podem opor-se aos ladrões e piratas pelo fato de que sua resistência pode gerar desordens? Entre dois males – que os governantes algumas vezes se vejam expostos à oposição ou que os povos sejam submetidos à ilimitada vontade dos seus governantes –, qual se deve preferir?

As últimas páginas do *Segundo tratado* são uma fervorosa peroração em defesa do oprimido contra o opressor, da liberdade contra a ordem, uma advertência aos governantes honestos, um desafio aos desonestos, uma afirmação da soberania do povo, ainda que por povo Locke entendesse a sociedade dos proprietários (mas não era o único no seu tempo!). A construção política de Locke encerra-se com um apelo – que não poderia ser mais vibrante em natureza tão pouco inclinada à retórica dos afetos – à resistência, à desobediência civil, ao direito dos cidadãos de não se deixarem oprimir por governantes sem escrúpulos. Justamente estes últimos parágrafos terão o efeito de suscitar ecos de simpatia e adesão em todos os que preparação ou realizarão as duas grandes revoluções do século XVIII. Eis um dos trechos mais eloquentes:

> Se [o povo] tiver universalmente a convicção, baseada em clara evidência, de que se nutrem intenções contra sua liberdade, e a direção e a tendência geral das coisas não puderem deixar de despertar-lhe fortes suspeitas acerca da perversa intenção dos seus governantes, de quem é a culpa? De quem é a culpa se os que podiam evitá-lo tornam-se desse modo suspeitos? Que culpa tem o povo de ter o bom senso das criaturas razoáveis e de só poder conceber as coisas do modo como as sente e julga? E a culpa não é antes dos que conduzem as coisas a tal ponto que não permitem que ele enxergue de outra maneira? Admito que a soberba, a ambição e a turbulência de particulares tenham às vezes causado graves desordens nas sociedades políticas e que certas facções tenham sido fatais a estados e a reinos. Mas

se o mal originou-se mais frequentemente da leviandade do povo e do desejo de abalar a legítima autoridade dos governantes do que da insolência dos governantes e das tentativas de exercer um poder arbitrário sobre seu povo, se foi a opressão ou a desobediência que constituiu a origem primeira da desordem – deixo a decisão para a imparcialidade da história.[98]

Propondo a alternativa entre opressão ou desobediência, como origem da desordem, e acusando a opressão, Locke quis dar uma resposta a Filmer, o qual escrevera um livro para lançar toda e qualquer responsabilidade pela desordem sobre a desobediência. Mas era uma resposta que ia além da polêmica contingente e tinha valor universal. Era também indiretamente uma resposta a Hobbes, para o qual não existia meio-termo: ou a anarquia – liberdade sem ordem – ou o Estado absoluto – ordem sem liberdade. Locke esforçou-se por encontrar uma fórmula de governo pela qual a ordem não fosse a antítese, mas a garantia da liberdade. Mas a liberdade natural devia vir antes da ordem: a ordem devia ser concebida não como fim último, mas como meio para salvar a liberdade de todos. Justamente por isso, no momento em que a ordem torna-se ameaçadora, a liberdade deve prevalecer. Como estamos distantes do desprezo pelo povo e da reverência pela autoridade que Locke manifestara nas obras juvenis!

O pensamento de Locke percorre um caminho bem longo: da justificação do dever de obediência em toda circunstância à defesa do direito de resistência nos casos extremos de ruptura do pacto originário ou de abuso da confiança. O que era, afinal, a defesa do direito de recorrer, nos casos extremos, ao juízo de Deus, a um juízo que se resolvia, em última instância, no juízo inapelável da própria consciência: porque, quando não existe mais nenhum juiz, é juiz Deus, mas, quando é juiz Deus, "todo homem é juiz por conta própria" (*every man is judge for himself*).[99]

---

98. *Op. cit.*, p. 425-426.
99. § 241, p. 440. Tradução mais literal do que a da edição citada.

Nota conclusiva

O primeiro a perceber os limites deste curso é exatamente quem o ministrou: não se escreveu tudo o que foi dito nas aulas; e não se disse tudo o que poderia ser dito.

Antes de mais nada, este curso não é investigação original nem baseada em novos documentos. Recorri repetidamente às contribuições de pesquisa oferecidas pelas obras de von Leyden, Laslett, Viano e outros, a quem registro minha dívida de reconhecimento. Não me detive nem no problema das fontes nem no da fortuna do pensamento político lockiano. Deixei em segundo plano as vicissitudes históricas que acompanharam e inspiraram sua formação. Por fim, descartei inteiramente o exame do problema da tolerância e das relações entre o Estado e a igreja, entre a sociedade civil e a sociedade religiosa.

Este curso pode ser considerado como releitura e revisão das obras políticas de Locke, com o propósito de evidenciar sua tessitura conceitual e de pô-las na história das teorias jusnaturalistas. Como antecipei na primeira aula, concebi este curso como capítulo, particularmente fascinante e instrutivo, da história do jusnaturalismo moderno. E não gostaria de que se buscasse o que desde o início não tive intenção de nele colocar.

Este livro foi impresso pela Gráfica Rettec
em fonte Garamond Premier Pro sobre papel Pólen Bold 70 g/m²
para a Edipro no outono de 2024.